위·촉·오 삼국의 판도와 주요 지역들
(AD 262년경)

- ━━━ 국경선
- ┈┈┈ 후한 13주 경계
- ⊙ 수도
- ✕ 전투지
- ⊓⊓ 만리장성
- ( ) 현재도시

삼국지
경영학

위대한 영웅들의 천하 경영과 용인술

삼국지 경영학

최우석
前 삼성경제연구소 부회장

을유문화사

삼국지 경영학

발행일
2007년 6월 1일 초판 1쇄
2023년 9월 10일 초판 53쇄

지은이 최우석
펴낸이 정무영, 정상준
펴낸곳 (주)을유문화사

창립 1945년 12월 1일
주소 서울시 마포구 서교동 469-48
전화 02-733-8153
팩스 02-732-9154
홈페이지 www.eulyoo.co.kr

ISBN 978-89-324-7122-8 03320

- 값은 뒤표지에 표시되어 있습니다.
- 지은이와 협의하여 인지는 붙이지 않습니다.

차 례

프롤로그 1 왜 『삼국지』인가   9
프롤로그 2 창업형 CEO와 수성형 CEO   15

제1부 조조 편

1 위대한 CEO 조조
   타고난 자질과 부단한 담금질로 최강국 건설   24

2 조조의 전략적 안목과 결단
   한발 앞서 생각하고 기민하게 판단, 실행   35

3 용인用人의 천재 조조
   명분보다 능력 우선, 청탁불문淸濁不問 발탁   42

4 조조의 감성 리더십
   인간적 매력으로 포용, '능력 이상' 실력 쏟게 만들어   49

5 조조의 비정과 냉혹한 결단
   대권에 거슬리면 가차없이 제거, 깊은 속 아무도 몰라   59

6 조조의 시스템 구축과 법치 확립
   둔전제로 부국강병 기틀 마련, 준법으로 기강 세워   67

7 조조의 관도대전 승부수
   운명의 갈림길 재빨리 포착, 전략과 결단으로 강적 격파   74

8 뛰어난 인재 조련사 조조
   숨은 인물 발탁하고 '야생마' 길들여 '준마'로   82

9 조조의 치밀한 승계 전략
   아들들 경쟁시켜 후계자 낙점, 긴 포석으로 승계 준비   92

10 조조의 위대한 유산
    말년의 총명으로 후계구도 완성, 풍부한 인재와 좋은 시스템 남겨   100

제2부 유비 편

11 깊고 큰 그릇의 CEO 유비
   어진 인품으로 인재 보듬고 대기만성 창업   110

12 솜에 싸인 강철 유비
   너그럽고 겸손하지만 결정적 순간엔 행동   119

13 유비의 불가사의한 매력
   한번 보면 심복해 평생을 섬겨   124

14 유비의 감성 리더십
   정성으로 백성 보살피고 아랫사람 끝까지 신뢰   131

15 변신의 명수 유비
   야망 숨기고 때론 바보 행세, 통 크게 실리 챙겨   139

16 삼고초려의 정성
   정성과 예의로 천하의 인재를 내 사람으로   147

17 유비의 부드러운 용인술
   큰 그릇서 우러난 천부적 인덕, 적들도 거역 못해   159

18 유비와 공명의 2인3각 경영
   과감히 힘 실어준 이상적 공동 경영   168

19 유비의 영광과 내리막의 시작
   절정기 맞고 방심하다 한순간에 기울어   177

20 유비의 마지막 고집과 파국의 시작
   균형감각 잃고 명분 없는 전쟁 강행   185

21 유비, 공명에게 모든 것을 맡기다
   치명적 패배 후 사심 없는 최선의 포석   193

22 유비의 후계자와 제갈공명
   애끊는 충성으로 목숨 바쳐 부축하다   201

제3부 손권 편

23 수성守成의 명CEO 손권
   실리 외교와 인재 관리로 발전적 수성에 성공   212

24 적벽대전을 준비하다
   두루 듣고 숙고 후 결행, 모두 승복시켜 에너지 결집   222

25 적벽대전의 승리와 전후 처리
   젊은 패기의 통쾌한 승리, 정치적 기반 크게 높아져   230

26 형주쟁탈전
   냉철한 계산 위에 최선의 선택, 유비 견제하며 조조에 대항   239

27 손권의 유연한 처신
   버거운 원로 달래며 부려, 옳은 쓴소리엔 깨끗이 승복   247

28 손권, 지모로써 형주를 무혈 점령
   뛰어난 전략가 여몽 키워 기습작전으로 형주 탈한   255

29 손권의 능란한 외교술
   유비 복수전 대비 수도 이전, 조조에 아첨하며 신하 자처   262

30 이릉대전과 뒷수습
   유비 격퇴 후 추격 자제, 다시 촉나라와 연대 탐색   267

31 손권, 다시 위나라와 싸우다
   탁월한 용인술로 위군 격퇴, 즉위 29년 만에 황제 등극   274

32 손권의 절정기와 그늘
   황제 된 뒤 오만과 과욕, 총명 흐려지고 신하들 의심   282

33 손권의 후계자 소동
   후계자 선정에 혼선, 기강 문란해져 망국 초래   290

에필로그 삼국의 마지막 이야기 - 후손들의 싸움과 천하재통일   297
삼국시대 세 CEO의 약사略史 307 | 집필후기 311 | 참고문헌 315

프롤로그 1
왜 『삼국지』인가

『삼국지』엔 모든 것이 들어 있다. 넓은 중국 땅을 무대로 서기 2세기 말엽부터 근 100년간 스케일 크게 벌어지는 장대한 드라마다. 영웅호걸들의 꿈이 있고 도모와 경영함이 있고 흥망성쇠가 있다. 그 전란의 와중에서 살아간 무수한 사람들의 삶의 역정과 희로애락이 있다. 그래서 『삼국지』는 언제 읽어도 재미있고, 읽을 때마다 맛이 다르다. 나이에 따라, 시절에 따라, 또 개인 형편에 따라 각기 다르게 와닿는다. 재미뿐 아니라 많은 지혜와 교훈을 준다. 어떤 땐 모범적 사례로서, 어떤 땐 반면교사로서 우리를 일깨워 주는 것이다.

재미있는 무용담뿐만 아니라 세상 이치에 관한 것이 다 들어 있다. 정치·군사·외교·행정은 물론 재무·인사·홍보·과학기술까지 망라하고 있다. 높은 차원의 국가 전략에서부터 개인적 처신 문제에 이르기까지 그야말로 없는 것이 없다. 난세를 사는 뭇 인간들의 승부정신과 향상 욕구, 처절한 생존의 몸부림이 실감나게 배어 있다.

대개 『삼국지』는 처음엔 싸움 이야기의 재미에 빠져들고 나이가 들수록 그 이면에서 벌어지는 인간 드라마에 더 흥미가 끌리게 된다. 『삼국지』는 중국 소설이지만 이미 동양의 고전으로 자리 잡아 우리의 언어나 문화 속에 깊숙이 스며 있다. 우리가 흔히 쓰는 말 중에 『삼국지』에서 유래한 것이 많다. 삼고초려三顧草廬·읍참마속泣斬馬謖·도원결의桃園結義·수어지교水魚之交·출사표出師表를 비롯해 "죽는 것은 조조 군사다", "조자룡이 헌 창 쓰듯 한다"는 말들이 대표적이다.

『삼국지』는 서기 2세기부터 3세기까지의 중국을 무대로 한다. 한漢 고조 유방劉邦이 세운 한나라가 그 수명을 다해 스스로 무너지는 대목부터 이야기가 시작된다. 전국 각지에서 야심가들이 일어나 천하대란이 벌어지고 그들 사이에 피나는 싸움이 거듭된다. 이들의 싸움에서 살아남은 승자가 위魏와 오吳·촉한蜀漢 세 나라를 세우고, 이들 삼국이 다시 천하의 주인이 되기 위한 삼파전을 벌이다가 마지막에 위나라를 거쳐 진晉나라로 통일된다. 그 과정을 박진감 있게 그린 것이다. 중국 역사를 보면 통일과 분열을 거듭하는데, 한 왕조의 평균 수명이 약 200년이다. 첫 통일자가 진秦나라의 진시황秦始皇이고 가장 최근이 중화인민공화국의 마오쩌둥毛澤東이다.

나라가 흥하고 망하는 것은 기업의 그것과 비슷하다. 처음엔 참신한 기운이 충만하고 도전정신과 창조성이 넘치지만 차츰 오래될수록 지도층이 타락과 무사안일에 빠져 든다. 군주의 역할이 핵심적이어서 그 그릇과 운에 따라 왕조의 부침이 결정된다. 『삼국지』에 나오는 수많은 영웅호걸들도 스스로의 운과 역량에 따라 기반과 영역을 잡아 간다. 때를 잘 만나 좋은 터를 잡고 좋은 사람을 모아 잘 쓴 사람은 성공하고 그렇지 못한 사람은 멸망했다. 소위 천시天時·지리地利·인화人和의 진리는

예나 지금이나 다를 바가 없다.

그때는 한 제국이 무너지고 신질서가 잡히기 전의 천하대란 시대였다. 온 사회가 소용돌이치고 기존 질서나 윤리의식, 가치관도 달라졌다. 문벌이나 계급 등 기득권보다 실력이 모든 것을 말했다. 기회의 시대였다. 질서가 단단히 잡힌 시대에는 벼락출세나 신분 상승이 어려우나 이럴 때는 밑바닥 신분에서 왕후장상王侯將相이나 심지어는 황제까지도 바라볼 수 있게 된다. 내로라하는 사람들은 패업霸業을 이루기 위해 그럴듯한 대의명분을 내세우고 좋은 자리와 좋은 사람을 잡기 위하여 필사적인 노력을 했다. 인재들도 좋은 주인을 만나 기회를 잡으려고 애썼다.

격변의 시대였기 때문에 영웅들의 흥망성쇠도 심했다. 시대의 흐름에 안 맞으면 금방 무너지기도 하고 무명으로 있다 혜성같이 나타나기도 했다. 천하의 인심이란 게 무서운 것이어서 한 번 인망을 잃고 나쁜 소문이 퍼지면 사람이 모이지 않았다. 그래서 열심히 홍보를 하고 인재들을 잘 대접했다.

IMF 외환위기 이후 격변기의 한국 재계를 생각해 보라. 불과 4~5년 동안에 30대 그룹의 절반이 무너지고 10대 그룹의 서열도 새로 매겨졌다. 지난 30여 년 동안 이룩된 재계 영토가 순식간에 지각변동을 일으켰던 것이다. 이때도 오너나 경영자의 그릇이나 역량에 따라 기업의 부침이 결정됐다.

삼국시대의 많은 영웅호걸 중에서도 위나라의 조조曹操, 오나라의 손권孫權, 촉한의 유비劉備가 가장 출중했는데 『삼국지』는 이 세 사람을 중심으로 이야기가 전개된다. '삼국지'란 말도 위·오·촉한 세 나라가 형성되고 싸우고 마지막에 하나로 통일되기까지의 역사를 기록했다는 것이다.

『삼국지』에는 정식 역사를 기록한 정사正史와 이야기체로 쓴 연의演義 두 가지가 있다. 흔히 말하는 『삼국지』는 연의를 가리킨다. 『삼국지』 정사는 촉한 사람인 진수陳壽가 편찬한 것이다. 진수는 글을 잘 써 촉한이 망한 후에는 진나라 궁궐에서 역사 기록원 노릇을 했다. 이때 사실을 바탕으로 『삼국지』를 저술했는데, 촉나라 사람이지만 어느 쪽에도 치우침이 없이 공정하게 기록했다. 사실 위주로 기술하여 재미는 덜하다.

삼국시대의 드라마는 워낙 흥미로웠기 때문에 민간에서 구전되어 내려오면서 그것이 흥미롭게 각색돼 길거리의 이야깃거리로 인기를 모았다. 영웅호걸들의 이야기는 전해오는 과정에서 윤색되고 과장되어 사실과는 다르게 되어버린 것도 많다. 사람들의 꿈과 이상, 흥미에 맞게 변해가면서 사실과는 별 상관없이 가장 이상적인 방향으로 사건들이 전개되고 종결된다. 그렇게 전해오는 이야기들을 명나라 초에 나관중羅貫中이란 사람이 소설로 엮은 것이 『삼국지연의』, 흔히 말하는 『삼국지』다. 소설 『삼국지』도 여러 판본版本이 있어 큰 줄거리는 같아도 내용은 조금씩 다르다. 우리나라에 번역되어 나와 있는 여러 『삼국지』가 각기 다른 것도 이 때문이다.

진수의 『삼국지』는 위나라를 정통으로 보고 위 중심으로 기록한 데 비해 소설 『삼국지』는 오히려 촉나라를 중심으로 이야기를 풀어 나간다. 『삼국지』를 보면 항상 옳은 쪽은 촉나라로 제갈공명이 귀신 같은 재주를 부려 위나라의 조조 군사를 깨부수는데, 사실과는 다르게 과장된 것이 많다. 나중에 위나라가 천하를 통일하는 데서 알 수 있듯이 당시 위나라의 국력이 압도적으로 강했다. 인구나 면적·경제력·국부 면에서 도저히 비교가 안 됐다. 그래서 항상 오나라와 촉한이 서로 연

합을 해서 위나라에 대항하는 전략을 썼다. 오늘날 압도적인 실력과 규모를 가진 대기업에 중견기업들이 연합해서 대항하는 것에 비유될 수 있다.

오나라나 촉한이 그 정도나마 버틴 것은 선전한 것이다. 당시 중국의 문명 중심지는 황하(黃河) 주변이었고 양자강 이남이나 서쪽 지방은 아직 변경이었다. 위나라는 인구가 많고 비옥한 황하 유역 지방, 즉 중원을 기반으로 했다. 오나라는 양자강 하류와 강동 지방을 근거지로 했다. 촉나라는 애초 장강(양자강) 중류에 있는 형주에서 시작했다가 오늘날의 사천성인 익주 지방으로 근거지를 옮겼다.

근거지를 정하고 옮기는 과정에서 수많은 드라마가 펼쳐지고 영웅호걸들의 용호상박(龍虎相搏)이 벌어진다. 주군을 중심으로 많은 참모와 책사가 활약하고 용장들이 전장을 누빈 끝에 승패가 결정되는 것이다. 외교전과 첩보전이 벌어지고 허허실실의 책략들이 종횡무진으로 펼쳐진다. 그야말로 지략과 투지, 또 성심성의를 다하여 천하의 주인 자리를 다투는 것이다.

주인은 부하들을 잘 만나야 하고 부하는 주인을 잘 만나야 한다. 천하의 인재가 주인을 잘못 만나 아까운 재주를 써보지도 못하고 중도 좌절하는 경우도 많다. 『삼국지』는 주인이 아랫사람을 어떻게 잘 써야 하는지 가르쳐 줄 뿐 아니라, 아랫사람이 윗사람을 어떻게 잘 모셔야 하는지에 대해서도 큰 비중을 두고 있다. 주군과 신하의 관계도 인간 관계이기 때문에 논리 이전의 그 무엇이 중요한 역할을 한다. 괜히 싫은 사람이 있고 좋은 사람이 있는 것이다.

『삼국지』는 운(運)의 중요함을 가르친다. 작은 부자는 스스로 만들고 큰 부자는 하늘이 만든다는 말이 있는데 천하의 패업을 다투는 일에 있어선 하늘의 뜻이 중요함을 느끼게 한다. 그 운을 어떻게 받아들이고 또 넘어서느냐에 따라 사람이나 나라의 명운이 결정되기도 하는 것이다. 오늘날의 기업 경영과 다를 바가 없다.

프롤로그 2
창업형 CEO와 수성형 CEO

『삼국지』는 조조曹操·유비劉備·손권孫權이라는 세 영웅을 중심으로 한 사투의 역사다. 힘과 지모智謀로 싸우기도 했고 덕德과 인심으로 싸우기도 했다. 적과 동지가 따로 없다. 그때그때 이해관계에 따라 싸우기도 하고 연합하기도 한다. 언제 싸우고 언제 연합하느냐를 판단하는 것은 매우 중요하다. 고정관념에 얽매이지 않고 상황에 따라 유연하게 대처하는 것이 승자가 되는 비결이다. 그러기 위해선 상황 판단과 이해득실에 밝고 냉철해야 한다.

난세에 살아남기 위해선 좋은 부하가 많아야 한다. 성실하고 충성스러운 부하도 있어야 하지만 기계奇計나 모략 등 변칙에 능한 인재도 필요하다. 얼마나 다양한 재주의 부하를 모으고 활용하느냐는 승패의 갈림길이 된다. 그것은 군주, 즉 국가 CEO의 그릇에 따라 좌우된다. 큰 그릇이면 각양각색의 인물을 잘 감별하고 포용해 쓸 수 있지만, 그렇지 못하면 있는 인재도 놓치고 만다.

『삼국지』의 패자覇者라 할 수 있는 조조는 사람을 매우 잘 썼다. 적 진영에 있던 사람도 유능하면 자기 사람으로 만들었다. 조조가 초기에 원소袁紹와 중원을 놓고 각축을 벌일 때 투항해 온 원소 측의 핵심 참모를 믿고 잘 쓴 것이 승리의 결정적 요인이 됐다. 원소는 참모들의 좋은 건의를 못 받아들였을 뿐 아니라 그들을 푸대접했기 때문에 좋은 인재들이 그의 곁을 떠났다. 조조는 그 사람들을 잘 활용해 결국 패업을 이루는 데 성공했다. 조조는 사람에 대한 욕심이 많고 감별안도 정확했다.

조조·유비·손권은 당시 각지에 할거했던 군웅 중에서 살아남은 사람들이기 때문에 모두 출중한 인물들이다. 세 사람 모두 리더십이 있어 사람들이 따랐다. 사람 욕심이 많고 일단 자기 사람이 되면 믿고 썼다. 아랫사람이 최선을 다하도록 하는 재능도 출중했다. 그러나 조금씩 우열과 강점, 약점이 있다.

세 사람을 비교할 때 조조와 유비는 창업자형 오너이고 손권은 승계한 2세 오너다. 조조는 스스로 창업했지만 원래 기반이 있는 집안 출신으로 일찍부터 천재성을 드러냈고 출세도 빨랐다. 집안이 번성하고 인물도 많았다. 『삼국지』에서 이름을 날리는 조인曹仁·조홍曹洪·조진曹眞·하후돈夏侯惇·하후연夏侯淵 같은 맹장이 모두 같은 집안 사람들이다. 조조는 원래 하후夏侯씨였는데 아버지 대에서 조씨 집안에 양자로 갔다. 이들 친족은 평생 조조를 극진히 모시고 조조 세력의 핵심 기둥이 된다. 조조는 처음부터 상당한 기반을 갖고 출발한 것이다. 든든한 친족과 집안의 경제력, 게다가 본인 자신이 뛰어난 재능을 갖췄기에 조조는 만사에 자신있고 적극적이었다.

조조는 초기엔 집안 사람들에게 많이 의존했지만 세력이 커짐에 따라 외부의 유능한 인재를 과감히 수혈했다. 조조는 친족 조직의 한계를

잘 알았던 것이다. 그런 안목과 결단이 바로 조조의 위대한 점이다. 그러나 집안의 약점도 있었다. 조조의 아버지는 환관의 양아들로 돈이 아주 많았고, 한나라 말 혼란기 때 돈으로 높은 벼슬을 샀다. 그 때문에 조조는 젊은 시절엔 정치적으로 곤란한 입장에 빠지기도 했다. 한나라 말기 정치가 문란해지면서 외척·환관·제후들이 물고 물리는 사투를 벌였는데 그때마다 조조의 처지가 묘했던 것이다. 바른 말을 해도 환관 편을 든다는 오해 때문에 한발 물러서야 했다. 또 평생 환관의 후예라는 콤플렉스를 안고 살았다. 그것이 조조를 더 성숙하고 신중하게 한 점도 있다. 약점과 강점은 돌고 도는 것이다.

조조가 비록 실권을 주지 않았지만 한나라 황제를 끝까지 모시고 스스로 황제가 되지 않은 것도 그런 이유가 있을지 모른다. 아무래도 대의명분이 약했던 것이다. 조조가 황제가 되라는 손권의 상소를 받고 "이 친구가 나를 뜨거운 난로 위에 올라가라 한다"며 물리친 것도 세상 인심에 대한 정확한 판단이 있었기 때문이다. 사실 원소의 사촌동생 원술袁術이 천자를 자칭했다가 천하의 제후들에게 따돌림을 받고 결국 자멸하고 만 선례가 있다.

국가나 기업이나 좋은 평가를 받고 에너지를 모으려면 대의명분이 매우 중요하다. 헨리 포드가 포드 자동차를 시작할 때 "평균적인 미국 사람이 살 수 있는 저렴하고 안전하고 빠른 자동차를 만들겠다"는 대의명분을 걸었고, 마쓰시타松下전기의 마쓰시타 고노스케松下幸之助는 "일본 가정에서 가전제품을 수돗물처럼 쓸 수 있게 하겠다"는 수돗물 철학을 내걸었다. 한국에서도 "첨단 전자산업을 개척하겠다"든지, "중화학 공업의 견인차 노릇을 하겠다"는 명분을 내건다. 기업의 본질은 영리 추구에 있지만 그것만으론 부족하고 근사한 명분이 있어야 초일류가 될 수 있는 것이다. 대의명분이 좋아야 좋은 사람을 모을 수 있다.

　손권은 아버지 손견孫堅이 강동 땅에서 패업의 기초를 닦았고 형인 손책孫策이 이어받아 넓혀 나가다가 젊어서 죽었기 때문에 갑자기 오나라의 주인이 된 사람이다. 19세 때의 일이다. 손책이 임종 때 "때를 잘 보아 싸움을 벌이고 천하를 다투는 일은 네가 나보다 못하지만 좋은 사람을 모아 중지를 모으고 나라를 보전하는 데는 내가 너를 당할 수 없다"는 말을 남기고 죽는다. 손책 자신은 창업형 군주지만 손권은 수성형이니 그걸 명심하라는 뜻이다. 손권은 형의 당부를 충실히 지킨다. 손권이 승계했을 땐 이미 조조가 중원을 평정하고 천하통일을 꿈꾸던 때다. 손권은 안으로는 신구 세대를 잘 조화시켜 나라를 튼튼히 다지고 밖으로는 유연한 외교로 교묘하게 실리를 취하여 발전적 수성에 성공한다.

　세 사람 중 유비가 가장 불리한 여건에서 출발했다. 그야말로 시골의 가난한 집안 출신으로 돈도 없고 친족도 거의 없다. 나중에 황족 출신이란 것을 내세우지만 그것은 대외 선전용 성격이 강하다. 당시보다 300년 전인 한나라 초기 경제景帝의 아들 중산왕의 후예라는 것인데, 경제는 아들만도 100명이 넘는 황제였다. 유비는 이미 가세가 기울어 시골에서 겨우 돗자리를 팔고 시장에서 임협任俠의 두목 노릇을 하며 살아가는 처지였다. 유비는 한실 부흥이라는 명분을 내걸었기 때문에 한나라 황제의 후손이라는 것은 좋은 대의명분이 됐고 또 큰 신통력을 발휘했다. 유비가 유명해지면서 전국의 유씨 성을 가진 제후는 물론 황실에서도 큰 도움을 주고 호의를 베푼다. 한나라 때엔 유씨 성을 가진 황족이 아니면 왕이 못 되었고 황실의 명목상 권위는 한나라 말엽까지 남아 있었던 것이다.

황족이란 것 외에 유비는 그야말로 맨주먹으로 일어나 패업을 이룩했고 마지막엔 촉나라를 세워 황제가 되었다. 고생도 가장 많이 했다. 유비가 대중적인 인기가 높은 것도 이 때문일 것이다. 유비는 떠돌이 생활을 하다 50세가 다 되어서야 겨우 기반을 잡았다. 그전엔 몸을 기탁할 곳을 찾아 중국 천지를 전전했다. 맨주먹으로 출발했기 때문에 항상 신중하고 겸손했다. 이 점이 바로 유비의 인간적인 매력이고 이 때문에 많은 훌륭한 인재들이 유비를 따랐다. 그 기나긴 어둠의 세월 속에서도 큰 뜻을 잃지 않고 은인자중하여 결국 패업을 이뤘으니 위대하다 할 것이다. 『삼국지연의』에서도 유비에 관한 이야기가 가장 많고 동정적이다.

우리나라 기업가 중에서도 창업형과 승계형은 성격이 다르다. 창업 1세는 과단성이 있고 기민하며 사람을 잘 쓴다. 그렇지 못하면 창업 자체가 불가능하다. 아주 계산적이고 냉철한 반면 가끔 깜짝 놀랄 정도의 인정을 보이기도 한다. 아랫사람들이 바로 여기에 반하는 것이다. 큰 기업을 이루기 위해선 사람이 사람에게 반하는 인간적인 매력이 필요하다. 승계형은 인화를 중시하는 경향이 강하다. 기업을 물려받으면 창업자와 같이 일한 사람이 남아 있고 기존 조직을 잘 활용해야 하기 때문에 자연히 화합 중시의 원만형이 되는 것이다.

삼성의 창업자인 이병철李秉喆 회장이나 현대의 창업자인 정주영鄭周永 회장과 2세인 최태원崔泰源 SK 회장, 3세인 구본무具本茂 LG 회장은 개성과 경영 스타일이 각기 다르다. 시대와 환경의 변화에 따른 진화와 적응이라고 볼 수 있다. 창업 시대는 군웅할거의 시대라 볼 수 있는데, 그때는 무리와 돌파력이 중요했지만 2대나 3대로 내려갈수록 합리와 효율을 중시하지 않을 수 없다. 세상의 질서가 잡히고 나면 더욱 그렇다.

위·오·촉한 세 나라는 오늘날로 비유하면 성공한 다국적기업이라고 볼 수 있다. 그 정도 성공하려면 무수한 고비를 넘겼을 것이다. 조조나 유비는 나라가 망하느냐 흥하느냐가 걸린 건곤일척의 싸움을 무수히 치렀고 전장에서 몇 번이나 죽을 뻔했다. 가족이 포로가 되기도 하고 죽기도 했다. 위대한 기업가는 항상 건곤일척의 승부수를 띄운다. 그것이 성공하면 초일류 기업으로 도약하는 것이고 실패하면 망하는 것이다. 엉거주춤한 것을 가장 싫어한다. 오늘날 내로라하는 초일류 기업들도 몇 번은 생사의 고비를 넘겼다. 사운을 건 투자가 없으면 비약적인 발전도 없다.

"좋을 때 버리라"는 말이 있다. 지금 좋은 것에 매달려 있으면 어느새 낙후되고 만다. 시대의 흐름을 빨리 보고 지금 재미 보는 사업을 과감히 버리고 미래의 유망사업을 찾아 승부수를 띄워야 한다는 뜻이다. 사실 성공한 초일류 기업들을 보면 한창 좋을 때 주력 업종을 새 분야로 옮겨간 경우가 많다. 미련 때문에 계속 붙들고 있었던 많은 기업들이 변화의 물결에 휩쓸려 쇠락의 길로 접어들었다.

조조나 유비에 비해 패업을 물려받은 손권은 상대적으로 덜 험난한 과정을 겪었다. 조조나 유비가 항상 도전하고 건곤일척의 승부를 걸면서 천하의 주인 자리를 노렸다면 손권은 다소 수비적이다. 천하통일보다 영지인 강동의 보전에 주력했다. 그러나 강동의 극히 일부분만 물려받아 그것을 강동 전체로 늘리고 또 형주까지 차지했으니 성공한 수성이라 할 수 있다.

조조가 창업자 오너답게 신상필벌을 엄격히 하고 만기총람萬機總攬형으로 나라를 다스린 데 반해 손권은 부하를 신뢰하고 인화를 중시하는 합의형이었다. 오나라 자체가 여러 세력이 뭉친 호족연합적인 성격이

있었기 때문에 나라의 통치 방법도 그렇게 될 수밖에 없었다. 오늘날 삼성과 LG의 지배구조나 기업문화가 약간 다른 것을 알 수 있는데 위나라나 오나라와 같이 생성 과정이나 CEO의 성격을 반영하는 것이라 볼 수 있다.

같은 창업자 오너이지만 촉나라의 유비는 인정과 의리의 요소가 강하고 권한위임형이었다. 유비는 행정이나 외교 같은 분야는 아랫사람에게 맡기는 스타일인데 군사 분야만은 스스로 많이 챙겼다. 어느 정도 자신있다고 생각한 것이다. 유비는 한나라를 창건한 유방과 비슷함 점이 많다. 밑바닥에서 자기 실력으로 올라온 것, 사람을 믿고 쓰는 것, 통 크고 후한 것이 비슷하다. 그러나 유방은 천하를 통일한 데 비해 유비는 실패했으므로 한수 아래라는 평가가 있다. 지략과 용인술에서 차이가 난다는 것이다.

만기총람형이 좋은지 위임형이 좋은지에 대해 정답은 없다. 사람에 따라 다르기 때문이다. 만기총람형이 되려면 명석하고 정력적이어야 한다. 평가 시스템이 정확하고 냉철해야 한다. 위임형은 사람을 잘보고 관대해야 한다. 그 대신 부하들이 최선을 다하게끔 하는 인품과 분위기가 있어야 한다. 이런 절묘한 조합이 잘 이루어질 때 국가나 기업은 성공하고 번성하지만, 그렇지 못하면 쇠락의 길로 접어들 것이다.

제1부 曹操 조조 편

조조는 몸소 전장을 누비며 싸움을 주도했다. 어떤 땐 정면승부로, 어떤 땐 꾀와 외교로, 또 어떤 땐 위계僞計와 사술詐術로 적을 하나씩 물리쳤다. 마상馬上에서 천하를 얻을 수는 있어도 다스릴 수는 없다는 말이 있는데, 조조는 말 위에서 천하를 얻었을 뿐만 아니라 말에서 내려와서도 천하를 잘 다스렸다. 그래서 조조는 서양의 카이사르나 나폴레옹에 비유되기도 한다. 문무겸전文武兼全이란 점에서 특히 그렇다. 카이사르나 나폴레옹은 전쟁에서는 출중한 장수였으며 정치가로서 나라를 잘 다스렸고 또 뛰어난 감성을 지닌 문인이기도 했다. 조조도 위대한 전략가이면서 정치가, 행정가이고 또 시인이었다.

1 위대한 CEO 조조
타고난 자질과 부단한 담금질로 최강국 건설

『삼국지』에 나오는 세 군주, 즉 조조·유비·손권은 모두 영웅호걸로서 출중한 인물이다. 군웅이 할거하던 시대에 살아남아 각기 한 나라를 만들었다는 것만으로도 대단하다. 하늘이 내린 강한 운과 통 큰 국량, 인간적인 매력, 각고의 노력이 없었으면 불가능한 일이다. 오늘날 성공한 다국적기업의 창립자 오너에 비유될 수 있다. 오히려 그보다도 훨씬 어려운 역정을 지나지 않으면 안 되었을 것이다. 한 발만 헛디뎌도 천길 벼랑으로 떨어진다. 패자부활전도 없고 보험도 없다. 그야말로 죽기살기 식의 사투에서 살아남아야 한다.

이들은 사실 창업 과정에서 가족은 말할 것도 없고 자신의 목숨까지 걸어야 했다. 조조는 전쟁터에서 아들과 조카를 잃었고, 유비는 부인과 아들이 몇 차례 포로가 되기도 했다. 나라를 물려받은 손권은 상대적으로 덜 험난했으나 그래도 몇 번의 죽을 고비를 넘겼다. 조조와 유비가 전장에서 죽을 뻔한 일은 부지기수다. 모든 것을 걸고 건곤일척의 승부

에 나서지 않으면 살아남을 수가 없다. 세 사람 모두 오늘날로 치면 위대한 경영자의 반열에 오를 사람들이다. 각자 장단점이 달라 우열을 가리기가 힘들다. 그러나 굳이 서열을 매긴다면 어떻게 될까.

소설 『삼국지』에서는 유비를 정통으로 세우면서 가장 높이 평가하고 있다. 동정도 많이 받고 인기도 많다. 그러나 정사 『삼국지』에선 조조를 더 높이 친다. 사실 이루어 놓은 실적이 그렇다. 그것도 요행에 의해 그렇게 된 것이 아니고 그야말로 피와 땀으로 하나씩 쟁취한 것이다.

조조가 처음 허창許昌을 근거지로 나라를 만들어갈 때 사방이 강적들로 둘러싸여 있었다. 북쪽엔 원소袁紹와 공손찬公孫瓚이, 동쪽엔 여포呂布와 도겸陶謙이, 서쪽엔 장수張繡와 마등馬騰이, 남쪽엔 원술袁術·유표劉表·손책孫策이 저마다 기회를 노리며 군웅할거하고 있었다. 당시 유비는 공손찬과 도겸에게 곁방살이를 하던 객장에 불과했다. 이런 강적을 모두 물리치고 조조가 최강의 위나라를 건설한 것이다.

그 과정에서 조조는 몸소 전장을 누비며 싸움을 주도했다. 어떤 땐 정면승부로, 어떤 땐 꾀와 외교로, 또 어떤 땐 위계僞計와 사술詐術로 적을 하나씩 물리쳤다. 마상馬上에서 천하를 얻을 수는 있어도 다스릴 수는 없다는 말이 있는데, 조조는 말 위에서 천하를 얻었을 뿐만 아니라 말에서 내려와서도 천하를 잘 다스렸다. 그래서 조조는 서양의 카이사르나 나폴레옹에 비유되기도 한다. 문무겸전文武兼全이란 점에서 특히 그렇다. 카이사르나 나폴레옹은 전쟁에서는 출중한 장수였으며 정치가로서 나라를 잘 다스렸고 또 뛰어난 감성을 지닌 문인이기도 했다. 조조도 위대한 전략가이면서 정치가, 행정가이고 시인이었다.

조조의 고향인 안휘성安徽省 박주亳州의 조조 기념관엔 밀랍으로 만든

세 개의 조조 상이 있다. 각각 정치가 조조, 군인 조조, 시인 조조 상이다. 정치가 조조는 천하 정세의 흐름을 재빨리 보고 그 변화에 맞춰 나라 시스템을 선제적으로 바꾸고 백성을 잘 다스려 평화와 번영을 보장했다. 군인 조조는 정확한 정세 판단으로 싸울 때와 물러갈 때를 알고 앞선 전략과 출중한 지휘 능력으로 많은 전투를 승리로 이끌었다. 시인 조조는 타고난 직관에 풍부한 시심詩心까지 갖추어 사물을 꿰뚫어 보고 사람들을 감동시켰다.

당시 삼국 중에서 조조가 세운 위나라가 압도적으로 강했고 종국엔 삼국을 통일했다. 위·오·촉한 삼국이 솥발처럼 천하를 삼분했다고 하지만 영토 비중을 보면 중국 14개 주 중에서 위나라가 10개 주, 오나라가 3개 주, 촉나라가 1개 주를 차지했다. 중국의 1개 주는 매우 크고 넓이가 각기 다르다. 손권은 양자강 하류의 광대한 땅을 차지했는데 그쪽은 아직 미개척지가 많았다. 유비는 처음 형주에서 시작했다가 익주로 옮겼다. 익주는 옥야천리沃野千里라 해서 우리나라 전체보다 훨씬 컸다. 한나라를 세운 고조 유방이 터전을 잡고 실력을 길러 천하를 통일한 땅이다.

당시 중국의 중심지는 황하 유역, 즉 중원中原이었다. 중국의 옛 도읍지인 낙양洛陽과 장안長安이 모두 그곳에 있었다. 그곳을 조조가 쟁취하고 또 지배했다. 인구를 보면 위나라가 약 65만 호에 440만 명, 오나라가 50만 호에 230만 명, 촉나라가 30만 호에 95만 명이라는 기록이 있다. 솥의 발과 같은 정립鼎立 구도에서 치열한 사투를 벌였던 것에 비해서는 인구 차이가 너무 난다. 당시 위나라가 차지했던 중원 지방은 일찍 개화된 곳이라 인구 기록이 잘 정비되어 있었지만, 미개 지역이었던 오나라 촉나라에는 미등록 인구가 많아서 그런 것이 아닌가 생각된다.

조조 상 조조의 고향인 안휘성 박주 큰 거리에 있는 조조의 전신상.

유비도 훌륭한 경영자였으나 조조와는 규모 면에서 비교가 안 되었다. 손권은 물려 받은 기업을 잘 보전하고 키웠지만, 창업자에 비해선 한수 아래로 본다. 위대한 경영자를 뽑을 땐 항상 사업 규모가 중요한 기준이 된다. 아무리 보석같이 알차고 단단해도 그 규모가 너무 작으면 밀릴 수밖에 없다. 일단 사업 규모가 커야 영향력이나 사회 공헌도가 커진다.

1999년 말 『포춘』지에서 20세기의 위대한 경영자를 뽑을 때도 일정 규모 이상의 기업을 이끌면서 단기적으로나 장기적으로 성공한 사람을 기준으로 삼았다. 또 그 기업인은 자신의 세대를 대표하는 산업의 일부를 담당해야 한다고 했다. 그 기준으로 자동차 산업을 일으킨 헨리 포드, 현대적인 대기업 조직을 만든 제너럴 모터스GM의 앨프레드 슬론, 컴퓨터 산업을 일으킨 IBM의 토머스 왓슨, 컴퓨터를 쉽게 쓸 수 있게 운용 시스템을 만든 마이크로소프트MS의 빌 게이츠 등 네 명을 꼽았다. 그중에서도 헨리 포드를 가장 선두에 두어 20세기의 기업인이라는 칭호를 주었다. 세상을 바꿀 꿈을 갖고 그것을 실제로 실현했다는 점을 높이 평가한 것이다. 그러나 포드는 편협하고 구두쇠였으며 자신이 살던 시대의 온갖 편견을 다 가졌다고 덧붙였다. 그런 부분적 결함에도 불구하고 그가 이룩한 업적이 워낙 위대했기 때문에 세기의 기업인이 된 것이다.

한국에서도 위대한 경영자를 꼽을 때 사업 규모와 경제에 미친 영향을 감안하지 않을 수 없다. 그래서 삼성의 이병철, 현대의 정주영, LG의 구인회具仁會, 롯데의 신격호辛格浩, SK의 최종현崔鍾賢 회장이 앞쪽 자리를 차지하게 된다. 대우의 김우중金宇中 회장은 전반엔 두드러진 업적을 냈으나 마지막이 안 좋아 평점이 떨어질 수밖에 없다. 화신和信의 박

20세기의 위대한 경영자 윗줄 왼쪽부터 시계 방향으로 헨리 포드, 앨프레드 슬론, 토머스 왓슨, 빌 게이츠

 흥식朴興植 회장도 마찬가지다. 삼양사의 김연수金秊洙, 유한양행의 유일한柳一韓, 천우사의 전택보全澤珤, 강원산업의 정인욱鄭寅旭 회장도 좋은 기업을 개척했지만, 규모와 지속적 발전성 때문에 약간 뒤로 밀린다.
 조조·유비·손권 세 사람 가운데 당시 천하의 사람들에게 가장 영향을 많이 주고 그들의 삶을 바꾼 사람은 조조라 할 수 있다. 꿈도 원대했고 또 그것을 실현할 시스템을 마련하고 작동시켰다. 조조는 한나라 말에 천하의 혼란을 바로잡고 백성에게 안정된 삶의 터전을 주는 것을 기치로 내세웠다. 유비는 한실 부흥을 내세웠는데 조조는 이름뿐인 천자를 모시고 있었지만 한실 부흥이 이미 어렵다는 것을 알고 굳이 그것을 내걸지 않았다. 황족이었던 유비와 달리 환관의 후예인 조조가 한실 부흥 운운해도 먹혀들기는 어려웠을 것이다. 현명한 조조는 그것을 잘 알았을 것이다. 그러나 황실의 권위를 가장 잘 이용한 사람도 조조다.

한국의 위대한 경영자 왼쪽부터 이병철, 정주영, 구인회, 신격호, 최종현.

항상 현실에 입각해서 냉철하게 판단하고 과감하게 행동하는 것이 조조의 장기다.

위대한 경영자는 타고나는 것일까, 만들어지는 것일까. 거기에 대한 정설은 없다. 그러나 큰 그릇은 타고나야 한다. 거기에 가혹한 담금질과 부단한 연마가 있어야 훌륭한 경영자가 되지 않나 생각된다. 또 생각이 자유로워야 한다. 머리 좋은 우등생은 한계를 보인다. 특히 결정적인 순간에 주저하거나 겁을 내는 경우가 많다. 더러 무모하고 용감한 사람만이 황금의 기회를 잡는다. 그래서 기업의 주역 교체와 영토 재편이 일어난다. 시대가 변하는 때에 위대한 경영자가 태어나는데 그들은 기존 가치관이나 윤리의식에 얽매이지 않는다. 파격적인 발상을 하고 그것을 밀고 나갈 배짱과 에너지가 있어야 하는 것이다.

명문 귀족으로 태어나는 것은 때로는 도움이 되지만 결정적 승인이 될 수는 없다. 오히려 장애가 되기도 한다. 우선 자만심이 강하고 야생마 같은 에너지가 분출되지 않는 경우가 많기 때문이다. 조조도 환관의 자손으로서 경제적 기반은 있었으나 명문은 아니었다. 초기에 의병을 일으킬 때 부친의 재산이 도움이 되었겠지만 그것만으로 조조의 성공을 설명할 수는 없다. 당시 일어난 군웅 가운데에는 조조 정도의 재산과 기반을 가진 사람이 많았다. 초기에 조조의 최대 라이벌이었던 원소는 집안이 훨씬 좋고 경제적 기반도 탄탄했다. 군사의 수도 조조의 약 다섯 배나 되었다. 그럼에도 원소는 싸움에 지고 집안이 완전히 무너졌다.

조조의 성공은 스스로의 역량에 의한 것이라 볼 수 있다. 경영자로서의 자질이 앞선 데다 노력도 더 많이 했다. 구상력, 결단력, 친화력, 행동력, 임기응변력이 월등했다. 냉철한 계산력에다 시대의 소리를 듣고 따라가는 탁월한 감성까지 갖췄다. 인간적인 매력도 대단했다. 어려서부터 기지와 총명함이 있었으며 의협심이 강하고 멋대로 놀기를 좋아했다 한다. 덕행과 학업을 닦는 일에 소홀하여 사람들이 그를 뛰어난 인물로 생각지 않았다는 기록이 있다. 젊었을 때는 부잣집 아들로 자유분방하게 놀았던 것 같다. 위대한 경영자치고 어릴 때 공부만 열심히 한 우등생은 드물다. 그것은 유능한 참모의 몫이다. 그러나 무언가 범상치 않은 자질을 타고나는데 눈 밝은 사람만 그것을 본다.

젊었을 때의 조조를 보고 당시 유명한 명사인 여남汝南 사람 허소許邵가 "당신은 치세治世의 능신能臣이고 난세의 간웅姦雄이 될 사람"이란 말을 했다. 태평 시절엔 유능한 관료가 되지만 세상이 어지러우면 교활한 영웅이 된다는 뜻인데, 듣기에 따라 기분 좋을 수도 나쁠 수도 있다. 조조는 이 말을 듣고 기뻐했다고 한다. 또 양국梁國 사람 교현橋玄은 아예 "난세의 영웅이고 치세의 간적奸賊"이라 평했다. 뉘앙스는 약간 다르나

너무 유능해 평범한 일생을 보낼 팔자가 아니라는 점에선 일치하고 있다. 만약 조조가 한나라 말 혼란기가 아니고 질서가 잡혀 있을 때 태어났다면 한번 사고를 크게 치고 나쁜 이름을 남겼을지 모른다. 나라를 훔치면 임금이 되지만 물건을 훔치면 도적이 된다는 말이 있다.

조조는 특히 임기응변에 능했다. 그 임기응변은 생사가 달린 지경에서도 발휘된다. 여포와 혈투를 벌일 때 조조가 그만 함정에 빠져 사로잡히는 신세가 되었다. 조조의 얼굴을 모르는 적군이 조조를 못 보았냐고 묻자 "조금 전에 황색 말을 타고 간 사람이 조조"라고 태연히 말한다. 적군들이 서둘러 쫓아간 사이에 조조는 자신의 진영으로 탈출했다. 소설 『삼국지』를 보면 조조가 금방 화를 냈다가 곧 웃기도 하고 상황에 따라 자유자재로 변하는 모습이 나온다. 감정과 표정을 마음대로 하기 때문에 사람들이 갈피를 못 잡는다. 그것도 큰 장기이다.

조조의 모습은 기록에 따라 조금씩 다른데, 유비나 손권에 비해 몸집은 작았으나 에너지가 넘쳐 피곤을 모르고 일하는 타입이었다. 일에 몰두하면 시간 가는 줄 모르고 매달렸다. 사람들과 즐겁게 이야기하고 놀기도 잘 놀았다. 특히 뛰어난 점은 늘 긍정적으로 생각한다는 것이다. 아무리 어려운 문제라도 포기하지 않고 늘 되는 방향으로 생각하여 밝은 분위기를 만들어 부하들의 힘과 용기를 북돋웠다. 관도대전官渡大戰을 앞두고 상대방인 원소의 병력이 압도적으로 많아 부하들이 불안해하자 "걱정 말라. 승패는 병력의 수에 달린 것이 아니라 장수의 역량에 의해 결정되는데 내가 원소를 잘 알고 있다. 그는 지혜가 없고 소심하다. 또 군대의 규율이 안 잡혀 있고 대장들도 제각각이다. 두고 보아라. 땅이 넓고 양식이 풍부하더라도 결국은 모두 우리 차지가 될 것이다"고 장담하면서 부하들에게 승리의 확신을 심어 주었다. 경영자로서 천부적인 자산이다.

　위대한 경영자는 항상 되는 방향으로 생각한다. 그러면서도 준비는 빈틈없이 한다. 꽉 막힌 것 같은 상황에서도 한 줄기 가능성을 찾아내고, 그것을 끈기 있게 뚫어 결국 불가능 중의 가능이란 기적을 만들어 내는 것이다.

2 조조의 전략적 안목과 결단
한발 앞서 생각하고 기민하게 판단, 실행

위대한 경영자는 시대의 흐름을 보는 안목이 뛰어나고 결단할 수 있어야 한다. 시대의 흐름은 비범한 통찰력을 갖추어야 볼 수 있는데 이것은 어느 정도 타고난 자질이라 할 수 있다. 스스로 감지하든 참모의 의견을 듣든 뛰어난 동물적 감각이 있어야 한다. 공부를 하고 훈련을 쌓으면 어느 정도는 가능할지 모르나 한계가 있다. 그것은 경영자의 또 하나의 그릇이라 할 수 있다.

시대의 흐름은 처음엔 구체적인 모양으로 나타나진 않는다. 간헐적인 징후로만 보일 뿐이다. 그 징후가 거듭되면 하나의 조류를 이루고 그것은 불원간 현상으로 나타난다. 하루하루를 보면 비슷한 날이지만 봄, 여름, 가을, 겨울이 오고 가는 것과 같다. 세상의 민심이라든지 시대의 변화는 예민한 사람만이 감지할 수 있다. 오동잎이 떨어지면 가을이 멀지 않았다는 것을 알아야 하는 것이다. 천시天時란 말이 바로 시대의 흐름을 나타내는 것이다. 시대의 흐름을 알아도 행동하지 않으면 소용 없다. 머리 좋은 경영자에게 많이 나타나는 현상이다. 분명히 앞을 내다보았는데 이것저것 생각하다 기회를 놓쳐 버리는 것이다. 그런 경우가 너무 많다. 결과적으로 처음부터 생각 못하는 것과 같다.

조조의 위대함은 비상한 통찰력과 때를 놓치지 않는 행동력이다. 그래서 천시를 가장 잘 탔고 처음부터 유리한 고지를 점해 마지막까지 압도적 우위를 유지했다. 조조·유비·손권 가운데 항상 조조가 앞섰다. 오늘날의 기업 경영에 비유하면 창업도 가장 빨랐고 시장점유율도 가장 높았으며 수익률이나 재무구조도 가장 좋았다. 사소한 싸움에선 손권이나 유비가 더러 이길 때도 있었지만 대세를 바꿀 정도는 아니었다. 언젠가는 조조의 위魏에 평정될 운명이었다. 유비와 손권은 힘을 합쳐야만 조조에 대항하여 나라를 보전할 수 있었다. 조조의 전략은 늘 두 나라를 분열시켜 공략하는 것이었다.

조조는 일찍부터 그 출중한 자질을 드러냈다. 말 잘 듣는 체제순응적인 모범생은 아니었다. 어릴 때부터 임기응변과 지략이 풍부했다. 명문거족도 아니고 학자 집안도 아니었으나 돈은 많았다. 그런 집안 배경 때문에 그토록 발상이 자유롭고 행동이 거침없었는지 모른다. 격변기의 경영자로선 딱 맞는 자질이다. 조조는 부잣집 아들답게 방탕한 생활도 했으나 항상 큰 뜻은 버리지 않았다. 부친의 돈으로 부지런히 놀고 사람도 많이 사귀었으며 인심도 후했다. 그러나 남몰래 공부도 많이 하고 특히 병법兵法을 부지런히 익혔다. 현실에 안주하여 재산이나 모으면서 적당히 살기보다 무언가 꿈을 찾고 도전한 것이다.

청년시절 수도 낙양에서 경찰서장직을 맡게 됐다. 집안의 재력이 큰 힘이 됐을 것이다. 취임하자마자 성문에 오색 몽둥이를 죽 세워 놓고 누구든 법을 위반하면 이 몽둥이로 때려죽이겠다고 선언한다. 이때 재

수 없게도 당시 세도가의 숙부가 걸려든다. 평소 조카의 세도를 믿고 거들먹거리던 자였다. 조조가 법대로 하려 하자 부하들도 말리고 사방에서 압력이 들어온다. 그러나 조조는 굴하지 않고 법대로 때려죽인다. 그 때문에 조조의 명성은 널리 나지만 세도가에게 찍혀 지방으로 좌천하게 된다. 적당히 타협하면서 자리나 유지하고 출세하는 것엔 관심이 없었던 것이다.

젊었을 적엔 당시 권력자였던 대장군 하진何進의 참모 노릇을 했다. 하진은 당시 세도를 부리던 환관 세력을 견제하기 위해 지방의 장군들을 불러 모을 의견을 내놓는다. 환관들도 군대를 갖고 있어 지방의 군대가 필요했기 때문이다. 같은 참모였던 원소를 비롯한 다른 사람은 찬성했지만 조조는 반대한다. "환관이란 예부터 있어 온 존재로서 위에서 제대로 다스리지 못하기 때문에 발호하는 것이다. 실제 아무런 힘이 없고 주동자 몇 사람만 처벌하면 간단히 제압된다. 똑똑한 사법관리 한 사람이면 충분하다. 괜히 이들을 견제한다고 지방의 군대를 끌어들이면 이리를 쫓으려다 호랑이를 불러들이는 꼴이 된다"고 역설했다. 그러나 조조의 의견은 채택되지 않았고 그때 불러들인 동탁董卓이 낙양을 점령해 나라를 한동안 쥐고 흔든 것은 그 뒤의 일이다. 조조는 사태의 본질을 꿰뚫어 보고 해결책을 찾아내는 비상한 능력을 가졌던 것이다. 이런 능력은 갈수록 날카로워져 평생 변하지 않는다.

위대한 경영자는 사물을 단순화하여 꿰뚫어 보는 안목이 뛰어나다. 삼성 이병철 회장은 아무리 복잡한 보고를 받아도 즉각 단순화하여 문제점을 집어냈다. 한번은 새해 경제 전망을 보고받는데, 결론은 어렵다는 것이었다. 끝까지 다 듣고 나서 이 회장은 "경제가 좋다고 다 사업이 잘되는 것도 아니고 경제가 어렵다고 다 안 되는 것도 아니다. 내년이 어렵다고 하니 그중에서 잘될 수 있는 사업이 무엇인지를 알아내는 것이 중요하다. 그걸 찾아보고 다시 보고하라" 하며 회의를 끝냈다. 현대 정주영 회장은 자동차 사업을 처음 시작할 때 밑에서 여러 가지 문제점을 지적하면 "결국 자동차란 엔진에 양철통을 올려놓고 바퀴와 핸들을 단 것 아닌가. 그러니 껍데기를 보기 좋게 만들어야 잘 팔리지" 했다 한다.

낙양에 진주하여 정권을 장악한 동탁은 조조의 비범함을 알아보고 측근으로 쓰려 한다. 소위 출셋길이 훤히 열린 것이다. 그러나 조조는 동탁의 한계를 재빨리 보았다. 동탁은 한실을 없애고 자신이 천하를 차지할 꿈을 꾸고 있었으나 천하대세나 동탁의 그릇으로 봐서 오래 못 간다는 확신이 섰다. 조조는 미련 없이 벼슬을 버리고 고향으로 탈출한다. 이때 이미 조조는 창업자 오너가 될 길에 들어선 것이다.

조조는 고향에 돌아가자 전 재산을 털어 군사를 모으고 지방의 제후들에게 동탁 타도를 호소한다. 조조의 호소는 널리 호응을 얻어 원소·원술·손견孫堅·공손찬·한복韓馥·포신鮑信 등 중국 천하의 영웅호걸들이 동탁 타도를 위해 모인다. 후에 촉나라를 세운 유비는 공손찬의 용병대장으로 겨우 참가한다. 오나라 손권의 아버지인 손견은 원술 측 사람으로 참전하여 큰 공을 세운다. 연합군의 대의명분은 근사해도 속셈은 각기 달랐다. 이때만 해도 조조는 여러 군웅 가운데 하나였을 뿐이고 세력도 미미했다. 그러나 포부나 지략은 뛰어났다.

연합군은 총대장으로 원소를 추대한다. 원소는 집안도 좋은 데다 세력도 가장 강했다. 원소의 집안은 4대에 걸쳐 정승을 낸 명문 중의 명문이었고 원소의 인망도 높았다. 그러나 지략이나 그릇에 있어선 조조에 못 미쳤다. 사람 보는 눈은 더욱 그랬다. 이때 천하의 명장 관우를

가장 먼저 알아본 사람이 조조였다. 과연 관우는 그때까지 연합군 진영을 크게 괴롭혔던 동탁의 선봉장 화웅華雄의 목을 단칼에 베어 왔다. 연합군의 사기는 크게 올라가고 대대적인 공세로 나갈 수 있었다.

이렇게 되자 동탁은 천자와 함께 낙양을 버리고 장안으로 도망간다. 조조는 동탁을 추격하자고 하지만 다른 제후들이 말을 듣지 않는다. 자기 군대의 손실을 두려워했기 때문이다. 조조는 혼자서 군사를 이끌고 동탁을 추격하지만 반격을 받아 큰 타격을 입는다. 항상 적극적인 조조의 성격이 잘 드러난다. 그 뒤 연합군은 흐지부지되고 각기 영지로 돌아간다.

조조는 천하에 대의를 세우려면 실력을 더 키워야 한다는 것을 절감한다. 그리고 천하의 주인이 될 뜻을 정하고 세력 확대에 매진하게 된다. 이때부터 뛰어난 인재를 적극적으로 끌어들인다. 집안에도 우수한 인재가 많았지만 천하를 경영하기 위해선 더 유능한 인재가 필요하다고 본 것이다. 기업의 규모가 커질 때 그에 상응하는 인재를 갖추지 못하면 조직이 기형이 된다. 중소기업이 대기업이 될 때, 야당이 갑자기 집권할 때 생기는 현상이다. 그런 점에서 조조는 타고난 감각을 가졌다고 볼 수 있다.

세력을 키우려면 어떻게 해야 하는가. 영토를 넓히고 백성을 모아야 한다. 이때 조조는 비상한 생각을 하게 된다. 요즘 말로 하면 전략적 사고로 시스템적 접근을 한 것이다. 당시는 황건적의 난을 비롯한 연이은 전란으로 백성들이 땅을 잃고 마음 붙이고 살 데가 없었고 중국 천지에 유랑민이 들끓었다. '이들에게 안심하고 살 터전을 만들어 주자, 백성들을 전란에서 구하고 천하를 태평케 하자, 그러면 나의 패업은 저절로 탄탄해지는 것이다'라고 조조는 생각했다. 그러기 위해선 백성들을 지켜 주고 먹여 주어야 한다. 그걸 해결할 방법은 없을까. 보통 싸움을 통해 성과 영토를 뺏을 생각만 할 때에 조조는 한 수 더 본 것이다.

이때 시행된 것이 둔전제屯田制와 병호제兵戶制. 당시만 해도 식량 부족이 심각했다. 큰 기근이 한번 들면 수백만이 굶어 죽고 백성들은 유랑민이 되거나 도적으로 변했다. 그래서 조조는 전란으로 버려진 논밭을 모두 거둬들이고 백성들을 모아 농사를 짓게 했다. 농사를 지을 씨앗이나 농기구, 심지어 소까지 빌려주고 추수 땐 산출량의 6할을 받았다. 적지 않은 부담이었지만 열심히 일하면 먹고 살 수는 있었다. 그래서 많은 유랑민들이 조조의 영내로 몰려들게 되자 식량은 증산되고 자연히 경제력은 날로 튼튼해졌다. 그 대신 세금을 매우 가볍게 해주었다.

병호제는 병사를 일반 백성과 구별해 일정 지역에서 근무하면서 농사짓게 하는 제도로 아버지가 사망하면 아들이 그 뒤를 이었다. 도망가면 가족 전체가 처벌을 받는다. 이 때문에 조조는 식량을 자급자족하는 상비군을 유지하게 되고 비상동원 체제도 갖추게 되었다. 조조가 전쟁에서 패해도 군사를 계속 보충할 수 있었던 것도 이런 시스템이 있었기 때문이다. 이런 시스템은 선순환 구조를 이루어 인구 증가, 경제력 증강, 국방 강화로 연결되었다. 지금 생각하면 별게 아닌 것 같지만 그 당시 전란 틈에서 그런 생각을 한 것이 놀라운 일이다. 위대한 경영자는 남이 생각 못한 것을 앞서서 생각하고 실천한다.

이와 비슷한 시기에 조조는 또 하나의 획기적 사업을 벌인다. 바로 한나라 천자를 자신의 근거지로 모신 것이다. 당시 한나라 황제는 동탁에게 얹혀 있다가 동탁이 죽고 천하가 전란에 휩싸이는 바람에 유랑생활을 하는 처지였다. 지위만 높았을 뿐 힘이 없어 매우 궁핍한 처지였

다. 동탁에 의해 장안까지 끌려갔다가 낙양으로 돌아왔으나 누구 하나 받드는 사람이 없었다. 조정이란 것도 이름뿐이었다. 이때 천자를 모셔와 천하에 명분을 세우자는 건의가 올라왔다. 이에 대해 논란이 많았다. 천자를 모시면 우선 번거롭고 또 천하의 시샘을 받을 우려가 있다는 것이었다. 당시 조조보다 훨씬 강했던 원소 진영에서도 천자를 모시자는 참모의 건의가 있었으나 원소가 결단을 못 내려 그냥 넘어간 바 있다.

조조로선 강적 원소의 심기도 건드리지 않아야 했다. 이때 조조의 핵심 측근 순욱苟彧과 곽가郭嘉가 천자를 꼭 모셔야 한다고 강력히 주장했다. 순욱이 "지금 천자는 매우 어려운 처지에 놓였는데 장군은 정의로운 군대를 일으켰으니 이치를 봐서도 천자를 모셔야 합니다. 그것이 세상의 바람과 하늘의 도리에 따르는 것입니다" 하고 말하니 조조도 최종 결심을 한다. 천자와 조정에서도 대환영이었다. 조조에게 대장군이라는 큰 벼슬이 내려진다. 이때 원소에게는 태위太尉 벼슬을 내리는데 조조보다 낮다고 받지 않자 조조는 두말 않고 대장군을 양보한다. 명분보다 실질을 항상 중시한다.

조조가 근거지인 허창許昌에 천자를 모신 후 모든 명령이 조정과 천자의 이름으로 나간다. 조조가 곧 조정이 되어 다른 제후들을 호령하게 된 것이다. 또 천자의 권위를 매우 편리하게 쓴다. 비록 천자가 실권은 없었지만 그 이름이 갖는 상징적인 가치를 재빨리 간파했던 것이다. 그런 점에서 조조는 탁월한 선각자이고 동물적인 계산능력을 가졌다고 볼 수 있다.

3 용인用人의 천재 조조
명분보다 능력 우선, 청탁불문淸濁不問 발탁

국가건 기업이건 사람이 가장 중요함은 말할 필요도 없다. 그걸 제대로 알기도 어렵거니와 실천하기는 더 어렵다. 기업의 흥망도 대개 인사에 좌우된다. 외환위기 이후 대기업들의 명암이 엇갈렸는데 가장 큰 원인은 인재를 잘 키우고 활용한 쪽과 그렇지 못한 쪽의 차이라 할 수 있다.

조조의 위나라가 삼국 중에 가장 강성한 원인도 조조의 성공적인 인사에서 찾을 수 있다. 조조뿐 아니라 촉나라의 유비나 오나라의 손권도 인사를 잘했지만 종합적으로 볼 때 조조가 한발 앞섰다. 의리나 인정에만 호소하지 않고 일할 보람과 안정된 자리, 또 물질적 보상을 마련해주는 현대적 관리 기법을 일찍부터 썼던 것이다.

조조는 사람 보는 눈이 뛰어날 뿐만 아니라 사람을 잘 쓸 줄 알았다. 사람의 능력과 잠재력을 정확히 파악하여 적재적소에 활용할 줄 알았던 것이다. 또 사람에 대한 욕심도 많았다. 좋은 인재를 보면 적과 아군을

가리지 않고 맹목적으로 끌어들였다. 더러는 실패한 경우가 있어도 평생 인재 사랑은 변치 않았다. 조조 밑엔 항상 인재가 들끓었다. 정확한 평가를 통해 능력을 길러 주고 거기에 사람을 끄는 매력 같은 것도 있으니 그럴 수밖에 없었다. 신상필벌이 엄한 대신 인재라고 생각한 사람에겐 매우 관대한 면이 있었다. 조조 밑엔 그야말로 다양한 사람들이 풍부하게 포진해 있었다. 좋은 계책을 내는 참모, 용맹스런 장수, 병참이나 행정에 능한 관료, 글을 잘 쓰는 문장가, 물불 안 가리는 충복忠僕들이 즐비했다. 이들을 마치 오케스트라를 지휘하듯이 자유자재로 써서 나라와 천하를 경영한 것이다.

조조 진영도 처음엔 친척들이 중심이 되었다. 조조의 친척 중엔 출중한 무장이 많았다. 조인曹仁, 조홍曹洪, 하후돈夏侯惇, 하후연夏侯淵 등은 당시 일류 가는 무장들이었다. 이들의 적극적인 도움으로 시작은 했지만 곧 가족 회사의 한계를 느낀다. 그때부터 조조는 대담한 외부 수혈을 하는데 싸움에 이겨 다른 나라를 점령할 때마다 적군 가운데 좋은 인재를 발탁하여 쓴다. 장요張遼, 서황徐晃, 장합張郃 등이 대표적인데 이들은 조조 밑에 와서 더욱 빛을 발한다. 황건적이나 산적 중에서도 재주가 출중하면 과거를 묻지 않고 중용했다. 허저許褚, 이전李典, 전위典韋 등은 순전히 용맹과 무예만을 보고 발탁하여 심복으로 삼는다. 조조는 이들을 역량에 맞춰 귀신같이 부린다. 조인, 하후돈, 장요같이 용감하고 지혜 있는 장수는 방면군方面軍이나 지역사령관을 맡기고 서황, 이전, 하후연같이 싸움에 능한 장수는 치열한 전투에 투입한다. 또 힘이 빼어나고 충성심 있는 허저, 전위는 호위대장으로 쓴다.

삼성 이병철 회장의 용인술은 유명하다. 공격형과 안정관리형으로 나누어 새 사업을 일으키거나 공장을 지을 땐 물불 안 가리는 공격형을 보내지만 그것이 일단락되면 안정관리형을 보내 뒷수습을 한다. 한쪽만으론 반드시 치우치게 되므로 번갈아 보내 균형을 맞추는 것이다. 보내는 사람과 시기를 귀신같이 조절한다. 현대 정주영 회장 자신은 공격형이지만 반드시 안정관리형을 기획조정실장으로 두어 브레이크 역할을 하게 했다. 그러나 말년에 그 견제와 균형 기능이 무너져 현대가 어렵게 됐다는 해석도 있다.

조조의 세력이 커짐에 따라 세상의 평판이 중요해졌는데 그땐 이름 있는 명망가를 간판으로 데려다 놓는다. 또 조조는 숨은 인재를 발굴해 낼 줄 알았다. 재주가 넘쳐 일찍 빛을 발하는 사람은 그들대로, 대기만성형은 그들대로 잘 골라 썼다. 사마의司馬懿 같은 사람은 큰 그릇이기는 하나 눈에 잘 띄지 않는 타입이다. 하지만 조조는 빨리 알아보고 데려다 쓴다. 사마의를 끌어왔기 때문에 위나라는 촉나라 제갈공명의 거듭된 공세를 막을 수가 있었다. 제갈공명도 천재적 군사軍師였지만 사마의도 그에 못지않은 전략가였다. 날카로운 공명의 공세를 사마의가 둥글게 잘 막아냈다. 사마의가 없었더라면 제갈공명은 북벌의 꿈을 이루었을지 모른다. 위나라에 행운이고 촉한엔 통한이다. 공명 때문에 사마의가 그늘에 가려지지만 높은 지략과 안목, 행동력에 있어서 두 사람은 막상막하였다. 이런 사마의를 일찍 알아보고 자기 진영에 붙잡아 둔 조조의 안목은 정말 놀랍다 할 것이다.

조조 밑에 사람이 모인 것은 우연이 아니다. 적극적이고 진취적으로 사람을 찾아 나섰다. 조조가 55세가 되었을 때 인재를 모으려고 발령한 구현령求賢令을 보면 조조의 인재관이 그대로 드러난다. 그 내용을 보면 "예부터 왕조를 부흥시키거나 치세治世를 잘한 황제는 모두 훌륭한 인재의 도움을 받았다. 현인을 발견하려면 윗사람이 적극적으로 나서지

않으면 안 된다. 현인은 우연히 만나는 게 아니다. 청렴하고 결백한 선비가 아니면 안 된다느니 하는 한가한 소리를 하고 있다간 언제 현인을 찾을 것인가. 지금 큰 재주를 지녔지만 한가하게 낚시나 하고 있는 강태공姜太公이나 형수와 관계를 가졌느니 뇌물을 받았느니 하는 비난을 받으면서도 한고조漢高祖의 일등 공신이 된 진평陳平 같은 인재가 어딘가 분명히 있을 것이다. 초야에 있는 사람을 찾아내라. 오직 능력만으로 천거하라. 나는 능력 있는 사람을 중용할 것이다"라고 되어 있다. 난세엔 도덕성보다 능력이 더 중요하다는 조조의 인재관이 잘 드러난다.

중국에서는 아직까지 이런 인재관이 이어지고 있다. 흰 고양이든 검은 고양이든 쥐만 잘 잡으면 된다는 덩샤오핑鄧小平의 실용주의적 인재관이 바로 그것이다. 명분 위주의 인재관 때문에 나라나 기업이나 유능한 인재를 놓치는 경우가 많다. 유교적 영향이 강한 한국에선 그 폐해가 지나칠 징도다. 조소는 그런 실용적 인재관을 일관되게 실천한다.

조조의 측근 참모 중에 곽가郭嘉라는 사람이 있었다. 재주가 뛰어나 조조가 늘 중요사를 의논하고 총애했다. 안목이 높고 머리 회전이 빨라 고비 때마다 기발한 타개책을 내놓곤 했다. 그 대신 품행은 별로 방정하지 못했다. 그래서 고지식한 어느 대신이 곽가를 탄핵하는 상소문을 자주 올렸다. 그때마다 그 대신에겐 엄정한 사람이라 하여 상을 내렸으나 곽가는 계속 곁에 두고 중용했다. 재주는 재주, 품행은 품행이라는 생각이었다. 감격한 곽가가 조조에게 더욱 충성을 바친 것은 말할 것도 없다.

조조는 심지어 유비까지 자기 밑에 두고 싶어 애를 많이 썼다. 유비가 어려울 때 많이 거두어 주었다. 당시는 군웅들이 아직 할거할 때였는데 조조는 다른 사람은 다 우습게 보아도 유비는 한몫 놓아 주었다.

측근 참모들이 유비는 남의 밑에 오래 있을 사람이 아니니 차라리 죽여 후환을 없애자고 건의한다. 그때 조조는 "지금은 인심을 얻어 천하의 인재를 모을 때인데 유비를 죽이면 누가 나에게 오겠느냐"라며 말린다. 아무리 애를 써도 유비가 도망을 가자 조조의 호의는 증오로 변해 치열한 보복에 나선다.

조조 밑에서 가장 큰 공을 세운 사람은 순욱荀彧이라 할 수 있다. 그는 유비 밑의 제갈공명에 비유될 정도로 많은 일을 했다. 순욱은 당시 지식인들 사이에 명망이 있었기 때문에 순욱의 참여는 조조의 명성을 크게 높여 주었다. 순욱 자신도 많은 인재를 추천했고 이들은 조조의 핵심 브레인이 되었다. 순욱은 조조가 창업의 기초를 세울 때부터 참여하여 크고 작은 계책을 내고 또 성공시켰다. 만약 순욱이 발안한 몇 가지 결정적인 헌책이 없었더라면 조조의 패업은 중도에 좌절되었을지도 모른다. 순욱은 당초 조조의 라이벌인 원소에게 갔다가 실망하고 조조 진영으로 옮겨온 사람이다. 순욱은 조조 밑에서 큰 공을 세웠지만 마지막엔 조조와 뜻하는 바가 달라 자의반 타의반으로 자살하고 만다. 조조는 용도가 있을 땐 사람을 지극히 아끼지만 용도가 끝나면 차갑게 대한다. 이 점은 인정 많은 촉나라 유비와 좀 다르다.

난세엔 주인은 신하를 잘 만나야 하지만 신하도 주인을 잘 만나야 한다. 그때 줄을 잘못 서면 패가망신하기 십상이다. 그래서 천하의 인재들은 좋은 주인을 찾아 다녔다. 주인의 그릇은 어느 정도인가, 머리는 괜찮은가, 덕은 있는가, 인심은 후한가 등을 따져 이합집산이 이루어졌던 것이다. 세상의 평판도 중요한 역할을 했다. 지금도 줄서기에 따라 운명이 갈린다. 외환위기 이후 큰 기업들의 부침이 갈리면서 어떤 경영자는 감옥에 들어가고 재산 차압까지 당한 반면, 어떤 경영자는 스톡옵

션 등으로 큰 재산을 모으고 승승장구하고 있다. 그때는 재산 정도가 아니라 목숨이 왔다갔다 하는 판이었다. 그래서 주인의 사람됨이 매우 중요했다. 순욱이 원소를 버리고 조조를 찾아왔을 때 조조는 그야말로 버선발로 뛰어 내려와 "나의 장자방張子房이 왔도다" 하고 반긴다. 장자방은 뛰어난 지혜로 한고조 유방劉邦을 도와 한나라를 창업하는 데 결정적인 역할을 한 장량張良, 바로 그 사람이다. 조조는 순욱의 무한한 가치를 잘 알았던 것이다.

사실 조조의 최대 고비는 원소와 중원을 놓고 다툰 관도의 싸움이었다. 요즘 말로 하면 최대의 강자끼리 싸운 준결승전 같은 것이었다. 그때 원소의 참모였던 허유許攸가 조조에게 투항해 온 것이 승패의 갈림길이 되었다. 허유는 아무리 좋은 계책을 내놔도 원소가 듣지 않자 기밀문서를 가지고 조조를 찾아간다. 허유와 조조는 어릴 때 친구 사이였다. 허유는 원소의 군량미가 있는 곳을 알려주고 그곳을 급습하라고 일러준다. 당시는 서로 속고 속이는 싸움을 하는 중이라 거짓 정보도 많았다. 그래서 허유의 정보가 적군의 모략이 아닌가 하는 의심도 있었다. 조조는 그런 것을 가려내는 데 천부적인 감이 있었다. 틀림없는 정보라 판단해 스스로 기습작전에 나선다. 어름어름하면 절호의 찬스를 놓치고 만다. 건곤일척의 기습작전으로 원소의 군량미를 불태우고 승기를 잡는다. 만약 그 기습작전이 실패했으면 조조는 그대로 무너지고 말았을 것이다. 그런 승부수를 띄우는 데 있어서 조조는 천재적이었다. 결국 그 때문에 조조는 최후의 승자가 된다.

애초엔 원소가 병력이나 병참, 인재 면에서 앞서 있었다. 그러나 CEO라 할 수 있는 조조와 원소의 능력을 비교할 때 조조가 월등했다. 원소는 유능한 참모들이 많았지만 그들을 쓸 줄 몰랐다. 대를 이은 명문거족으로 자만심만 높아 인재를 대접하거나 소중히 할 줄 몰랐던 것이다. 그러나 조조는 환관의 후손으로 늘 몸을 낮추는 자세였다. 많은 인재들이 절망하고 떠났기 때문에 원소는 관도의 싸움에서 패하여 자멸하고 만다.

원소를 이기고 나서 조조의 큰 그릇이 그대로 드러난다. 조조가 원소의 사령부에 도달했을 때 급하게 쫓겨 가느라 중요 문서들이 그대로 널려 있었다. 그중엔 원소에게 온 비밀편지 뭉치도 있었다. 부하들이 그걸 조조에게 바치자 두말 않고 불 속에 던져 버린다. "이 편지들을 태우면 누가 원소에게 접근했는지 알 수 없지 않습니까? 철저히 조사하여 반역자들을 가려내야 합니다" 하고 참모들이 말렸더니 조조는 편지가 다 타도록 꺼내지 못하게 하였다. 그리고는 "이제 원소가 망했으니 천하의 사람이 모두 내 사람인데 옛일을 따져 무슨 소용이 있겠느냐. 원소가 강성할 땐 나도 속으로 두려웠거늘 보통사람이야 오죽했겠느냐" 하고 손을 털었다 한다. 아마 조마조마한 사람 많았을 것인데 이 광경을 보고 조조에게 다시 한번 감복하였을 것이다.

이런 일은 옛날에도 있었다. 그보다 약 150년 전에 한나라 광무제光武帝 유수劉秀가 적 진영을 함락하고 나서 남아 있는 비밀서신을 모두 태워 버리게 했다. 이유도 조조와 비슷했다. 독서가인 조조는 역사책을 읽어 이 사례를 알고 있었을지 모른다. 조조의 입장에서 비밀서신에 측근의 이름이라도 나오면 그것도 곤란하다. 잘못하면 정치적 후폭풍이 생길 수도 있다. 그래서 서신들을 태움으로써 자신의 관대함도 보이고 골치 아픈 후유증도 없애는 효과를 얻을 수 있었던 것이다. 그런 계산과 판단을 순식간에 하여 즉각 행동에 옮기는 일은 아무나 할 수 있는 것이 아니다. 그런 점에서 조조는 위대한 경영자인 것이다.

4 조조의 감성 리더십
인간적 매력으로 포용, '능력 이상' 실력 쏟게 만들어

조조는 아주 냉철하고 차가운 인물로 알려져 있지만 감성적인 면도 풍부하다. 사람을 심복시키고 감동을 주는 데는 감성적 요소가 꼭 있어야 한다. 위대한 경영자는 엄격한 신상필벌과 이성적 판단이 바탕이지만, 그 위에 따뜻한 인간애가 있어야 한다. 이른바 인간적 매력이다. 지도자는 아래로부터 존경과 더불어 사랑도 받아야 하는 것이다.

기록에 의하면 조조는 당시 일급의 지식인이고 또 시인이었다. 조조는 시심詩心을 지녔다고 볼 수 있는데 그것은 심약心弱하고는 다른 것이다. 조조는 원칙과 줏대를 세우면서도 인간에 대한 따뜻한 마음씨를 자주 나타낸다. 그래서 부하들이 조조를 두려워하면서도 따랐던 것이다. 그 대신 조조의 라이벌인 원소는 인정에 끌려 더러 대소완급을 가리지 못했다. 결단도 늦었다. 리더로서 치명적인 약점이다.

조조가 유비를 정벌하러 나가 근거지인 허창이 텅 빌 때가 있었다. 이때 원소의 참모가 좋은 기회이니 허창을 기습하자고 건의한다. 원소는 반응이 없었다. 거듭 재촉을 한즉 원소는 "사실 내가 가장 귀여워하는 다섯째 아들이 병이 나 지금 군사를 낼 정신이 없소. 다음 기회를 봅시다" 하고 안으로 들어가 버린다. 참모는 "하늘이 준 이런 기회를 어린애 병 때문에 놓치다니"라며 땅을 치고 탄식한다. 이런 원소의 심약함 때문에 막강한 군사력에도 불구하고 천하의 주인 자리를 조조에게 빼앗기게 되는 것이다.

그러나 조조는 매우 냉철했다. 장수의 기습공격을 받아 적에게 완전히 포위되자 큰아들이 내주는 말을 타고 혼자 탈출하면서 훗날을 기약한다. 큰아들과 조카는 난전 중에 죽는다. 나중에 통쾌한 복수를 하지만 승전 후 아들이나 조카가 죽은 것은 뒷전이고 자신을 살리기 위해 피투성이가 되어 장렬히 죽은 호위대장 전위典韋를 위해 더 서럽게 통곡한다. 조조는 진정으로 전위를 좋아하고 아꼈던 것이다. 그런 마음이 전위에게도 전달되어 조조를 위하여 기꺼이 죽어갔을 것이다. 그런 광경을 보며 병사들도 감동한다.

오늘날의 기업 경영에도 그런 감성적 요소가 필요하다. 사람의 마음을 사로잡고 심복시키는 것은 옛날이나 지금이나 다를 바가 없다. 위대한 경영자를 만나보면 선이 굵으면서도 무척 세심함을 느끼게 된다. 이른바 대담소심大膽小心이다. 삼성 이병철 회장은 일할 때 서릿발 같은 분위기를 만들지만 사적인 일엔 무척 자상했다. 보고를 받다가 점심시간이 되면 꼭 밥을 먹고 가라고 붙들었다. 회장을 모시고 식사한다는 것이 부담스러워 사양하고 그냥 가려 하면 "때가 되었는데 그냥 가는 게 아니다"라며 밥을 먹고 가게 했다. 옛날 모두 어렵게 살던 시절 식사 때가 되면 밥을 먹여 보내던 생각을 하는 것 같았다. 과일 같은 것도 먹으라고 한 쪽씩 집어 주곤 했다.

현대 정주영 회장도 회식을 하면서 젊은 사람들과 같이 노래 부르고 춤도 추면서 분위기 맞추는 것을 여러 번 보았다. 명절 땐 시차에도 불구하고 해외건설 현장에 꼭 전화를 걸어 격려하였다 한다. LG 구인회 회장은 새벽에 공장을 찾아 철야한 사람들을 보고 "잠 좀 잤나. 욕본다"라는 말을 잊지 않았다 한다. 욕본다는 말은 경상도 사투리로 고생한다는 뜻이다.

헨리 포드나 혼다 소이치로本田宗一郎 같은 위대한 경영자들도 대담하고 합리적인 경영 능력과 아울러 뛰어난 감성을 발휘하곤 했다. 헨리 포드가 청년시절 어느 모임에서 잠시 에디슨을 만나 자신의 가솔린 엔진 아이디어에 대해 설명한 적이 있다. 당시 에디슨은 포드에게 하늘 같은 존재였다. 에디슨은 매우 훌륭한 아이디어라며 열심히 해보라고 격려했다. 이로 인하여 포드는 자신을 얻게 되고 결국 가솔린 엔진 개발에 성공한다. 이때의 은혜 때문에 포드는 거액의 연구비를 대면서 에디슨을 평생 정중히 모셨다. 포드는 시인이며 박물학자인 존 버로스와의 교유를 통해 자연 사랑을 배워 생활 속에 실천한다. 그를 통하여 철학자 에머슨을 알게 되었는데, 에머슨의 책을 애독하며 잠재력을 깨우치지 못한 사람들을 도울 사명감을 갖게 되었다 한다.

한번은 아들을 데리고 공장을 도는데 두 노동자가 짐승같이 싸우는 모습을 목격했다. 포드는 사랑하는 가족이 있고 생활에 여유가 생기면 저렇게 싸우지는 않을 것이라 생각했다. 이런 여러 가지 체험이 최저임금의 대폭 인상과 하루 여덟 시간 근무제 시행으로 연결되었다 한다. 포드는 자연박물관을 많이 만들고 장애인과 흑인들의 고용을 늘리는 데 앞장섰다.

혼다는 일을 할 때 반쯤 미쳐 고래고래 고함을 지르고 심지어 연장을

혼다 소이치로

집어던지기까지 했다. 기술자로서 완벽을 추구하고 그것에 못 미칠 땐 손찌검도 서슴지 않았던 것이다. 그러나 일 외엔 사심이 없고 티 없이 깨끗하여 부하들이 그런 괴벽을 이해했다. 일을 마치면 모두 한 차에 태우고 술집으로 가 상하 구별 없이 유쾌하게 놀았다. 또 혼다 자동차를 자기 것으로 생각지 않았다. 부하들도 그걸 잘 알았다. 나중 나이가 들자 혼다 사장은 부사장과 함께 깨끗이 물러나고 가장 많이 야단맞고 심지어 정강이까지 차인 사람이 사장 자리를 이어받았다. 그런 순수한 마음과 탁월한 감성이 있었기에 위대한 경영자가 될 수 있었을 것이다. 기업은 결국 사람인데 정말 반해서 미치도록 따르는 사람 없이는 위대한 일을 할 수 없는 것이다.

이런 감성 리더십은 타고난 것이라 볼 수 있다. 타고난 성품에다 부단한 내공을 거쳐 형성되는 것이다. MBA 과정이나 교과서로 배울 수 있는 것이 아니다. 인생의 단맛, 쓴맛을 보고 고생 끝에 터득하는 것이다. 격변기를 거친 우리나라 창업 세대에서 많이 볼 수 있다. 남이 자기에게 반하게 하려면 자기가 먼저 사람에게 반해야 한다.

조조는 사람들을 때맞게 칭찬하여 감동시키는 천부적 자질을 갖추고 있었다. 조조가 관도대전에서 원소에게 이기고 전쟁 뒤처리를 하는 자리에서다. 원소의 참모로서 전쟁 초에 조조를 비난하는 격문을 썼던 진림陳琳이 잡혀 왔다. 격문은 명문장이었으나 조조에겐 매우 아팠다. 환관 출신인 조조 집안의 약점을 까발리면서 준엄하게 꾸짖었던 것이다.

조조가 매섭게 물었다. "격문을 썼으면 썼지 어찌 그렇게 모질게 썼느냐." "제가 하는 일은 화살과 같아서 시위에 올려진 이상 날아가지 않을 수 없습니다." 측근들이 주공의 집안을 욕했으니 죽여 본보기를 삼자고 떠들었다. 그러나 조조는 "나만 욕했으면 됐지 우리 조상까지 욕할 건 없지 않았느냐. 앞으론 나를 위해 네 좋은 재주를 써라" 하며 용서해 주고 자기 참모로 삼았다. 진림은 당대의 문장가로 세상이 알아주던 지식인이었는데 그 뒤 조조를 위해 충성을 다했음은 말할 것도 없다. 또 지식인 사회의 인심과 지지를 얻는 데 큰 도움이 되었다.

조조는 곽가의 재주를 아껴 크게 총애했다. 곽가를 만나보고 조조는 나와 더불어 천하를 도모할 사람을 만났다고 기뻐한다. 곽가 역시 내 뜻을 알아줄 진짜 주인을 만났다고 좋아한다. 그 곽가가 38세의 젊은 나이로 병사한다. 전쟁터에서 돌아와 곽가의 주검 앞에 선 조조는 보기가 안쓰러울 정도로 통곡한다. 그리고 주위를 돌아보고 "여러분은 나와 같은 연배이고 곽가는 한 세대 젊어 우리의 앞날을 부탁할까 했는데 이제 그가 갔으니 누구에게 부탁할꼬" 하며 크게 탄식한다.

조조가 적벽대전에서 패하고 목숨만 겨우 붙어 형주로 도망갈 때다. 그 절박한 패주敗走 길 속에서도 씩씩하던 조조가 안전지대에 도착하여 한숨 돌리자마자 크게 통곡하는 것이 아닌가. 이유를 묻자 "곽가가 있었으면 나를 이토록 참패하게 하지 않았을 텐데" 하고 다시 우는 것이었다. 주위가 갑자기 숙연해졌다고 한다.

조조가 원소군을 격파한 뒤 그 잔당을 쫓아 멀리 오랑캐 땅으로 원정을 갔다. 그때 조홍 등이 그걸 말렸다. 그러나 조조는 정벌을 강행해 겨우 이기고 돌아왔지만 혹한에 양식이 떨어져 병사들이 큰 고생을 했다. 개선을 축하하자 조조는 "이번 싸움에 비록 이겼다 해도 그것은 요행이지 이치에 맞아 그렇게 된 것이 아니다. 싸움을 말린 너희가 옳았다. 앞으로도 옳은 일은 서슴지 말고 말하라" 하면서 조홍에게 큰 상을 내렸다.

『삼국지연의』를 보면 조조가 유비의 군사軍師 서서徐庶의 어머니를 거짓 편지로 꾀어 내어 결국 죽게 하는 장면이 있다. 이것은 어디까지나 소설이고 『삼국지』 정사를 보면 서서의 어머니가 혼전 중에 조조 군에 잡혀가 서서가 자진해서 조조 진영에 간 것으로 되어 있다. 당시는 효도가 충성에 못지않게 중요한 덕목이었기 때문에 그런 꼼수를 썼더라면 세상 사람들의 지탄을 받았을 것이다.

조조는 사람들로 하여금 능력 이상의 힘을 내게 하는 천부적 능력이 있었다. 적벽대전 전 형주성에 무혈 입성할 때도 형주 명사 괴월蒯越을 보자마자 "내가 형주성을 얻은 것보다 그대를 얻은 것이 더 기쁘다"고 말해 괴월을 감격케 했다. 조조의 밑에서 둔전제를 건의하여 식량 증산에 크게 기여한 사람은 진류 태수를 지낸 조지棗祗다. 조조는 만년이 되어 "둔전제를 실시하여 군량을 넉넉히 공급하고 천하를 평정할 수 있었던 것은 조지의 공이 컸다. 그러나 불행히도 일찍 죽고 말았다. 마땅히 많은 상과 큰 명예를 받아야 했는데 나의 불찰로 그걸 못했다. 이제라도 조지의 자식에게 큰 상을 내려 그 업적을 길이 빛내도록 하라"는 지시를 내린다. 주위에서 크게 감격한 것은 말할 것도 없다.

조조가 유비를 정벌하러 갔다가 허창으로 돌아가면서 고향땅 초현譙縣을 찾은 적이 있다. 고향을 둘러봐도 아는 얼굴이 적었다. 오랜 전란 때문에 많이 죽고 흩어졌기 때문이다. 그래서 조조는 유명한 포고령을 내려, "내가 의병을 일으킨 이래로 나를 따라다니다가 죽은 장사가 있으면 그 자녀에게, 자녀가 없으면 가까운 친척에게 논과 밭을 나누어 주고

그 자녀에겐 학교와 선생을 두어 공부를 시키도록 하라"고 지시한다. 또 먼저 간 사람들을 위해 사당을 지어 제사를 지내주도록 했다. 조조는 그 포고령이 잘 시행되고 있는지 확인까지 했다. 이렇게 함으로써 조조는 고향 사람들을 감격시키면서 부하 장졸들의 마음을 사로잡는다. 바로 자신들의 일이었기 때문이다.

조조는 원소가 죽자 무덤을 찾아 제사를 드리고는 슬피 울었다. 원소의 미망인에겐 곡식과 비단을 내려 뒤를 돌봐 주었다. 비록 길이 달라 싸우긴 했지만 옛 정의를 소중히 여긴 것이다. 그것을 조조의 뛰어난 연기라고 말하는 사람도 있으나 그런 연기가 아무나 되는 게 아니다. 마음속에 한 가닥 정성이 있어야 한다. 거짓말도 성심성의를 다해야 통한다는 말이 있다.

조조가 유비의 의형제 관우關羽에게 들인 정성은 눈물겨울 정도다. 조조는 관우를 잘 보고 특히 탐을 냈다. 관우의 뛰어난 무용뿐 아니라 굳은 의리와 곧은 처신을 좋아했다. 어찌 보면 반했다고 볼 수 있다. 유비가 조조와의 싸움에서 패하여 도망가고 관우는 유비의 가족과 함께 남게 되었다. 관우가 산 위에서 겹겹이 포위되어 최후로 한바탕 싸우고 죽으려 할 때 조조는 관우와 친한 장요를 보내 산에서 내려올 것을 간곡히 권한다. 조조는 관우를 죽이고 싶지 않았던 것이다.

처음엔 관우가 완강히 거절하지만 유비의 가족을 들먹이자 마음이 약해져 세 가지 조건을 들어주면 하산하겠다고 말한다. 첫째는 한漢나라에 항복하는 것이지 조조에게 항복하는 것이 아니라는 것, 둘째는 유비 가족에게 후한 예우를 해달라는 것, 셋째는 유비가 있는 곳을 알면 언제든지 찾아 떠나겠다는 것이다. 항복하는 입장에서 무리한 요구였지만 조조는 수락한다. 조조의 통이 컸다고도 볼 수 있고 그만큼 관우를

ⓒ권태균 **허창역 대합실** 현재의 허창역은 옛 조조의 승상부 자리였다 한다. 대합실엔 삼국지 관련 그림들이 걸려 있다.

좋아했다고도 볼 수 있다. 그리고 나서 조조는 관우의 환심을 사기 위해 지극정성을 다한다. 많은 재물을 내리고 자주 불러 마음을 달랜다.

그러나 관우의 마음은 요지부동이다. 그럴수록 조조는 관우를 더욱 좋아하게 된다. 특히 관우의 의연하고 엄정한 생활 태도를 보고 존경까지 하게 된다. 그러던 중 관도의 싸움이 일어나 관우가 원소의 맹장 안량顔良, 문추文醜를 베는 큰 공을 세우게 된다. 이때 관우는 유비가 원소 진영에 있다는 소식을 듣고 떠날 작정을 한다. 그동안 조조에게 받은 재물들을 모두 봉해 놓은 다음 하직 인사를 하러 승상부로 간다. 조조는 관우를 붙잡아 두기 위해 면회 사절 팻말을 걸어 놓는다.

몇 번 허탕을 친 관우는 편지를 써놓고 길을 떠난다. 도저히 잡을 길

허창 파릉교 의형 유비를 찾아 떠나는 관우(오른쪽)를 조조가 배웅하는 장면을 붉은색의 돌조각으로 재현했다. 관우 뒤로 유비의 두 부인이 탄 수레가 보인다.

이 없다고 판단한 조조는 막료들을 데리고 급히 전송에 나선다. 작별 선물로 비단으로 지은 전포戰袍 한 벌을 전하면서 "천하의 의사義士를 나의 복이 적어 붙잡아 두지 못하는구려" 하며 거듭 애석해 한다. 조조는 돌아오는 도중에도 내내 "나의 정성이 모자랐다"라고 탄식해 마지 않아 막료들을 감동시켰다. 이런 정성이 어찌 관우에게 전해지지 않겠는가. 나중에 관우는 외나무다리에서 만난 조조를 자기 체면을 걸고 살려 보낸다. 『삼국지』의 빛나는 장면이다.

지금도 조조의 옛 도읍지 허창에 가면 관우가 유비의 두 부인을 모시고 살았던 곳을 그대로 재현해 놓았다. 두 부인이 거처했던 이후궁二后宮과 관우가 인사를 왔던 문안정問安亭, 관우가 떠날 때 재물과 인수印綬

를 봉해 보관해 놓았던 곳 등이 있다. 또 조조가 떠나는 관우를 배웅했다는 돌다리 파릉교灞陵橋도 있다. 큰 공원으로 조성되어 있는데, 입구 쪽에 약간 붉은빛을 띠는 돌 조각으로 배웅 장면을 장엄하게 재현해 놓았다. 10여 명의 신하들을 거느린 조조와 두 부인이 탄 수레를 모신 관우의 모습을 나란히 새겼다. 천하의 실력자 조조의 간곡한 만류를 무릅쓰고 옛 주인인 유비를 찾아 떠나는 관우도 대단하지만, 그 떠남을 허락하고 배웅까지 한 조조의 위대함이 돋보이는 장면이다. 옛 영웅들의 통 크고 따뜻한 마음씨가 그대로 느껴진다.

5 조조의 비정과 냉혹한 결단
대권에 거슬리면 가차없이 제거, 깊은 속 아무도 몰라

조조가 감성적인 면도 있지만 그것은 어디까지나 덤이지 본질은 아니다. 감성적 리더십만으론 일시적으로 인심을 얻거나 좁은 땅을 얻을 수 있을지 몰라도 천하를 차지하기는 어렵다. 부드러운 감성 밑엔 강철 같은 의지와 냉혹한 계산이 깔려 있어야 한다. 옛말에 필부의 만용과 아녀자의 인정으론 천하를 도모하기가 어렵단 말이 있다. 일을 하는 데 있어서 용기가 필수적이지만 용기도 절제와 계획성이 필요하며 인정도 맺고 끊음이 분명해야 한다는 의미이다. 이 말은 기업 경영에서도 그대로 통한다. 크게 성공한 경영자를 보면 인정이 넘치는 것 같다가도 어떨 땐 냉혹하기 그지없어 종잡을 수가 없다. 그런 복잡한 성격이 아니면 그 많은 사람을 겁내게 하면서 승복시키고 또 좋아하게 하며 따르게 할 수가 없을 것이다.

마키아벨리의 『군주론』은 원래 정치에 관한 명저이지만 요즘 경영학에서도 많이 인용되고 있다. 권력의 본질과 인간의 본성에 대하여 정확히 꿰뚫어 보고 있기 때문이다. 『군주론』에 의하면 군주는 부하들로부터 두려움의 대상도 되고 사랑도 받는 것이 가장 좋지만 만약 둘 중에 하나를 선택해야 한다면 두려움이 먼저라고 했다. 은의恩義로 맺어진 관계는 배신당하기 쉬워도 보복의 두려움이 있으면 여간해선 배신하기 어렵다는 것이다.

외환위기 이후 도산한 많은 문제 기업을 보면 기업이 기울어질 때 내부 배신이 많으며 그런 기업일수록 경영자가 마음이 약하거나 약점이 많아 부하들에게 잘해 주기만 하고 공적인 조직 기강은 엄하게 못 다스린 경우가 많다. 배신이란 처음부터 작정하고 하는 것이 아니라 궁지에 몰려 어쩔 수 없이 하게 되는 경우가 많은데, 그땐 예상되는 보복을 감수하기보다 차라리 은의에 눈감게 된다는 것이다.

조조의 일생을 보면 따뜻한 감성도 자주 보여 주지만 아울러 비정함과 냉혹한 결단으로 점철되어 있다. 동탁이 낙양에 들어와 권력을 잡았을 때의 일이다. 조조의 실력을 잘 아는 동탁은 같이 일하자면서 좋은 자리를 준다. 그러나 조조는 동탁 정권이 오래 갈 수 없다고 보고 몰래 고향으로 도망친다. 동탁은 즉각 체포령을 내린다. 조조는 도중에 여백사呂伯奢라는 친지의 집에 들르는데 거기서 무슨 오해가 생겨 조조는 여백사의 가족을 몰살시킨다. 집을 나서는 길에 조조를 대접하려고 시장에 갔다 오던 여백사를 만나자 그도 죽이고 만다. 만약 살려두면 집에 돌아가 가족이 몰살당한 것을 알고 사람들을 모아 추격해 올 것을 막기 위해서다. 일설에는 여백사의 망나니 아들이 조조의 재물이 탐나 덤비므로 할 수 없이 죽였다는 이야기도 있는데, 도망가면서 일가를 몰살시키는 것은 아무나 할 수 있는 일이 아니다. 이때 조조는 "내가 천하를 배신할 수는 있어도 천하가 조조를 배신하게 할 수는 없다"라는 말을

했다고 한다. 조조의 성격을 상징적으로 나타내는 말이다.

그 길로 조조는 고향으로 돌아가 일가의 전 재산을 팔아 동탁에게 대항할 의용군을 모은다. 이때 가족 중심으로 모인 약 5,000명의 군사가 후에 천하를 휘어잡는 조조 세력의 모체다. 당시 최강의 무장 세력이며 집권자였던 동탁에게 대항할 생각을 하고 그걸 행동에 옮겼다는 것만으로도 조조의 대담한 도전의식과 용기를 엿볼 수 있다. 어찌 보면 무모하고 꿈같은 도전의식 없이는 결코 위대한 창업자가 될 수 없는 것이다.

조조는 자신의 원대한 포부에 도움이 되는 것은 끝없이 포용하는 대신 방해가 되는 것은 가차 없이 제거해 나갔다. 처음 조조의 포부는 자신의 터전을 잡고 그걸 키워 나가는 것이었으나 차츰 욕심이 커져 자신의 왕국 건설까지 생각한다. 천자를 모시고 한나라를 이어가는 것을 명분으로 삼았지만 속으로는 한나라를 대신할 조씨 왕국曹氏王國까지 꿈꾸게 된 것이다. 그러나 때가 될 때까진 자신의 속셈을 절대 내보이지 않았다. 그래서 처음엔 조조를 잘못 보고 많은 선비와 명사들이 조조 밑으로 몰려들었다. 그것도 조조의 탁월한 능력이다.

조조는 필요하면 적은 말할 것도 없고 부하들도 태연히 속였다. 천하의 일을 하는데 사소한 것엔 구애받지 않는다는 마음가짐이었다. 보통사람들의 윤리의식과 가치체계로선 이해가 안 되는 일이 많다. 그래서 영웅이나 위대한 경영자가 큰일을 하는지도 모른다. 조조의 기질과 행동이 변화무쌍하고 신출귀몰했기 때문에 부하들도 조조의 진심을 알 수 없어 모두 두려워했다. 조조가 원술과 싸울 때였는데 중도에 양식이 떨어졌다. 보급책임자가 식량 부족을 보고하자 큰 되 대신 작은 되로 퍼서 주라고 지시한다. 병사들에게서 불평이 나올 거라고 말하자 조조는 "나에게 생각이 있으니 너는 시키는 대로만 하라"고 지시한다.

며칠이 지나 병사들의 불평이 터졌다. 한동안 가만 있던 조조는 보급 책임자를 불러 "네 목을 좀 빌려야겠다"라고 말한다. 자기는 지시대로 했을 뿐이라고 변명하자 "잘 알고 있다. 그러나 병사들을 달래려면 그 길밖에 없다. 너의 가족들은 내가 잘 보살피마" 하며 참수형에 처했다. 그리곤 그 목을 높이 매달고는 보급책임자가 되를 속여 식량을 착복했기 때문에 본보기로 처단했다고 써 붙인다. 병사들은 "그러면 그렇지. 우리 주공께서 식량을 줄이라고 할 턱이 있나" 하고 소란이 수습되었다 한다.

조조는 부하들에게 절대복종을 요구하고 그걸 행동으로 보여 주었다. 어느 날 조조는 시녀에게 한 시각 뒤에 깨워 달라 말하고는 잠이 든다. 그 시녀는 평소 조조가 매우 총애했는데 조조가 너무 달게 자는지라 깨우지를 못했다. 조조는 일어나자마자 지시한 대로 깨우지 않았다고 그 시녀를 처단한다. 일종의 군기 잡기인 셈이다.

조조는 주위의 반란이나 암살을 매우 경계했다. 한번은 곁에서 부리는 시동을 보고 내일 칼을 품고 자기에게 몰래 접근해 보라고 지시한다. 시동이 그러면 자기는 죽는다고 하자 이것은 어디까지나 연극이고 입 다물고 있으면 마지막 순간에 자기가 구해 줄 테니 걱정하지 말라고 했다. 그다음 날 조조는 측근들을 모아놓고 자기는 암살의 기미가 있으면 몸에 신호가 온다며 그 시동을 가리켰다. 호위 병사들이 달려들어 몸을 수색하니 칼이 나왔다. 주위 측근들은 조조의 귀신 같은 예감에 놀랐다. 형장으로 끌려간 그 시동은 마지막 순간에 구해 줄 것으로 믿었으나 조조는 끝까지 나타나지 않았다.

한번은 조조가 자기는 잘 때 사람이 접근하면 칼로 찌르는 버릇이 있으니 조심하라고 한다. 그리고는 낮잠을 자면서 이불을 걷어찼다. 시동

이 이불을 덮어주자 조조는 벌떡 일어나 칼로 베고는 다시 잠이 들었다. 한참 뒤에 깨어난 조조는 어찌된 일이냐고 묻고는 내가 엉뚱한 사람을 죽였다고 슬퍼하는 것이었다. 잠잘 때의 암살을 막기 위한 연극이었다.

사생활에서도 비정했지만 정치적으론 더 냉혹했다. 자신의 정치 포석을 위해서는 명문 집안도 창업 동지도 가차 없이 처단했다. 공융孔融은 공자孔子의 후손으로 당시 이름을 날리던 지식인이며 명망가였다. 콧대가 높아 조조 앞에서도 할 말은 다 했다. 조조의 여러 개혁 조치에 대해서도 거침없이 비판했다. 처음엔 조조도 공융을 어찌할 수가 없었다. 오히려 공융의 명성을 적당히 이용하고 벼슬도 높여주면서 자기 편으로 쓰려 한다.

그러나 공융은 환관 집안 출신인 조조를 약간 우습게 보고 계속 불경스럽게 군다. 조조는 참으면서 때를 기다린다. 주위에서도 공융이 약간 심하다는 여론이 돌자 사람을 시켜 공융을 탄핵하게 한다. 그리고 공융의 혐의를 조사하게 하면서 다시 탄핵건의서를 연달아 올리게 한다. 조조는 공융이 안타깝지만 이렇게 비난이 많고 죄가 명백하니 어쩔 수 없다며 공융을 처단한다. 사람을 처단할 땐 한탄도 하고 눈물도 흘리지만 일단 마음먹은 사람은 절대 용서하지 않았다.

조조가 처음 매우 총애했던 양수楊修를 처형할 때도 주저함이 없었다. 양수는 천재적 두뇌를 가진 재사로서 머리 쓰는 것이 조조를 앞섰다. 조조의 속셈이 양수에 의해 몇 번 간파당하자 조조는 군심軍心을 흩뜨렸다는 이유로 사형에 처한다. 그러나 사실은 조조가 후계자로 점찍고 있는 장남 조비曹조의 라이벌인 삼남 조식曹植의 측근이었기 때문에 미리 제거해 버렸다는 설도 있다. 그렇게 머리 좋은 모사謀士가 남아 있으면 자신이 죽은 후에 엉뚱한 분란이 생길 우려가 있다는 이유 때문이다.

장차 조씨 왕국에 장애가 되는 것은 미리 없애버린 것이다.

조조는 평소 부하들을 엄격히 관리했다. 공식적인 감찰기구 외에 비밀조직을 두고 물샐틈없는 감시를 했다. 그 책임자로 평판이 별로 안 좋은 사람을 임명했다. 과연 그는 권력을 빙자해 횡포를 부리고 주위에서 말이 많았다. 옆에서 그 사람 저질이니 경질해야 한다고 말하자 조조는 "당신은 하나는 알고 둘은 모른다. 남의 뒷조사나 하고 비행을 캐는 일을 마음씨 좋은 어진 군자가 할 것 같은가. 다 용도가 있어서 쓰고 있으니 가만 내버려 두라"고 말한다. 과연 그 사람은 남의 비위를 캐고 불편한 사람 숙청하는 데 탁월한 공로를 세운다. 그러나 그 횡포가 심해지고 원성이 높아가자 비위를 문제 삼아 적당히 처단한다. 악인은 악인대로 쓰임새에 맞게 쓰고는 용도 폐기한 것이다.

조조는 통치권에 관련된 죄에는 더욱 냉혹했다. 조조는 명목상이지만 황제를 모시고 있었다. 조조는 한나라 승상이었으므로 형식상 한나라 황제 헌제獻帝의 신하다. 그러나 조조가 모든 실권을 쥐고 있어 황제는 그야말로 허수아비였다. 황제를 호위한다는 명분 아래 조조 군사들이 황궁을 겹겹이 에워싸고 출입자를 일일이 체크했다. 심지어 조조의 딸을 후궁으로 들여보내 황제를 직접 감시했다. 이때 위·촉·오 세 나라는 실제 독립된 나라였지만 형식상은 모두 한나라의 신하로 황제를 받들어 모시는 형국이었다. 조조가 한나라의 승상으로서 천자의 이름을 빌려 천하를 호령했던 것이다.

허수아비 노릇에 앙앙불락快快不樂하던 황제가 어느 날 조조를 제거하란 비밀명령을 내린다. 옛날 황제가 권력 있는 신하를 제거할 때 쓰던 수법이다. 성공한 경우도 많았다. 그러나 조조는 물샐틈없는 정보망을 깔아 놓고 있었으므로 곧 발각된다. 그때 조조는 황제는 차마 손대지

않았지만 황후를 가차 없이 처단한다. 황후가 벽장 속에 숨었는데 병사로 하여금 벽장을 부수고 들어가 끌고 나가게 했다. 보다 못해 황제가 좀 인정을 베풀어 줄 수 없겠냐고 애원해도 "만약 이번 일이 성공했으면 이 조조가 저 꼴로 끌려 나갔겠지요" 하고 차갑게 웃었다 한다. 권력의 본질과 냉혹함을 잘 알고 있었던 것이다. 역사상 조그만 인정이나 부주의 때문에 권력은 물론 목숨까지 잃은 사람이 얼마나 많은가.

경영자도 마찬가지다. 좀 더 모질지 못해 부정을 저질렀거나 조직 문화에 안 맞는 부하를 자를 기회를 놓치고 큰 낭패를 당하는 경우가 많다. 그래서 기업을 위해선 사적인 인정은 버리고 더러는 과단성과 비정함을 보일 필요가 있다는 것이다. 평소 아무리 착하고 아랫사람에게 잘해 줘도 결단의 시기를 놓쳐 기업을 도산으로 몰고 가면 그 경영자는 악인이 되고 만다. 평소 크고 작은 인정을 베풀기보다 기업의 유지 발전이라는 큰 줄기를 키우는 것이 경영자의 책무이고 가장 큰 선행이기 때문이다.

조조가 창업공신인 순욱을 제거하는 과정을 보면 정말 섬뜩함을 느끼게 된다. 순욱은 애초 원소 밑에서 일했으나 조조에게 옮겨와 그야말로 측근 중의 측근이 된다. 순욱이 찾아왔을 때 조조는 버선발로 뛰어내려가 반길 정도였다. 비상한 머리와 충성심으로 조조를 잘 받들어 조조의 창업에 최고의 공훈을 세운다. 순욱은 조조와는 일심동체一心同體의 관계였다. 개인적 신망과 명망이 높아 순욱이 조조를 위해 일한다는 것만도 조조가 천하의 인심을 얻는 데 크게 도움이 됐다.

처음엔 두 사람의 뜻과 이상이 같았으나 조조의 세력이 점차 커짐에 따라 차이가 나기 시작했다. 조조는 한나라의 신하에 만족하지 않고 은근히 조씨 왕국을 꿈꾸었다. 순욱은 조조가 한나라의 충실한 신하로 남아 주기를 기대했다. 결국 두 사람의 이해가 충돌하는 때가 왔다. 조조가 승상 자리를 넘어 위공魏公이 되려 했다. 승상 이상의 독립된 왕국의 주인을 바랐던 것이다. 주위에서도 그걸 권했고 허수아비인 황제도 거절할 수 없었다. 조조는 순욱의 의사를 떠보게 했다. 순욱은 한마디로 지나친 욕심이라며 반대했다. 한나라의 신하로서 충성을 다하면서 백성을 편안하게 하는 것이 가장 옳은 길이라는 것이다. 순욱의 의사를 전해들은 조조는 매우 화가 났다. 순욱은 얼마 전 조조가 행정구역을 바꾸어 조조의 직할 지역을 넓히려 했을 때도 반대한 바가 있어 기분이 안 좋았던 참이었다. 그러나 순욱의 반대를 무릅쓰고 일을 강행할 수도 없었다. 그래서 명분 있게 순욱을 제거할 계획을 세운다.

  조조가 남쪽으로 정벌전쟁을 나가면서 순욱과 동행한다. 도중에 순욱이 병이 나 조조와 떨어지게 된다. 그때 조조는 순욱을 위로한다며 음식 찬합을 하나 보낸다. 순욱이 열어 보니 빈 그릇이었다. 순욱은 곰곰이 생각하더니 "내가 평생 헛되이 애를 썼구나" 하고 탄식하며 독을 먹고 자살한다. 순욱이 죽었다는 소식이 들어오자 조조는 목을 놓아 통곡한다. 조조는 순욱에겐 경후敬侯라는 칭호를 내려 신분을 크게 높인다. 또 아들은 자기의 사위로 삼고 순욱의 작위를 이어받게 했다. 조조로서도 정리情理 면에서는 순욱이 안됐지만 원대한 포부에 장애가 되니 살려 둘 수가 없었고, 천하의 이목이 있으므로 죽고 나서 후하게 대접한 것이다.

6 조조의 시스템 구축과 법치 확립
둔전제로 부국강병 기틀 마련, 준법으로 기강 세워

조조가 그렇게 빨리 두각을 나타내고 기반을 잡을 수 있었던 까닭은 시대에 맞는 시스템을 앞장서서 만들고 정착시킨 데 있다. 그런 점에서 조조는 전략적 창조성이 매우 풍부하고 실천력이 있었다. 라이벌이던 유비나 손권이 따라가기 힘든 점이다. 싸움 잘하는 장군이었을 뿐만 아니라 훌륭한 정치가요, 행정가였다. 시대가 필요로 하는 것과 백성들이 원하는 바를 동물적 감으로 알았다.

당시 백성들에게 가장 필요했던 것은 생활 안정이었다. 계속된 전란 때문에 백성들은 안전한 삶터와 생업을 바랐던 것이다. 마침 조조 밑에 있던 조지棗祇, 한호韓浩, 임준任峻 등이 둔전제屯田制를 건의한다. 둔전제는 전란으로 버려진 농토를 나라에서 모아 백성들에게 농사용으로 빌려주고 수확량의 6할(자기 소가 있으면 5할)을 징수하는 국영 소작제도다. 지금 생각하면 별게 아니지만 당시 전란 속에서 그걸 착안했다는 게 대단한 일이다. 먹는 것은 강한 군사의 기반이 된다. 잘 먹여야 군사들이 잘 싸우게 되는데 그 많은 군량을 조달하는 것은 당시 군웅들의 큰 골칫거리였다. 조조는 그 문제를 해결할 시스템을 찾았던 것이다. 이른바 부국강병富國强兵의 선순환 구조다.

좋은 아이디어는 받아들이고 즉각 실행하는 것이 조조의 위대한 점이다. 그렇게 되면 좋은 아이디어가 계속 올라오고 부하들이 신나게 일할 분위기가 만들어진다. 처음 도읍지인 허창 부근에서 둔전제를 실시해 보니 첫 해에 100만 석의 식량이 증산되었다 한다. 그 뒤 지역을 점차 넓혀가자 5년 뒤에는 전국의 곡창이 꽉 찰 정도로 식량이 풍부해졌다.

또 전선의 군인들도 농사를 짓게 했다. 군인들이 농지를 개간하여 농사를 지으니 군량미가 자급자족이 되고 식량을 비축할 수 있게 되었다. 풍부한 식량을 각지에 쌓아두고 가까운 데서 갖다 쓰게 하니 군대의 기동력이 매우 좋아졌다. 농사를 지으려면 둑을 쌓고 저수지와 수로를 만들어야 했다. 전쟁을 하지 않을 때 군대를 동원해 그 일을 하게 하니 토지의 생산성이 크게 높아졌다. 당시 군대의 수는 총인구와 식량 생산 능력에 많이 좌우됐는데 위나라가 약 20만~30만 명, 오나라가 15만 명, 촉나라가 7만~10만 명으로 추산되고 있다. 조조가 적벽대전 때 100만 명을 동원했다고 하는데 당시의 인구와 수송 사정으로 볼 때 그것은 상당히 과장된 것으로 보인다.

조조는 둔전제 덕분에 풍부한 식량과 강한 군대를 확보, 유지할 수 있었다. 그런 시스템을 처음으로 만들고 작동시키는 일은 위대한 창업자의 몫이다. 삼성의 이병철 회장과 LG의 구인회 회장은 6·25전쟁 때 피난지인 부산에서 각각 설탕 공장과 화장품 공장을 만들어 삼성과 LG가 비약적으로 발전할 수 있는 도약대를 만들었다. 지금 생각하면 쉬운 일 같지만 당시 내일을 알 수 없는 전시 상황에서 제조업에 착수한다는

것은 무척 어려운 일이었다. 그땐 주로 승부가 빠른 무역업을 했고 거기서 많은 재미를 봤다. 다른 기업들이 그 재미를 즐기고 있을 때 앞을 내다보고 새로운 것을 준비한다는 것은 상당한 선견력과 결단을 필요로 했다. 삼성이 설탕 공장을 건설해 정상 가동하기까지 고생도 많이 했다. 그러나 공장이 돌자마자 아침에 설탕 포대를 실어내면 저녁에 그만큼 돈 포대를 싣고 돌아온다는 소문이 돌 만큼 이익을 올렸다 한다. 서로 성 뺏기 싸움에 여념이 없을 때 과감히 둔전제를 시행해 식량 문제를 해결한 것이나 남들이 단기 승부의 무역업에 매달릴 때 제조업에 과감히 진출해 큰 이익을 올린 것이나 발상은 비슷하다.

미국의 자동차 왕 헨리 포드가 어느 소송에 걸려 법원에 갔을 때 한 말이 있다. 포드자동차가 너무 많은 이익을 올리지 않느냐는 질문을 받았다. 포드는 "회사 경영방침대로 하다 보니 돈은 저절로 벌리더라"라고 말했다. 그 경영방침이란 많은 수의 노동자들을 고임금 고능률高賃金高能率로 고용하고 자동차의 판매가격을 낮추어 많은 사람이 싼 가격에 차를 살 수 있게 한다는 것이었다. "그러면 누구나 엄청난 돈을 벌 수 있는 것입니까" 하고 물었다. 그때 포드는 "그 모든 일을 해낸다면 누구나 돈을 벌 수 있지요. 그러나 그 모든 것을 해내기란 쉽지 않습니다"라고 답변했다. 즉 돈 버는 시스템을 만들면 되지만 그 시스템을 만드는 일이 어렵다는 것이다.

조조는 시스템을 만들어 놓고 가만히 보고만 있는 성격은 아니었다. 부단히 손질하고 고쳤다. 스스로 아이디어도 많이 냈다. 원소와 싸울 때 돌을 발사하는 발석차發石車라는 기계를 만들어 큰 효험을 보았다. 또 도로나 다리를 건설할 때 설계에 직접 간여하거나 세부적인 지시를 하기도 했다. 사실 위대한 창업자들을 보면 의외로 세심한 점이 많다.

큰 방침을 정하는 것은 말할 것도 없고 아주 세심한 것까지 신경을 쓴다. 처음 군사를 일으킬 때 조조는 땀을 뻘뻘 흘리며 대장장이들과 같이 칼을 만드는 작업을 했다. 참모가 곁에서 보고 "주공은 큰일이나 하시지 그렇게 대장장이 일까지 하십니까" 하고 말한즉 "큰일도 잘하고 작은 일도 잘하면 좋지 않은가"라며 하던 일을 계속 했다 한다.

조조는 전쟁을 잘했을 뿐만 아니라 나라를 다스리는 데도 탁월한 능력을 발휘했다. 백성들이 뭘 원하는지를 잘 알아 항상 선수를 쳤다. 조조가 최대의 라이벌인 원소를 쳐부수고 기주冀州 지방을 점령했을 때의 일이다. 원소는 백성들로부터 세금을 많이 거두어 원성이 높았는데 조조는 이것을 대폭 경감하는 조치를 취한다. 특히 세금의 폐해가 심했던 황하 이북의 백성들에겐 1년간 세금을 면제하기도 했다. 백성들이 좋은 주군을 만났다고 크게 환호했다 한다.

조조는 나라 경영에 있어서 법에 의한 치국을 기본으로 삼았다. 법치주의와 부국강병책은 촉나라 제갈공명의 통치 방법과 비슷한 점이 많다. 조조는 젊었을 때부터 원리원칙을 따지고 법 집행에 엄격했다. 황건적을 진압한 공으로 제남濟南 지방의 책임자로 갔을 때의 일이다. 부임해서 보니 지방 관리들이나 호족들의 횡포가 심했다. 중앙의 권력자들과 줄이 닿아 있어 전임자들도 마음대로 하지 못했다. 조조는 한번 기강을 잡기로 결심한다. 은밀히 비위를 조사해 열 명의 현령 가운데 여덟 명을 파면한다. 조조의 기세에 놀란 그들이 혼비백산 도망쳤다. 그들도 중앙에 배경이 있었지만 조조도 만만치 않았다. 조조의 아버지도 막강한 재력을 바탕으로 큰 힘이 있었던 것이다. 그 사건 이후 조조의 관내는 매우 평온해졌고, 그의 명성은 크게 올라갔다. 조조가 30세 때의 일이다.

조조는 나라를 다스릴 때 법을 원칙 없이 자의적으로 집행해선 안 된다며 부하들을 심히 단속했다. 당시 강직하기로 이름난 만총滿寵을 불러 법 집행을 맡겼다. 만총은 조조의 친척이며 실력자인 조홍과 가까운 사람이 법을 어기자 두말 않고 투옥해버렸다. 몇 번 부탁을 해도 만총이 듣지를 않으니 조홍은 할 수 없이 조조에게 호소했다. 조조가 관계자들을 부르자 만총은 석방하라고 할까 봐 서둘러 죄인을 죽여버렸다. 조조가 이 일을 알고 "조홍에게는 안됐지만 법을 집행하는 자는 모름지기 그렇게 해야 한다"면서 만총을 칭찬했다 한다.

조조는 군사를 이끌고 전쟁에 나갈 때 군기를 엄하게 단속했다. 한번은 수확철에 행군을 하면서 백성들이 지어 놓은 농사를 짓밟으면 사형에 처한다고 공포했다. 그런데 공교롭게도 조조가 타고 있던 말이 꿩소리에 놀라 밀밭을 밟아버렸다. 조조는 법무 참모를 불러 규정을 물었다. 지휘관은 귀한 신분이므로 법을 그대로 적용하는 것이 아니라는 답변을 했다. 그 말을 듣고 조조는 내가 명령을 내려놓고 어겼으니 내 목을 잘라야 하나 그럴 수는 없으니 대신 자르겠다면서 정말 칼을 빼 머리털을 잘라 던졌다. 그걸 보고 부하들이 크게 조심한 것은 말할 것도 없다. 연극 같지만 그런 순발력 있는 행동이 아무나 되는 것은 아니다.

조조는 능력 있는 사람은 과감히 발탁하는 대신 실패한 사람을 벌주는 데도 엄격했다. 전투에서 공적을 올린 자에게 포상을 내리면서 죄가 있는 자를 처벌치 않는다면 불공평하다며 출정한 장수 가운데 패전한 자는 군법에 의거해 처벌하고 손실을 가져온 자는 관직과 작위를 몰수케 했다. 당시 장수가 전장에서 패배하면 목이 잘리는 경우가 많았다. 적보다 군법이 두려워야 목숨을 안 아끼고 싸우게 되기 때문이다. 전란 틈에서 갑자기 출세한 사람도 많았지만 한순간의 실패로 목숨을 잃는 사람도 많았던 것이다.

조조가 법 집행에 엄격하니 부하들도 자연히 따르게 되었다. 한번은 조조가 밤에 침실에 들었는데 조조의 사촌동생이면서 남부 전선 사령관으로 있는 조인이 찾아왔다. 조조의 신임이 두터운 막강한 실력자였다. 그냥 들어가려 하자 호위대장 허저가 가로막았다. 조인은 "이 사람아 날세, 나 조인이야" 하고 그냥 들어가려 했다. 허저는 "잘 알고 있습니다. 아무리 주공의 친척이지만 장군은 외지 파견 대장이시고 저는 호위대장이니 함부로 들여보내 드릴 수 없습니다. 내일 낮에 다시 오시지요"라고 했다. 자다가 그 소리를 들은 조조는 "허저는 정말 충신이로구나" 하고 더욱 신임했다 한다. 이렇게 뒷받침을 해주니 부하들도 제 할 일을 소신껏 할 수 있었던 것이다.

조조는 아들들에게도 엄격해서 집에서 호의호식하거나 할 일 없이 노는 것을 용서치 않았다. 전쟁터에 데리고 다니며 호된 경험을 하게 하고, 각기 능력에 따라 벼슬과 직책을 주었다. 조조가 61세 때 세 아들을 각기 지방으로 내보내면서 내린 훈시를 보면 그것을 잘 알 수 있다. "이제 너희들을 각기 따로 보내 지방을 감독하고 다스리게 하려 한다. 아들이란 비록 어릴 때에는 사랑을 받을지라도 커서는 능력과 인품을 두루 갖추어야만 쓰일 수 있다. 나는 두말하지 않겠다. 신하들에게 사사로이 치우치지 않았듯이 아들들에게도 사사로이 치우친 정을 품지 않을 것이다." 아들과의 관계를 부자 사이로만 보지 않고 공적 관계로 파악해 적자생존을 강조한 것이다.

이렇게 조조는 법에 따라 일을 처리했기 때문에 조조가 다스리던 나라는 기강이 잡히고 강국이 될 수 있었다. 조조는 죽을 때까지 그런 법가적法家的 통치 방식을 견지했다. 조조는 죽기 직전에 "나는 법령을 엄

격히 집행했는데 그건 옳았다. 그러나 내가 부렸던 작은 분노나 큰 잘못을 배워서는 안 될 것이다"라는 말을 남겼다.

조조는 나라의 질서를 바로잡는 일뿐만 아니라 장래에 대비하는 일에도 무척 신경을 썼다. 바로 교육과 문화 정책이다. 조조는 전란으로 나라의 예의범절과 청소년 교육이 무너지는 것을 우려하여 그쪽에 특히 신경을 쓴다. 각 지방에 포고를 내려 500호마다 학교를 설치하여 장래성 있는 청소년들을 교육하도록 지시한다. 또 사적 복수를 금지하고 관혼상제에 있어 호화 사치를 엄히 단속한다. 검소한 생활은 조조 스스로 모범을 보인다. 딸이 황제에게 시집갈 땐 혼수를 간소하게 하도록 지시하고 딸려 보내는 하녀도 10명으로 줄였다 한다.

아주 흥미로운 일은 음해나 중상을 엄히 단속하는 포고를 내려 보낸 점이다. 45세 때 조조는 "전란 이후 미풍양속이 많이 약화되었다. 남을 헐뜯거나 수군거리는 사람을 좋게 평가하기는 어렵다. 옛날 일에 대하여 어떤 말도 하지 말라. 옛날 일을 수군거린 죄에 대해서는 엄한 벌로 다스릴 것이다"라고 했다. 또 익명으로 허위 사실을 꾸며내 남을 비방한 데 대해서는 끝까지 추적하여 처벌토록 했다.

조조는 문화 창달에도 힘을 썼다. 스스로 시인이었으며 글씨와 음악에도 조예가 깊었다. 당시 재주 있는 문인들을 휘하에 많이 끌어 모아 각기 재능을 발휘하게 했고 그들에겐 어느 정도 언론 자유도 허용했다. 이들이 바로 중국 문화의 한 번성기를 이룬 건안문단建安文壇을 형성한다. 조조는 평생을 전장에서 보냈지만 학문을 좋아해 독서도 많이 하고 책을 저술하기도 했다. 조조뿐만 아니라 아들인 조비·조식도 당대 일류시인이요, 지식인이었다.

7 조조의 관도대전 승부수
운명의 갈림길 재빨리 포착, 전략과 결단으로 강적 격파

조조가 천하의 주인이 되어 패업을 이룩한 것은 건곤일척의 승부수가 맞아떨어졌기 때문이다. 바로 화북華北의 패자 원소와 자웅을 겨룬 관도의 대전이다. 이 관도대전에서 승리했기에 조조의 앞길은 활짝 열렸다. 만약 참패했으면 조조 세력은 이슬처럼 사라지고 중국 역사는 달라졌을 것이다. 황하黃河 북쪽에서 강대한 세력을 자랑하던 원소는 관도의 싸움에서 진 후 2년이 안 돼 죽었고 그 넓은 영토는 모두 조조에게 흡수되고 말았다. 작은 것이 큰 것을 집어삼킨 형국이다.

조조의 세력이 더 미약했을 때 원소는 몇 번이나 자기 세력권으로 들어오라고 권했으나, 조조는 단연 거부하고 세력을 점차 길러 원소와 맞붙은 것이다. 원소를 뛰어넘지 못하면 천하의 주인이 될 수 없다고 보고 적은 병력으로 한번 승부수를 던진 것이다. 소설『삼국지』에선 조조가 손권·유비 연합군에게 참패한 적벽대전을 하이라이트로 치고 있으나 사실은 관도의 대전이『삼국지』판도의 분수령을 이루었다. 적벽대

전에서 패배함으로써 조조의 천하통일 구상이 차질을 빚은 것은 사실이지만 조조나 위나라가 존망의 위기로 몰린 것은 아니었다.

위대한 창업자는 한번은 모든 것을 걸고 승부수를 던져야 한다. 그것이 성공하면 살아남아 웅비할 수 있지만 실패하면 세력의 몰락은 물론 죽음까지 각오해야 한다. 평소 신중해야 하지만 일단 때가 오면 과감하게 승부수를 던질 필요가 있다. 먹고 먹히는 싸움에선 때를 잘 보고 결단이 빨라야 하는 것이다. 머리를 숙이고 힘센 쪽에 붙든지 아니면 결연히 싸우든지 해야지 엉거주춤 하다 보면 결국 망하고 만다.

기업 경영에서도 승부수를 던질 때가 꼭 온다. 이땐 결코 계산만으로는 안 된다. 승패는 하늘에 맡기고 전력투구하는 수밖에 없다. 작은 부자는 부지런함에서 나오고 큰 부자는 하늘이 내린다는 말이 있는데 세계적인 기업들을 보면 몇 번이니 큰 승부수를 던져 살아남은 것들이다. 마치 하늘의 조화로 하나의 위대한 기업을 탄생시키는 것 같다. 삼성의 반도체와 통신기기 진출, 현대의 조선사업과 주베일 항만 프로젝트, LG의 전자사업과 여수 정유공장 건설, SK의 유공油公 인수와 통신사업 진출 등이 대표적이다.

관도대전을 보면 천시 · 지리 · 인화가 어우러져 조조라는 영웅을 만들어가는 감을 준다. 관도대전을 앞두고 조조와 원소는 나름대로 준비를 한다. 두 사람은 젊었을 때는 친구였고 반反 동탁군을 일으켰을 때는 동지였으나 중원을 놓고 언젠가 한번은 자웅을 겨루어야 할 운명이었다. 그 당시만 해도 영토나 군사 수에서 원소가 앞섰다. 천하의 명성도 원소가 위였다. 조조군이 유리한 점은 지휘관인 조조가 원소보다 훨씬 유능하다는 것이었다. 결국 이 CEO의 차이가 승패를 갈랐다. 땅의 넓이나 군사의 수도 CEO의 능력 차이에 비하면 아무것도 아니었던 것이다.

조조는 관도대전을 진두지휘해 승리로 이끈다. 전략·전술적 안목은 물론 참모의 활용, 일선지휘 능력에 있어 탁월한 창조성과 신축성을 발휘한다. 거기에 비하면 원소는 한참 떨어진다. 명문가 출신으로 일찍부터 떠받듦을 받고 살았기 때문에 고정관념에 얽매이고 융통성이 없었는지 모른다. 귀가 얇고 주관이 없었다. 오늘날 실패한 2세 경영인 중에서도 그런 유형을 많이 볼 수 있다. 몇 번이나 일어설 기회가 있음에도 불구하고 보지 못하거나 결단이 늦어 놓치고 만다.

조조는 천하의 한가운데, 즉 중원에 자리 잡고 있었기 때문에 늘 패업을 노리는 군웅들의 목표가 되었다. 조조는 관도대전 전에 이미 적대 세력들을 상당 부분 정리한다. 저절로 된 것도 있고 조조의 전략에 의해 해결된 것도 있다. 당시 최고의 무용을 자랑하던 여포는 어리석음 때문에 조조에게 잡혀 죽고 장수는 조조에게 귀순했다. 유비는 조조에게 참패해 근거지를 잃고 원소에게 도망가 있었다. 원술도 황제를 자칭하다 천하의 인심을 잃어 멸망한 뒤였다. 마등·한수는 경거망동을 못하게 미리 손을 써놓았고 유표는 너무 늙어 적극성이 없었다. 가장 위협적인 세력은 손책이었는데 실제 군사를 일으키지는 못했다. 원소와의 결전에 앞서 조조는 화전和戰 양면작전으로 없앨 것은 없애고 달랠 것은 달랜 것이다.

조조가 유비 정벌에 나설 때였다. 참모들은 유비는 작은 세력이니 서둘 것이 없고 유비를 치러 간 사이에 원소가 쳐내려오면 낭패라며 말린다. 이때 조조는 "유비가 지금은 세력이 보잘것없지만 빨리 제거하지 않으면 장차 큰 골칫거리가 될 것이다. 원소는 생각은 많으나 결단이 늦어 허창을 비워도 결코 쳐들어오지 못할 것이다"라고 단언했다. 조조는 원소의 그릇과 성격을 훤히 꿰뚫고 있었던 것이다. 과연 조조의 예

언대로였다. 조조가 근거지 허창을 비우고 유비를 소탕하는 동안 원소는 꼼짝하지 않았다. 황금 같은 기회를 놓친 것이다.

조조는 골칫거리인 장수張繡 문제도 해결한다. 그동안 장수는 위나라 남쪽에 자리 잡아 조조를 많이 괴롭혔다. 한때 조조에게 항복했다가 불시에 돌아서서 조조 진영을 기습하는 바람에 조조는 목숨까지 잃을 뻔했다. 이때 조조는 아들과 조카를 난전 중에 잃었다. 조조로 보면 이가 갈리는 원수였다. 그 장수를 조조가 용서하고 받아들인다.

관도대전을 앞두고 천하의 군웅들은 조조와 원소 중 하나를 선택해야 했다. 당시만 해도 원소의 세력이 훨씬 강대했다. 장수는 당연히 원소 편이 될 것으로 예상됐다. 장수도 그럴 작정이었다. 이때 천하의 모사 가후賈詡가 등장한다. 가후는 『삼국지』에서 최상급의 전략가이지만 이땐 장수에게 몸을 기탁하고 있었다. 가후는 장수에게 조조 편에 설 것을 권한다. 지금 원소는 군사가 많고 강성하니 장수군이 가담해도 별로 반갑지 않지만, 조조군은 궁핍한 형편이니 매우 고마워할 것이라는 얘기였다. 옛 원한도 있는데 과연 받아주겠느냐고 묻자 "조조는 천하를 노리는 사람이니 사사로운 감정에 얽매이지 않을 것"이라고 자신 있게 말한다. 과연 조조는 장수를 반갑게 맞아 높은 벼슬을 주고 후대한다. 조조로선 큰 근심을 없애고 군사를 보탠 것이지만 옛일을 생각할 때 여간 큰 포용력과 배짱이 아니면 하기 어려운 일이다. 또 조조는 가후의 명성을 일찍 들어 알고 있었으므로 장수 이상으로 환대한다. 과연 장수와 가후는 관도대전에서 조조를 위해 큰 공을 세운다. 천하의 인재 가후는 조조 밑에서 고기가 물을 만난 듯 뜻과 재주를 편다. 신기하게도 조조 밑에만 가면 사람들이 최고의 능력을 발휘하게 된다. 조조가 관도대전에서 이기고 천하의 패자가 된 것은 결코 우연이 아님을 알 수 있다.

관도의 싸움에서 몇 번이나 원소에게 승기가 있었다. 처음 양 진영이 대치했을 때만 해도 양적으로는 조조가 불리했다. 이때 원소가 동원한 군사는 10만 명이 조금 넘었다 한다. 원소는 오랜 라이벌이던 북쪽의 공손찬을 멸망시키고 그의 유명한 기마군단을 흡수했다. 북쪽 출신들이라 군사는 용맹하고 양식은 넉넉했다. 조조가 관도에 동원한 군사는 2만 명 정도였다.

병력 면에서는 조조가 열세이나 무장이나 모사들은 한 수 위였다. 더욱이 조조군은 통일된 전략 아래서 유기적으로 움직인 데 비해 원소 진영은 전략도 모자라고 단결도 안 되었다. 순전히 총지휘관인 원소의 불민과 우유부단 탓이다. 원소는 싸움도 하기 전에 지구전을 주장한 모사 전풍田豊을 옥에 가두고 저수沮授를 직위해제시킨다. 귀에 거슬리는 말을 포용 못하고 참모들 간의 경쟁과 이견을 조정할 능력이 없었던 것이다. 이런 일은 오늘날 기업에서도 자주 일어난다. 오너가 감정이 앞서거나 사태를 파악하는 능력이 없으면 옳은 말을 하는 사람이 소외되고 말꾼만 득세하게 된다. 그런 분위기가 한번 형성되면 걷잡을 수 없이 악화되어 사세가 기울어지는 것은 시간 문제다.

원소는 초전에서부터 조조의 전략에 말린다. 원소군이 우세한 병력으로 먼저 조조군의 최전선 보루인 백마성을 공격하자 조조는 황하를 건너 원소군의 후방을 치려는 모양을 보인다. 원소가 놀라 군사를 나누어 대응하자 조조군은 경기병을 동원, 백마성으로 급히 달려가 적을 격파하고 부대를 철수시킨다. 이 백마성 전투에서 관우가 원소의 선봉장 안량의 목을 베는 공을 세운다.

조조가 서전에서 몇 번을 이겼다 해도 원소의 세력이 워낙 강성하여

여전히 고전이었다. 그래도 뛰어난 용병술과 기동전략, 또 발석차發石車 같은 최신 무기로 병력 열세를 메워가며 선전한다. 초봄에 시작된 전투가 가을이 되자 병참이 문제가 되고 무엇보다 식량이 모자랐다. 양쪽이 마찬가지였지만 조조가 더 심각했다. 조조군은 군사 수도 적은 데다 부상자와 탈주병이 많았다. 조조는 너무 어려운 나머지 근거지인 허창으로 철수해 그쪽에서 결전을 벌일 생각도 했다. 그래서 허창에 남아 지키고 있던 순욱에게 밀서를 보내 뜻을 묻는다. 순욱은 지금이 마지막 고비이므로 이것을 잘 넘겨야지 후퇴하면 끝장이라는 답신을 보낸다. 장기전이 괴롭기는 원소도 마찬가지일 것이며 오히려 원소의 군사가 많으니 식량 사정도 더 어려울 것이라고 했다. 허창 부근에 있던 식량을 전부 끌어 모아 보내면서 넉넉잡고 한 달만 버티면 전기가 생겨 최후의 승리를 거둘 수 있을 것이라고 격려했다. 이 답신에 조조는 용기를 얻어 병사들에게 이제 보름 안에 승리할 방안이 있으니 더 이상 고생은 안 시킬 것이라고 단언한다. 이런 지휘관의 확신은 병사들의 사기를 크게 올렸다.

　사실 조조는 몰랐지만 이때 원소는 결정적인 승리의 카드를 쥐고 있었다. 원소의 참모가 이렇게 대치만 하고 있을 게 아니라 우세한 군사를 일부 떼어 조조의 후방인 허창을 기습하자는 안을 내놓는다. 만약 그랬으면 조조군은 큰 혼란에 빠져 방어선이 붕괴되었을지도 모른다. 그러나 원소는 전통적인 공성전만을 고집한다. 그 뒤 식량이 다 떨어졌으니 빨리 보내라는 조조의 밀서를 원소의 참모 허유가 입수한다. 허유는 그 밀서를 보이며 조조의 보급 루트를 공격하자고 건의한다. 허유는 어릴 적 조조의 친구였는데 이땐 원소 편에 가담하고 있었다. 꾀가 많은 대신 욕심이 많고 행실이 고르지 못했다. 이때 마침 후방에서 허유

ⓒ권태균　**관도 전투지**　조조는 관도에서 원소의 대군을 격파하고 중원의 패권을 장악했다. 지금은 벌판에 녹슨 병장기 몇 개만 세워 놓았다.

의 아들이 부정을 저질러 구속되는 사태가 벌어진다. 원소는 집안 부정도 못 다스리는 주제에 무슨 건의를 하느냐면서 허유를 꾸짖어 내보낸다. 허유는 원소를 떠나기로 결심하고 그날 밤 조조 진영으로 가 투항해 버린다. 조조는 재주만 있으면 행실은 안 따진 데 비해 원소는 결벽증이 있어 유능한 사람을 놓친 것이다.

허유가 찾아왔다는 소리를 듣고 조조는 버선발로 뛰어나와 반긴다. 조조는 이때 허유가 얼마나 쓸모가 있는지를 잘 알았기 때문이다. 허유가 밀서를 내놓고 허창 기습계획을 이야기하자 조조는 깜짝 놀란다. 그렇게 되었다면 자기는 꼼짝없이 원소의 포로가 되었다는 것이다. 허유가 투항해 온 것은 하늘의 뜻이라며 원소를 깰 방안을 묻는다. 허유는 원소의 군량이 부근 오소烏巢에 쌓여 있고 방비가 부실하니 거길 급습하라고 일러준다. 조조는 즉각 5,000명의 정병을 뽑아 떠날 채비를 한다. 주위에서 혹시 원소의 모략에 말려드는 것이 아니냐며 만류하지만 조조는 하늘이 준 기회를 놓칠 수 없다면서 앞장서서 기습공격에 나선다. 긴요할 때 빠른 결단을 내리고 행동에 옮기는 것이야말로 조조의 특징이고 천재성이다. 물론 원소의 기습에 대비하여 빈틈없는 대비책도 잊지 않는다. 이 기습작전은 기가 막히게 성공하여 원소군은 총붕괴되고 원소는 겨우 목숨만 부지한 채 근거지인 업성鄴城으로 도망간다. 병력은 적었지만 조조의 천재적 전략과 신출귀몰한 용병술이 가져온 완벽한 승리였다.

조조에겐 또 하나의 도움이 있었다. 만약 강동의 손책이 죽지 않고 애초 구상대로 군사들을 이끌고 허창으로 쳐들어왔더라면 관도대전의 향방은 달라졌을지 모른다. 왜 하필 그때 손책이 26세의 젊은 나이로 이름 없는 자객의 손에 죽어 북벌이 좌절됐는지 오로지 하늘의 뜻이라고 할 수밖에 없다. 조조는 스스로의 능력도 뛰어났지만 하늘이 도왔다고 할 수 있다.

조조는 항복한 원소의 무장 중에서 장합張郃과 고람高覽을 부하로 만든다. 장합은 나중에 가정街亭 전투에서 촉한의 선봉장 마속馬謖을 격파해 제갈공명의 1차 북벌 계획을 좌절시킨 바로 그 장수다. 이때 이미 조조는 먼 장래에 대비한 포석을 하고 있었던 것이다.

> 8 뛰어난 인재 조련사 조조
> 숨은 인물 발탁하고 '야생마' 길들여 '준마'로

『삼국지』에 많은 영웅호걸과 모사, 문인, 관료 등 특색 있는 인물들이 등장하지만 그중에서도 특히 조조 진영의 층이 두텁고 다채롭다. 왜 그럴까. 조조가 일찍 중원에 기반을 잡고 천자를 모셔 정통성을 확보한 것도 한 원인이겠지만 그것이 전부는 아니다. 위나라 CEO인 조조의 개인적인 역량에 힘입은 바 크다. 청탁불문하고 인물을 끌어모으고 포용하는 조조의 큰 그릇과 확실한 비전, 인간적 매력이 만들어낸 것이다. 위대한 경영자는 큰 인물을 끌어들이고 또 만들어내는 데 출중하다. 그것은 돈으로 될 일도 아니고 잘해 준다고 될 일도 아니다. 타고나야 한다.

『삼국지』를 보면 하늘의 별처럼 인물들이 많다. 그때 왜 갑자기 쏟아지듯 인물들이 나타났을까. 격변기이기 때문이다. 구질서가 무너지고 신질서가 태동될 땐 틀에 박힌 인물들로선 미흡하다. 에너지가 넘치고 창조성과 상상력이 풍부한 사람들이 때를 만나는 것이다. 조조 자신도 발상이 자유롭고 행동이 호방하기 때문에 태평성대였다면 큰 사고를 쳤을 가능성이 크다. 그래서 조조는 특이한 재주를 가진 사람들을 알아보고 수족같이 부렸는지 모른다. 조조는 촉나라를 세운 유비나 오나라의 손권까지 자기 사람으로 만들려고 했다.

조조 진영엔 정말 별별 사람이 다 모였다. 싸움 잘하는 무장, 꾀를 잘 내는 모사, 병참 보급에 뛰어난 경제 관료, 글 솜씨가 좋은 문사, 유능한 사법 관리, 명령만 내리면 돌진하는 행동파에서 대외용으로 모양 좋은 명사 그룹에 이르기까지 그야말로 나라 경영에 필요한 온갖 유형의 인물들이 즐비했다. 조조는 이들의 특성을 잘 알아 필요할 때 귀신같이 골라 썼다. 뿐만 아니라 조조는 인물을 만들어갔다. 사람의 잠재력을 재빨리 간파하여 적정한 경력 관리를 통해 인재를 육성한 것이다. 경영자에게 있어서 인재 육성이란 가장 큰일이다. 끝없는 긴장과 경쟁의식을 불어넣고 부단한 담금질을 통해서 인재를 만들어간다. 그 인재를 쓰는 CEO도 같이 긴장하고 스스로 업그레이드해 가야 한다.

삼성 창업주 이병철 회장은 "나는 내 일생의 80%는 인재를 모으고 교육시키는 데 시간을 보냈다. 내가 키운 인재들이 성장하면서 두각을 나타내고 좋은 업적을 쌓는 것을 볼 때 고맙고, 반갑고, 아름다워 보인다. 삼성은 인재의 보고라는 말을 자주 듣는데 나에게 이 이상 즐거운 것은 없다"라고 술회한 바 있다.

성공한 창업 1세대들은 사람을 많이 키웠지만 그 가운데에서도 이병철 회장이 특히 조직적으로 인재를 키웠다. 경력 관리도 체계적으로 하고 다소 벅찬 일을 맡겨 항상 도전적으로 일을 하게 했다. 그리고 그 일을 해내게끔 뒷받침했다. 우선 회장이 믿고 뒷받침하고 있다는 것을 본인은 물론 주위에서도 알게 했다. 회장이 관심을 갖고 있다는 것을 알게 되면 자연 힘이 붙게 되어 사업 추진이 쉬워진다. 사업이 성공하면 더 힘이 붙게 되어 그야말로 승승장구하는 스타 경영인이 탄생하는 것이다. 그런 전통은 代를 이어 계승되고 있다.

스타 경영인도 방심하거나 나태하면 하루아침에 추락한다. 그땐 스스로 살아남아야 한다. 이런 추락 과정을 통하여 경영자의 그릇이 시험된다. 자포자기하거나 평상심을 잃으면 그것으로 끝이다. 어려울 때 의연하게 대처해 역경을 딛고 일어서야 큰 경영자가 된다. 한번 물을 먹어 봐야 사람 보는 눈도 생기고 세상 인심도 알게 되는 것이다. 잘나갈 땐 모두가 잘해 주지만 물을 먹으면 사람들이 다 같지 않다는 것을 절감하게 된다. 그걸 몸으로 깨달으면서 경영자로 크는 것이다.

삼성이 유능한 경영자를 많이 배출하고 오늘날 압도적으로 잘나가는 것은 결코 우연이 아니다. 사실 성공한 왕조나 기업을 보면 모두 큰 인물들이 모여든다. 조조의 천부적 능력 가운데 하나는 특이한 인재를 자기 사람으로 만들어 키우는 것이다. 친인척이나 일찍부터 조조를 따라다닌 가신들이 조조에게 심복하는 것은 당연하지만 천하를 떠돌던 이재異才들이 조조를 만나 정착하는 것을 보면 신기하기까지 하다. 이런 인물들이 큰일을 한다. 이들은 큰 재주를 지닌 대신 다루기가 어렵다. 이들을 잘 다루면 큰 득이 되지만 잘못 다루면 큰일 난다. 개성이 독특하고 행동이 파격적이기 때문에 기존 질서와 조직이 흔들린다. 그러나 모범생들이 못 보는 것을 보고 엄두도 못 내는 일을 태연히 해치운다. 주인도 섬길 만한 주인이 되어야 섬기지 그냥 섬기려 하지 않는다. 당장의 이익보다 장래성을 보며 자신의 재주를 펼 수 있는가를 따진다. 자신과 맞지 않는다고 판단될 땐 미련 없이 떠난다. 조조가 이들을 붙잡아 자기 사람으로 만든 것을 보면 꼭 야생마를 붙잡아 명마로 만드는 것이 연상된다.

잭 웰치(왼쪽)
오쿠다 히로시

현대 기업에서도 비슷하다. 기업의 일상적인 일은 우등생들이 하지만 새롭고 파격적인 일은 이재들이 한다. 기업이 한번 크게 도약하려면 이런 이재들이 필요하다. 이들은 대개 정통파가 아니거나 비주류이기 쉽다. 일본의 소니가 2차대전 후 벤처기업에서 세계적 기업으로 일어선 것은 천재 기술자인 이부카 마사루井深大와 탁월한 경영자인 모리타 아키오盛田昭夫의 합작품이지만, 그 에너지가 계속 충전된 것은 성악가 출신 CEO 오가 노리오大賀典雄와 이색 경영자 구타라기 겐久多良木健 덕분이었다. 오가는 소니가 가전家電에서 음반 등 소프트산업으로 영역을 넓히는 데 결정적으로 기여했고, 구타라기는 가정용 게임기 플레이스테이션을 만들었다. 구타라기가 처음 게임기를 만들자고 했을 때 모두가 반대하였다. 조직 안에서도 마찰이 많았다. 구타라기가 하도 집념을 갖고 덤비니 오가 사장이 아예 자회사로 내보내 그걸 해보게 했다. 세계적 대히트 상품인 플레이스테이션은 그런 곡절 끝에 탄생한 것이다.

오늘날의 제너럴 일렉트릭GE을 만든 잭 웰치 회장도 기존 조직과 마찰이 많았던 비주류였다. 도요타豊田 자동차가 요즘 잘나가는 것도 비주류 출신인 오쿠다 히로시奧田碩 회장의 파격 경영에 힘입은 바 크다. 이런 창조적 파괴는 이재들이 하는 것이며 그것이 가능한 조직 풍토가 중요한 것이다. 이는 위대한 경영자만이 만들 수 있다.

조조 진영의 이재들은 수없이 많지만 그중에서도 특히 출중하고 오랫동안 결정적으로 위나라를 보위한 사람은 가후와 사마의라 할 수 있다. 위나라의 장래를 위해 조조가 미리 포석해 놓은 기둥과 같다. 이들은 늘 표면에 나서지는 않으나 긴요한 대목에서는 꼭 등장해 핵심적 역할을 한다.

가후는 순욱·곽가와 더불어 남이 못하는 큰 구상을 한다. 조조를 만나기 전엔 주인을 골라 전전했다. 조조 진영에도 늦게 참여하지만 출중한 실력과 현명한 처신으로 끝까지 살아남아 위나라 최고 원로로서 활약한다. 큰 공을 세운 순욱은 조조와 뜻이 안 맞아 50세의 나이에 자살하고 곽가는 조조의 극진한 사랑을 받았으나 38세로 병사한다. 그러나 가후는 조조의 아들 대까지 간다. 당시 천하대란의 와중에서 최고 권력자의 측근으로 76세까지 살았다는 것은 기적에 속한다. 그야말로 명철보신明哲保身의 신기神技요, 처세의 달인이라 할 수 있다.

가후는 대세를 보는 눈이 정확하고 판단이 빨랐다. 특히 임기응변에 능하고 대국을 잘 다뤘다. 관도대전 때 가후는 조조에게 지구전은 불리하니 기습책을 쓰라고 적극 권한다. 과연 조소는 기습공격으로 돌파구를 열어 강적 원소를 격파했다.

관도대전 이후 조조는 가후의 벼슬을 높이고 측근에 두어 중용한다. 그 후 가후는 마초馬超와 한수韓遂가 서량西涼에서 반란을 일으켰을 때도 큰 공을 세운다. 처음엔 이들의 세력이 강성해 조조도 고전했는데 가후의 헌책으로 두 사람을 이간시켜 각개 격파한다. 마초는 뛰어난 무장이었고 병사들도 용감해 힘으로는 이기기 어렵자 가후가 꾀로 이

들을 정벌한 것이다. 이때 가후가 쓴 계책은 기기묘묘하다. 마초와 한수가 서로 의심하도록 조조에게 일부러 연극도 시키고 이상한 편지도 보내게 한다. 모두 다 가후의 연출이었다. 그것이 결국 성공하여 반란은 진압된다.

 마초와의 싸움 때 에피소드가 하나 있다. 어느 전투에서 조조가 기습을 당해 매우 절박한 상황에 처했다. 이때 조조 진영에서 소와 말을 대량으로 풀어 버린다. 가축이 귀할 때여서 마초군은 전투를 하다 말고 소와 말을 잡기에 정신이 없었다. 이 틈을 타 조조는 간신히 도망칠 수 있었다. 가축을 풀어 조조를 구한 사람은 정비丁斐라는 병참 책임자였다. 조조와 동향으로 유능하지만 부패한 사람이었다. 부정을 저질러 옥에 갇히기도 했으나 조조는 그때마다 너그럽게 봐준다. 난세에 필요한 인물이라는 것이다. 조조는 "그가 깨끗하지 않다는 것은 나도 잘 알고 있다. 그래도 그를 데리고 있는 것은 마치 쥐를 잡으려고 도둑개를 데리고 있는 것과 같다. 도둑개는 작은 물건을 훔쳐가기는 하지만 내 보따리를 쥐가 갉아먹지 못하게 지켜주기 때문이다"라고 말했다. 과연 머리가 비상한 정비는 가장 위급할 때 소와 말을 풀어 조조의 생명도 구하고 싸움을 역전시키는 계기를 만든 것이다. 조조의 선견지명先見之明이다.

 가후는 기책奇策뿐만 아니라 큰 정치에도 통달했다. 조조가 남쪽 지방 정벌에 나서 형주荊州를 점거하고 강동의 손권을 치려 할 때 이를 말린다. 선정을 베풀어 선비를 다독이고 백성들을 잘살게 해주면 손권은 스스로 와서 항복하리라는 것이었다. 서둘러 무력으로 정벌할 것까지 없다는 것이다. 그러나 조조는 강동 정벌을 강행하다 적벽대전으로 참패한다. 조조는 그 뒤 후회를 많이 했다 한다.

가후의 정세 판단은 조조의 후계자 선정 과정에서 빛이 난다. 가후는 일찍부터 조조의 큰아들 조비 편이 되어 승계를 받도록 여러 가지로 조언한다. 조조가 어느 날 가후를 불러 누구를 후계자로 했으면 좋겠냐고 은밀히 묻는다. 가후는 아무 말도 하지 않는다. 현명한 가후는 후계 문제 같은 민감한 사안에 대해 말하는 것이 얼마나 위험한 일인지 잘 알기 때문이었다. 조조가 거듭 재촉하자 문득 깨어난 듯 원소와 유표 생각을 하고 있었다고 말한다. 둘 다 장자 승계를 안 하여 나라가 시끄러워진 경우이다. 조조는 재빨리 알아듣고 장자 조비를 택하기로 결심한다. 조조 입장에서 보면 가후 같은 사람이 장남 편이 되니 안심했는지도 모른다. 나중에 대권을 잡은 조비가 가후를 더욱 극진히 모신 것은 말할 필요도 없다. 조조의 포석대로 된 것이다.
　사마의는 가후보다도 더 큰 공로와 영향을 미쳤다. 가후는 이미 명성이 높은 사람이었지만 사마의는 무명의 인물이었다. 고관 집 자제로 뒤늦게 지방의 회계책임자 노릇을 하고 있었다. 젊지만 매우 유능하다는 소문을 듣고 조조는 자기 밑으로 오라고 권한다. 조조가 막강한 실력자였지만 환관 집 자손이라는 출신 때문에 약간 우습게 보았던 사마의는 중풍에 걸렸다고 핑계를 대고 그 제의를 거절한다. 조조는 그것이 꾀병임을 알아내고 만약 사마의가 자기 편이 되면 큰 힘이 되지만 남의 편이 되면 큰일이라고 생각해 자객을 보낸다. 자객이 사마의 암살에 실패하자 조조는 다시 군사를 보내 사마의를 모셔 오지 못하면 아예 잡아 오라고 한다. 사마의는 또 거절했다가는 목숨이 위태롭다고 판단하고 할 수 없이 조조 진영으로 간다.
　처음엔 억지로 갔으나 막상 가보니 조조의 인물됨에 반하여 깊이 심복하고 충성을 다한다. 또 많이 배운다. 조조도 사마의를 측근에 두고

중용한다. 또 큰아들 조비의 교육 담당을 겸하게 해 장래에 대비한다. 그러나 사마의가 남의 밑에 있기엔 그릇이 너무 크다는 것을 간파하고 경계의 눈초리를 멈추지 않는다.

어느 날 조조는 꿈에서 말 세 마리가 한 개의 여물통에 머리를 박고 열심히 먹는 모습을 본다. 사마의와 그의 두 아들을 말 세 마리로 본 것이다. 조조는 더욱 의심이 나서 아들 조비에게 사마의가 유용한 인물이지만 잘못하면 우리 집안을 위협할지도 모르니 항상 조심하라고 당부한다. 그런 낌새를 눈치 채고 사마의도 무척 조심한다. 그러나 사마의가 워낙 유능하고 큰일을 많이 하기 때문에 조조도 어쩔 수 없이 많이 의존한다.

소설 『삼국지』에서 사마의는 늘 제갈공명에게 당하는 것으로 나오지만 사실은 막상막하였다. 뛰어난 군인이고 전략가이며 정치가로서 최후의 승리자라 할 수 있다. 만약 사마의가 없었다면 제갈공명의 날카로운 공격에 위나라가 무너졌을지 모른다. 천하의 기재奇才 공명의 계속된 공세를 사마의의 끈기와 정확한 계산이 막아낸 것이다. 천하 정세와 전쟁의 흐름을 정확히 파악하여 어떨 땐 지구전으로 어떨 땐 전격전으로 늘 승리를 거두었다.

정치적 안목도 높았다. 촉나라의 형주 지구 사령관 관우가 위나라를 공격해 서전에서 큰 승리를 거두었을 때였다. 위나라에서 구원군을 보냈으나 대패했다. 관우는 도읍지 허창까지 쳐들어올 기세였다. 조조도 당황하여 도읍지를 옮길 논의까지 한다. 이때 사마의가 등장하여 대담하고 침착한 전략으로 위기를 수습한다. 사마의는 군사작전만으로는 관우를 막을 수 없으니 오나라 손권을 끌어들이자고 제안한다. 그때까지 위나라가 워낙 강했기 때문에 촉·오 두 나라가 연합해 대항해 왔는데

ⓒ권태균 형주성 조조·유비·손권이 서로 차지하기 위하여 쟁탈전을 벌였던 장강 중부의 요충 형주성의 현재 모습. 관광객들을 위해 오색의 깃발을 꽂아 놓고 갑옷 입은 병사들이 보초를 서고 있다.

오나라를 우군으로 끌어들여 촉나라를 치게 한다는 것이다. 마침 그때 촉·오 동맹에 약간의 균열이 있었고 손권이 관우의 형주 땅을 탐내고 있는 것을 사마의는 간파했던 것이다. 이 전략은 멋지게 성공하여 오나라는 형주성을 기습 점령했고 근거지를 잃은 관우군은 참패하고 말았다. 위나라의 위기도 저절로 없어졌다. 사마의는 전략적인 발상으로 위나라를 구한 것이다.

사마의는 속이 깊고 무척 신중했기 때문에 사람들이 어려워했다. 그러나 조조에겐 꼼짝을 못했다. 몇 수 위라고 인정하고 항상 두려워하고 배우는 자세였다. 조조에겐 사마의를 압도할 기백과 내공이 있어 감히 딴 마음을 먹지 못했다. 조조는 죽으면서 사마의에게 자식과 나라를 부탁했고 사마의는 그것을 충실히 이행한다. 그러나 4대째에 이르러 조조의 자식이 시원치 않자 조씨의 나라를 뺏는다. 조조는 사마의를 부릴 수가 있었지만 그 자손들은 안 되었던 것이다.

9 조조의 치밀한 승계 전략
아들들 경쟁시켜 후계자 낙점, 긴 포석으로 승계 준비

 위대한 경영자들의 공통점은 끝없는 에너지와 집념이다. 작은 성공에 결코 만족하지 않고 계속 새로운 것을 찾고 도전한다. 탐욕스러울 정도로 욕심도 많고 집념도 강하다. 보통사람의 기준으로는 이해되지 않는 점이 많다. 성격도 괴팍스럽고 강렬하다. 원대한 목표를 위해선 사소한 인정이나 관습, 명분에 구애받지 않는다. 밖에서도 엄격하지만 집안을 다스리는 것도 마찬가지다. 안팎으로 긴장을 풀지 않고 끝까지 챙기는 것이다.

일단 창업의 기반이 다져지면 지배 시스템을 구축하고 1인 체제를 강화해 나간다. 여기에 장애가 되는 것은 가차 없이 제거한다. 스스로의 절대성 확보와 후계 구도를 위한 준비 단계라 할 수 있다. 조조는 그 과정을 냉철하게 처리하여 독재체제 구축과 후계자 승계 작업을 잘 끝냈다. 물론 희생자도 나왔다. 조조에겐 제일의 창업공신이라 할 수 있는 순욱이나 공자의 후손으로 명망이 높던 공융도 죽임을 당했다. 순욱

과 공융을 처단할 정도니 다른 사람은 말할 것도 없다.

조조의 가장 결정적 고비였던 관도대전에서 큰 공을 세운 사람은 조조의 어릴 적 친구 허유許攸였다. 원소의 도읍지인 업성을 점거하고 나니 허유의 콧대가 너무 높아져 말끝마다 자기 공을 자랑하고 다녔다. 조조는 기분이 좋지 않았지만 겉으로 나타내진 않았다. 한번은 허유가 업성의 동문 앞에서 조조의 호위대장 격인 허저를 만났다. 허유가 우쭐대면서 "내가 아니었으면 너희가 감히 이 문을 드나들 수 있었겠느냐"라고 큰소리를 쳤다. 골수 군인인 허저가 이 말을 그냥 넘길 턱이 없었다. "우리가 목숨 걸고 싸워 뺏은 것이지 왜 당신 공이냐"라고 시비가 붙었다. 허유가 계속 건방지게 굴자 허저는 단칼에 허유를 베어 버렸다. 그리고는 조조에게 사죄하러 갔다. 조조도 겉으론 야단을 쳤지만 허저를 용서했다. 허저로서는 조조의 마음을 읽고 일을 저지른 것인지도 모른다.

비슷한 시기에 조조 밑에서 공을 많이 세운 누규婁圭나 최염崔琰도 죽임을 당한다. 최염은 일도 잘하고 명망이 있었다. 당초 원소 밑에 있었으나 조조가 거두어 측근으로 썼다. 풍채가 아주 좋아 공식 행사에서 더러 조조 대행을 했다. 한번은 북쪽 흉노 땅에서 사신이 왔는데 최염이 조조 자리에 앉고 조조는 신하처럼 옆에 시립해 있었다. 행사가 끝나고 그 사신에게 오늘 대왕의 모습이 어떻더냐고 물어보았더니 "대왕님은 매우 훌륭했습니다. 그러나 그 옆에 시립해 있는 분은 진짜 영웅의 기상이었습니다"라고 대답하는 것이 아닌가. 그 소리를 전해들은 조조는 뒤쫓아 가서 그 사신을 죽여버리게 했다. 변장하고 참석한 자기를 간파한 그 안목이 기분 나빴던 것이다. 그 최염이 조조의 독재화 과정에 방해가 되자 가차없이 없애버린다. 최염이 추천하여 관리가 된 사람이 조조의 공적을 극찬하는 글을 올리려는 것을 너무 그렇게 할 것 없다고 말린 것이 죄목이었다. 누규는 일찍부터 조조를 따라다니며 공이 많았으나 자신의 공로를 너무 자랑하고 조조 부자를 우습게 보았다는 참소가 들어가 처형되고 말았다.

그 즈음해서 조조는 승상이 되어 권력을 한손에 움켜쥔다. 53세 때다. 큰일을 하기에 심신이 최고 상태였다. 현대 경영에서도 50대 전반을 CEO의 최적기로 보고 있다. 정신적으로나 육체적으로나 CEO의 격무를 감당할 수 있고 경륜도 그만큼 갖출 나이라는 것이다. 훌륭한 40대 CEO가 없는 것은 아니나 아무래도 경륜이 조금 부족하고 60대에 들어서면 조심성이 너무 많아 패기와 도전심이 떨어진다. 물론 예외도 많다. 삼성의 이병철 회장이나 현대의 정주영 회장은 70대에도 새 사업을 벌이는 등 적극적 도전과 모험을 했다. 이병철 회장이 사운을 걸고 본격적으로 반도체 사업을 벌인 것이 73세 때다. 정주영 회장은 75세 때 대북사업을 위해 1차 방북을 한다.

지금과 달리 삼국시대에는 평균수명이 짧아 60세를 넘기기 어려웠는데 조조는 66세까지 살면서 정력적으로 전장을 누볐다. 60대 초반까지 직접 군사를 이끌고 한중漢中의 장로張魯, 강동의 손권과 싸움을 벌였다. 한중을 놓고 촉나라 유비와 혈전을 벌인 것이 죽기 한 해 전인 65세 때였다. 감탄할 만한 에너지와 집념이다.

조조는 55세 때 유명한 구현령求賢令과 술지령述志令을 반포한다. 구현령은 과거나 행실을 묻지 말고 천하의 인재를 발굴하라는 것이다. 이때까지도 조조는 가뭄에 단비를 구하듯 좋은 사람들을 구하고 모았다. 술지령은 조조가 천자로부터 받은 영지의 일부를 반환하면서 자신의 심정과 정치적 포부를 밝힌 것인데, 권력의 절정기에 오른 긍지와 자부심이

배어 있다. 조조는 "어릴 적 내 꿈은 한 지방의 태수가 되어 백성들을 위해 선정을 베푸는 것이었다. 좀 더 장성해서는 나라의 큰 도적들을 물리쳐 정서장군征西將軍쯤 되었으면 했다. 한때 나는 원소와 대적할 수 없다고 생각했으나 끝내 원소를 격파하고 북방을 평정했다. 남쪽으론 형주의 유표를 정복하고 강동의 손권을 정벌하려 했으나 여의치 않았다. 그러나 나는 승상이 되었고 신하로서 가장 높은 지위에 올랐다. 만약에 이 조조가 없었으면 얼마나 많은 사람이 황제나 왕을 자칭했겠는가. 나의 세력이 강대해도 황제를 찬탈하거나 세상을 어지럽히지는 않을 것이다. 그렇다고 지금 권력과 군사들을 내놓고 고향으로 돌아가 쉬지 못하는 것은 천하가 다시 혼란에 빠지고 나 자신이 무사하지 못할 것임을 잘 알기 때문이다. 따라서 승상직에서 물러나지는 않을 것이나 영지는 과분하므로 되돌리려 한다"라고 적고 있다.

조조는 세상의 좋은 평판을 위해 권력을 내놓고 깨끗이 은퇴할 생각은 없다고 선언한 것이다. 그렇게 되면 잠시는 세상의 칭송을 받을지 모르나 곧 위험이 닥친다는 것을 현명한 조조는 잘 알았던 것이다. 헛된 명분에 취하여 병권을 내놓은 권력자가 무참히 당한 전례가 얼마나 많은가.

이때까지만 해도 조조의 속마음은 아직은 한나라 황실을 찬탈할 때가 아니라고 본 것 같다. 냉철한 전략가인 조조가 천하의 인심을 어찌 모르겠는가. 비록 허수아비였지만 한나라 황실에 대한 관습적인 존경심은 남아 있었고 환관의 후예인 조조가 황제가 되는 데는 저항감이 거세리라는 것을 잘 알았던 것이다. 그래서 자신의 목표를 위해 긴 포석을 한다.

조조는 50대 후반부터 후계 구도를 준비하는데 그 작업도 치밀하고 빈틈없다. 끝까지 하나하나를 챙긴다. 먼저 장남 조비를 부승상격인 오관중랑장으로 올리고 자식들에게도 제후諸侯 벼슬을 준다. 58세 때엔 자신이 승상보다 높은 위공魏公에 오르고 3년 뒤엔 위왕魏王이 된다. 한나라 승상에서 위나라의 왕이 된 것이다. 스스로 위나라를 개국하여 독자적인 사직社稷과 조정을 가진 것이다. 이때 이미 권세는 황제보다 강했다. 조조의 권세가 너무 커지자 황후를 중심으로 조조 암살기도가 있었지만 곧 평정되고 만다. 벌써 천하의 인심이 한나라를 떠나 새 시대를 요구했던 것이다.

위왕 때 조조는 이미 천자의 깃발과 수레를 썼다. 또 후계자 조비를 태자로 삼는다. 태자를 선정하는 과정도 역시 조조답다. 장남이라고 그냥 앉힌 것이 아니라 치열한 경쟁을 하도록 한 후 선정한 것이다. 조조는 후계자 선정에 고심에 고심을 거듭한다. 조조에겐 모두 25명의 아들이 있었다. 장남은 조앙曹昻인데 유劉씨 부인의 소생이었다. 유씨 부인이 일찍 세상을 뜨자 첫 정실인 정丁씨 부인이 길렀다. 조앙은 서장자庶長子지만 정씨 부인이 아들이 없어 친자식같이 길렀다. 인품도 훌륭해 조조의 맏아들 노릇을 훌륭히 했다. 그러나 조조가 38살 때 장수를 정벌하는 길에 동행했다가 전장에서 죽고 만다. 그때 조조군이 기습공격을 받았는데 조앙은 자기 말을 조조에게 바치고 맨몸으로 탈출하다 전사했다. 이때 조비도 같이 갔다가 탈출했는데 조비가 후에 위나라 황제가 되었으니 존귀한 팔자는 하늘에서 타고나는 것인가 보다.

정씨 부인은 사랑하는 아들이 조조 때문에 죽었다 하여 굉장히 화를 내고 친정으로 가버렸다. 조조는 오랜 측실인 변卞씨를 정실로 맞았는데 둘 사이에는 비丕, 창彰, 식植, 웅熊 네 아들이 있었다. 변씨는 현명한 부인으로서 전쟁으로 정치로 몹시 바쁜 조조를 조용히 돕고 집안을 잘

다스려 두터운 신뢰를 받았다 한다. 조조는 처복이 많은 사람이었다. 집안에선 무척 검소하고 아이들을 엄하게 교육시켰는데 변 부인의 내조의 공이 컸다. 변씨는 조조의 절약생활에 적극 협조했다. 가까운 친척들을 불러모아 놓고 "모두 근검절약에 힘쓸 것이며 돈이나 쌀이 내려지기를 바라지 말라. 나를 각박하다고 탓하겠지만 만약 금령禁令을 어겨 죄를 저지르는 사람이 있다면 나는 그 죄에 한 등급 더 보태 벌을 주게 할 것이다"라고 단단히 일렀다 한다. 평소 조용하고 검소했지만 기백은 대단했다. 또 위급할 때 당황하지 않고 좋을 때도 절도를 잃지 않았다. 그래서 조조도 자식들 교육이나 집안일을 부인에게 맡기고 나라 경영에 전념할 수 있었다.

조조는 부인을 아꼈지만 친인척이 발호하거나 바깥일에 간여하는 것을 엄격히 금했다. 그리고 능력에 따라서만 자리를 주었다. 변씨 부인의 동생에게 벼슬을 주고 오래 승진을 시키지 않아 불만이라는 소문을 듣고는 "네가 내 처남이라는 이유로 벼슬을 높여야 한다면 얼마나 많은 사람에게 벼슬을 주어야 하느냐"고 호통을 쳤다 한다.

여러 아들 가운데 조조가 가장 총애한 아들은 서자인 충沖이었다. 충은 무척 총명해 조조가 매우 사랑하고 기대도 컸다. 충은 아랫사람들을 잘 보살펴 덕망도 높았다. 그러나 조충은 13세에 병사하고 만다. 조조가 크게 애통해 했음은 말할 것도 없다. 자식들이 위로하자 조조는 "충이 죽은 것은 나에게는 불행이지만 너희에겐 행운일 수도 있다"고 말했다 한다. 조조는 충을 후계자로 점찍고 있었는데 충이 죽었으니 너희도 기회가 있다는 뜻으로 해석된다.

조조는 후계자를 빨리 선정하지 않고 심사숙고한다. 가장 유력한 아들은 장남인 비와 삼남 식이었다. 둘째 창은 학문엔 뜻이 없고 무예만 열심히 닦았다. 장차 훌륭한 장수가 되겠다는 생각이었다. 조조도 처음엔 학문을 권하다가 하고 싶은 대로 하게 했다. 그러나 조조는 자식들을 치열하게 단련시켰다. 조조의 능력주의가 자식들에게도 그대로 적용되었다. 창이 북방 오환족烏丸族의 반란을 진압하러 나갈 때였다. 조조는 아들에게 "집에 있을 때는 아버지와 아들의 관계였으나 임무를 맡았으니 군주와 신하의 관계가 되었다. 모든 것을 왕법에 따라 처리해야 하니 너는 그 점을 명심하라"고 준엄하게 당부했다 한다.

조창이 후계자에 뜻이 없으니 자연 장남 비와 삼남 식 간에 치열한 경쟁이 벌어진다. 비도 학문과 글이 뛰어났지만 식이 한 수 위였다. 식의 글솜씨는 조조도 감탄할 정도였다. 한때는 조조의 생각도 식에게 기울어졌다. 그러나 글로 나라를 다스리는 것은 아니므로 조조도 선뜻 정할 수가 없었다. 정치적 재능이나 덕성은 비가 위였다. 조조의 마음이 왔다갔다 하니 신하들도 갈렸다. 비의 편엔 가후, 사마의 등 원로들이 많았고 식의 편엔 양수 등 젊은 문인들이 많았다.

조조는 두 아들을 여러 가지로 시험한다. 한번은 비와 식에게 왕명으로 심부름을 보내고는 궁성 책임자에게 문을 열어주지 말라고 지시한다. 비는 원로의 자문을 들어 그대로 돌아온다. 그러나 식은 왕명으로 가는데 누가 막느냐면서 책임자의 목을 베고 나간다. 조조는 조비가 그냥 돌아온 것도 불만이지만 관리의 목을 함부로 베는 것은 더 나쁘다고 생각했다. 그렇게 인명을 경시해서 어떻게 만백성을 다스리겠느냐는 것이다. 또 한번은 조조가 전장에 나가게 되자 식은 좋은 문장으로 구구절절이 애틋한 정을 표했다. 그러나 비는 단지 눈물만 줄줄 흘릴 뿐이었다. 원로들의 코치였다. 조조는 그래도 장남이 더 진실하고 효성이 있다고 생각했다 한다.

천재적인 시인이었던 식은 생활이 자유분방했다. 어떨 땐 수레를 몰고 천자만이 다니는 궁성 문으로 나가 책임자의 목이 날아가기도 했다. 조조의 마음이 점차 식에게서 멀어지는데 식이 결정적인 실수를 저질렀다. 남방정벌군 사령관으로 임명되어 급히 떠나야 하는데 술에 너무 취해 출정식에도 참석 못한 것이다. 이런 여러 가지가 겹쳐 조조는 식에게 기울어지는 정을 누르고 성실한 비를 후계자로 최종 결정한다. 조조의 냉철함과 국익 우선이 후계자 선정 과정에서도 나타난 것이다. 결과적으로 조비를 고른 것은 조조를 위해서나 위나라를 위해서나 매우 성공적인 결단이었다.

10 조조의 위대한 유산
말년의 총명으로 후계구도 완성, 풍부한 인재와 좋은 시스템 남겨

『삼국지』의 세 주인공 조조·유비·손권 가운데 가장 성공한 CEO는 조조라 할 수 있다. 조조가 창업한 위나라는 영토의 크기, 경제력, 국가시스템, 인적 자원, 문화적 수준에서 다른 나라에 비해 압도적으로 앞섰다. 당시 중국 전체를 놓고 보면 조조의 위나라가 절반이 넘고 나머지를 유비의 촉나라와 손권의 오나라가 나누어 가졌다고 볼 수 있다. 오늘날의 기업으로 비유하면 위나라는 창업도 빠르고 외형도 크며 성장성, 수익성, 안전성 모두 뛰어난 우량 대기업인 셈이다. 기업조직이 강하고 유연했다. 무엇보다 인적 자원이 풍부하고 질도 높았다. 특히 경영층이 두터웠다. 위나라의 최대 라이벌인 촉나라엔 위대한 전문경영인 제갈공명이 있었지만, 제한된 인적 자원 때문에 항상 고심한 것과 좋은 대비가 된다.

위나라는 기업 문화도 좋았다. 단지 무장세력 위주의 군사 집단이 아니라 당시로선 문화 수준이 높은 지식기반 국가였던 것이다. 가장 큰

문제였던 식량 문제는 둔전제屯田制로, 국방 문제는 병호제兵戶制로, 국가 세입은 호조제戶調制라는 선진 시스템으로 해결했다. 인사도 시스템으로 처리해 나갔다. 창립자 오너인 조조가 30여 년 동안 진두지휘하며 그렇게 만들어 놓은 것이다. 조조 자신이 앞장서 변하고 조직을 개혁했다. 새로운 시스템을 끊임없이 만들고 효율적 운용에 앞장섰다.

조조가 더 훌륭한 점은 후계 구도를 잘 짜고 성공적으로 정착시킨 점이다. 위대한 경영자도 후계 구도에 실패하여 기업을 단명에 그치게 한 경우가 많다. 따라서 경영자의 평가는 후대까지 봐야 한다는 말이 있다. 본인이 아무리 잘해도 후계 포석을 잘못하면 위대한 창업이 물거품이 된다. 너무 늦게까지 권력을 놓지 않거나 후계자를 잘못 선택하면 그렇게 되기 쉽다. 권력의 승계는 미묘한 문제이므로 드러내 놓고 준비하기 어렵다. 창업자들은 권력의 누수를 매우 싫어한다. 섣불리 하면 큰 혼란과 희생자가 생긴다. 중국 역사를 보면 황태자 가운데 역모를 꾸몄다 하여 죽임을 당한 사람이 많다. 순조로운 승계가 되려면 물려주는 권력자가 잘해야 한다. 우선 물려주기 위하여 권력을 나눈다는 생각을 갖고 그런 준비를 착착 해야 한다. 가장 중요한 것은 후계자를 잘 고른 뒤 잘 훈련시켜야 하는 것이다.

조조는 정에 치우치지 않고 냉정히 후계자를 정해 단련시켜 나갔다. 죽기 9년 전에 조비를 부승상副丞相 겸 오관중랑장五官中郞將으로 삼아 후계 구도를 가시화했다. 오관중랑장은 황궁 경호와 상벌을 관장하는 힘 있는 자리였다. 또 파격적으로 조비에게 관서를 설치할 권한을 주어 산하에 많은 인재를 두고 쓸 수 있게 했다. 조조 왕조가 대대손손 계속된다는 것을 천하에 알리기 위해 황제의 권한을 차츰 줄이면서 조비가 대신하게 했다. 뿐만 아니라 많은 인재를 붙여 조비를 뒷받침하게 했다.

조조가 조비에게 남긴 유산 중 가장 값진 것이 좋은 인재 풀pool이란 평가도 있다.

그런 점에서 조조는 촉나라의 유비나 오나라의 손권에 비해 월등했다. 유비나 손권은 후계 구도 마련에 성공했다고 할 수 없다. 말년에 총명을 잃었기 때문이다. 아무리 훌륭한 경영자라도 말년에 총명을 잃어 엉뚱한 짓을 하거나 기업을 위기로 몰고 가는 경우가 많다. 자수성가하여 당대에 대기업을 일으킨 창업자일수록 그럴 가능성이 크다. 평생을 세상이 안 된다고 하는 것에 맞서 성공한 사람들이므로 매우 고집스럽다. 성공한 말년엔 남의 말을 잘 듣지 않을뿐더러 잘못을 충고해 줄 사람도 없다. 그야말로 벌거벗은 임금님이 되는 것이다. 이때부터 위기가 시작되는데 그나마도 조직과 시스템이 잘 되어 있으면 괜찮지만 1인 독재 경영을 해왔으면 파국으로 치닫게 된다.

20세기의 가장 위대한 경영자로 꼽히는 포드 자동차의 헨리 포드도 말년엔 여러 가지 실수를 했다. 아들에게 사장직을 물려주고도 권한을 주지 않고 호되게 대하는 바람에 아들이 번민하다 일찍 죽었다. 포드 1세는 정치에 깊이 간여하여 히틀러를 찬양하고 유대인을 배척하는가 하면 상원의원 선거에 출마하여 낙선하기도 했다. 말년엔 갱을 동원하여 노조를 무자비하게 탄압했다. 헨리 포드가 망령을 부리니 포드 자동차는 엉망이 되었다. 당시 2차 대전을 치르고 있던 미국은 핵심적 군수 공장인 포드 자동차가 망가지는 것을 볼 수 없어 해군에 복무하고 있던 포드의 손자 헨리 포드 2세를 조기 제대시켜 회사를 정비토록 했다. 포드 2세가 포드 자동차에 돌아와 보니 회사 속사정이 엉망이었다 한다. 포드 2세는 담판하다시피 하여 할아버지가 회사 일에서 손을 떼게 했다. 그리고 전면적인 개혁에 착수하여 빈사상태에 들어갔던 회

사를 살려 놓는다.

조조는 위대한 일을 많이 했지만 몇 가지 실수도 했다. 그러나 나라가 망할 만큼 치명적인 것은 아니었다. 큰 전략으로는 적벽대전의 실패를 들 수 있다. 만약 가후의 계략대로 형주를 점령한 후 선정을 베풀고 인심을 끌어 모으면서 손권을 달래는 장기 전략을 썼더라면 군사적 대패 없이 강동을 흡수할 수 있었을지 모른다. 당시 조조는 강적 원소를 무찌른 데다 형주를 무혈점령하여 자신만만한 상태였다.

조조의 두 번째 실책은 한중 지방의 장로를 정벌하고 나서 그대로 개선한 것이다. 당시 유비는 익주益州에 들어가 유장을 쫓아내고 촉나라를 겨우 점령했을 때였다. 이때 조조가 그냥 돌아가려 하자 사마의 같은 참모가 말린다. 유비가 아직 촉나라의 인심과 기반을 확실히 잡지 못했으므로 내친 김에 촉나라에 쳐들어가면 쉽게 점령할 수 있다고 했다. 이때 조조는 오랜 전쟁에 지쳤는지 험준한 촉나라의 산세에 놀랐는지 욕심이 지나치면 안 된다며 깨끗이 귀환한다. 물론 조조가 촉나라에 쳐들어갔다 해도 꼭 성공했다는 보장은 없지만 이때 준비가 덜 된 유비를 깼더라면 위나라의 삼국 통일은 훨씬 쉬웠을 것이다.

이와 관련해 촉나라 유장의 고관 가운데 장송張松이라는 사람이 익주 땅을 바칠 생각으로 촉나라의 상세한 지도를 갖고 조조를 찾아왔으나 잔뜩 푸대접을 받고 유비에게 가버린 사건이 있었다. 조조도 말년이 되니 오만해져 굴러온 떡을 차버린 격이라 할 수 있다. 그 뒤 얼마 안 되어 유비가 힘을 길러 한중 쪽으로 나오는 바람에 조조는 힘에 부쳐 한중을 빼앗기고 만다. 이때도 조조는 상황을 정확히 파악하여 한중을 깨끗이 내주고 철수한다. 진 싸움에 연연해 하지 않는 전략적 후퇴로 훗날을 도모하는 것이 조조의 훌륭한 점이다. 진 싸움을 오판하거나 체면 때문에 질질 끌려 들어가기 쉬운데 조조는 그때마다 정확한 판단과 결단을 보여준다.

 기업에서도 마찬가지다. 어차피 안 될 사업은 빨리 단념해야 하나 그게 쉽지 않다. 한국에서도 외환위기 이후 망해가는 사업에 미련을 갖거나 결연하게 정리를 못하여 기업 본체가 기울어지는 사례가 많았다. 대우그룹이 대표적인데 외환위기 후 세상이 변한 걸 너무 쉽게 생각했다. 그야말로 천지개벽하듯 바뀌었는데 여전히 옛날식으로 빚으로 덩치를 키워갔다. 그리고 정부와 금융기관의 지원을 받아 유지하려 했다. 만약 그때 상황을 일찍 파악하고 자동차 등 핵심 기업을 중심으로 사업을 정비했더라면 대우그룹이 그토록 허망하게 무너지지 않았을지 모른다. 당시 대우의 재무구조는 매우 나빴지만 국제적 인맥이나 좋은 인재, 브랜드 가치, 풍부한 경험 등 무형재산이 많았다.

 실패를 자산으로 돌리는 능력이 뛰어난 것도 조조의 큰 장점이다. 조조는 실패했으면 반드시 원인을 찾아 두번 다시 되풀이하지 않도록 했다. 항복한 장수를 믿었다가 갑자기 기습을 받고 죽을 뻔한 후에는 "내가 빨리 인질을 취하지 않는 실수를 저질렀다. 다시는 그러지 않겠다"고 다짐했다. 그 뒤부턴 조조는 승리한 후의 마무리를 철저히 하여 뒤통수를 얻어맞는 실수를 범하지 않았다. 한번은 적군의 기병 전술에 혼이 난 후 기병에 이길 수 있는 전술을 개발하여 다음엔 이길 수 있었다. CEO라면 반드시 배우고 갖추어야 할 점이다. 이러한 능력은 오랜 노력의 결과라고 할 수 있다.

 조조는 전투를 몸소 지휘하면서도 책을 손에서 놓지 않았다 한다. 조조는 유명한 병법가 손자孫子의 책을 독파하여 그 해설서를 펴내고 그것을 부하들이 읽게 했다. 손권이 부하 장군에게 "조조는 전쟁터에서도

석양의 황하 삼국시대 황하는 문명의 중심지로 뭇 영웅호걸들이 쟁탈전을 벌였다. 위나라 조조는 황하 주변의 중원지방을 장악하여 주도권을 잡았다.

책을 손에서 놓지 않는다 하니 너희들도 부지런히 책을 읽으라"고 지시했다 한다.

　조조는 또 유명한 시인이었다. 조조가 원소의 잔당을 소탕하러 멀리 북쪽 오환鳥桓 지방에 갔을 때, 적벽대전 때, 또 마초를 치러 서량지방에 갔을 때 지은 시가 아직도 많이 남아 있다. 유비나 손권이 시를 지었다는 기록은 없다. 기술에도 밝아 큰 공사를 할 때 일일이 지시하고 감독하였다 한다. 지식이나 교양 면에서 조조가 단연 앞섰다고 볼 수 있다. 조조는 시를 통해 주위의 공감을 얻어내기도 하고 당대의 지식인 명사들과 당당히 문화적 교류도 한 것으로 보인다. 조조의 이런 시인적 기질은 발상의 자유분방함과 소프트적인 유연성으로 연결되지 않았나 싶다. 확실히 조조의 위나라는 하드적인 면뿐 아니라 소프트적인 면에서도 강했다. 그것이 후에 삼국 통일의 에너지가 되었을 것이다.

조조도 나이는 속일 수 없었는지 말년엔 심신이 약해진다. 그래서 두통에 시달리고 헛것도 보면서 자주 몸져 눕는다. 30여 년 동안 천하를 누비며 동분서주했고 독한 짓도 많이 했기 때문인지 악몽도 많이 꾼다. 그래서 신하들이 용한 도사를 불러 제사를 지내면 어떻겠느냐고 건의한 즉 "하늘에 죄를 얻으면 빌 곳이 없다 했다. 이제까지 없던 일이 일어나는 걸 보아 내 천명이 다 된 듯싶다. 그냥 내버려 두라"며 듣지 않는다. 역시 조조다운 기개요, 발상이다.

조조는 병이 깊어 다시 일어날 가망이 없음을 깨닫고 죽음을 맞이할 준비를 한다. 우선 조홍, 사마의, 가후, 진군陳群 등 중신들을 병상에 부른다. "내가 아무래도 다시 일어나기 어려울 것 같다. 특히 그대들에게 집안일을 부탁하니 잘해 주기 바란다. 나의 맏아들 앙昻은 유씨의 소생이나 일찍 전장에서 죽고 이제 내 아들은 변씨에게서 태어난 비丕, 창彰, 식植, 웅熊뿐이다. 그 가운데 평생 식을 사랑했으나 술을 좋아하고 성질이 허황하여 세자로 세우지 않았다. 창은 용맹스러우나 꾀가 모자라고 웅은 몸이 너무 약하다. 장자인 비가 관후하고 성실하여 백성을 아낄 것이니 내 뒤를 이을 만하다. 그대들은 그를 잘 도와 큰일을 이루게 하라"고 분명히 선언한다. 매우 잘된 선택이었다. 조비는 정치력과 결단력을 갖춘 데다 문화적 교양도 있어 물려받은 위나라를 잘 승계, 발전시켰다.

조조는 죽음에 즈음해 "지금은 비상시국이니 내가 죽은 후 일선 장수들은 임지를 떠나지 말고 맡은 직분을 충실히 지키라. 또 나의 장례도 화려하게 하지 말고 검소하게 하라"고 지시한다. 또 비축해 두었던

좋은 향을 가져오게 하여 자신을 섬기던 여인들에게 나누어 주며 "내가 죽은 뒤에 너희는 부지런히 바느질을 배워 길쌈을 많이 하고 비단 신발 같은 것을 만들어 팔면 살아갈 수 있을 것이다"라고 세심한 당부를 잊지 않았다. 마지막으로 조조는 "내가 죽음을 앞두고 마음에 꺼리는 것은 별로 없으나 다만 저승에 가서 아들 앙을 만났을 때 우리 어머님은 어디에 계십니까 하면 무슨 말을 할꼬"라고 했다 한다. 친자식처럼 키워 앙이 무척 따랐으나 앙이 죽고 난 뒤 조조와 헤어진 정丁씨 부인을 일컫는 말이다. 조조는 정씨 부인과 헤어졌지만 늘 마음속으로 생각하고 있었던 것 같다. 그래서 그 뜻을 자식들에게 전했는지 모른다. 조조는 죽음에 임해서도 여러 가지 일을 당부하고 마무리를 깨끗이 하고 간 것이다. 참으로 당대 제일의 영웅의 모습이다. 살아 있을 때나 죽을 때나 후계자를 위한 준비에 있어, 또 아랫사람에 대한 인간적 배려에 있어 위대한 CEO의 표상을 보여준 것이다.

정사 『삼국지』의 저자 진수陳壽는 "조조는 싸움에 임해서도 서두름이 없었으나 변화가 무쌍하여 기회를 놓침이 없고 재주 있는 자를 발탁해 일을 맡겼다. 자신의 감정을 억누르고 냉정한 계산에 따랐으며 재능이 있으면 사소한 일을 염두에 두지 않았다. 조조가 큰일을 할 수 있었던 것은 그릇이 크고 지략이 뛰어났기 때문이다. 한마디로 조조는 비범한 인물로서 시대를 초월한 영웅이라 할 수 있다"고 종합 평가했다.

제2부 劉備 유비 편

위대한 경영자는 당장 손해를 보더라도 이상과 원칙을 지키는 뱃심과 결의가 필요하다. 적당히 타협하면 보통의 경영자는 될 수 있어도 위대한 경영자는 될 수 없다. 유비가 실천한 원칙이나 바른 길은 당장은 바보스럽고 답답해 보이지만 길게 보면 오히려 좋고 빠른 길이 되었다. 제갈공명이나 방통龐統 같은 참모가 좋은 계책을 건의해도 유비가 차마 인의상 그럴 수 없다고 거절하여 애를 먹고 답답해 하는 장면이 많이 나오는데, 길게 보면 유비의 판단이 옳은 경우가 많았다. 유비는 마음대로 판단하고 행동해도 도리에 맞고 지혜롭다는 최고의 경지에 자신도 모르게 도달해 있었던 것이다. 유비야말로 타고난 CEO라 할 수 있다.

11 깊고 큰 그릇의 CEO 유비
어진 인품으로 인재 보듬고 대기만성 창업

『삼국지』의 세 주인공 조조·손권·유비 중 유비만큼 불가사의한 인물도 없다. 물려받은 유산이 대단했던 것도 아니고 전란 때의 큰 자산인 무용이 뛰어났던 것도 아니다. 또 집안이 좋거나 일족이 많았던 것도 아니다. 그야말로 맨주먹으로 일어나 천하의 3분의 1을 차지했다. 한낱 시골의 협객으로 있다가 20대에 처음 군사를 일으키지만 40대 후반까지 변변한 근거지를 마련하지 못하고 천하를 떠돌았다.

유비는 맨처음 공손찬에서 시작해 도겸·여포·조조·원소·유표·손권 등의 신세를 졌다. 신기한 점은 신세를 지면서도 상대방이 매우 무겁게 대했다는 것이다. 오히려 신세를 베푸는 쪽에서 더 못해줘 안달을 하고 애써 붙잡아 두려 했다. 세력에 비해 명성이 높아 군웅들이 유비와 다투어 사귀고 자기 편으로 만들려 했다. 브랜드 이미지가 매우 높은 경영자였다.

유씨로서 황실의 종친이라는 후광도 있었지만 그것이 전부는 아니었

다. 유비 스스로가 쌓아 올린 명망이 절대적이었다. 정사『삼국지』를 보면 "유비는 키가 7척 5촌(약 1m 80cm)이고 손을 아래로 내리면 무릎까지 닿았다. 게다가 귀가 커서 눈을 돌려 자기 귀를 볼 수 있었다. 평소 말수가 적고 기쁨이나 노여움을 얼굴에 나타내지 않았다"라고 기록되어 있다.

당시의 실력자 조조는 유비를 자기 사람으로 만들기 위하여 온갖 정성을 다했다. 유비가 곤궁한 신세가 되어 자기 진영에 와 있을 때도 늘 상객 대우를 하여 같은 수레를 타고 같은 상석에 앉았다 한다. 여포는 당시 자기 이익에 따라 수시로 주인을 바꾼 매우 의리 없는 사람이었는데 유비에게만은 호의를 보이고 잘해 주었다.

유비는 오랫동안 근거를 못 잡고 뿌리 없이 부평초처럼 떠돌았지만, 다른 군웅들이 다 멸망한 뒤에도 조조·손권과 더불어 셋만 남아 삼국 정립 시대를 열었다. 여러 군웅 사이를 떠돌며 필요에 따라 배신도 했지만, 늘 점잖고 훌륭한 사람으로 대접받았다. 본인도 늘 인의仁義를 입버릇처럼 되뇌이고 지금도 세 사람 가운데 가장 인의군자仁義君子로 평가받는다.

유비를 한번 보면 대개 그의 인품에 반한다. 유비가 그토록 궁핍하게 지낼 때도 천하의 인재들이 유비 곁을 떠나지 않았다. 처음부터 의형제를 맺고 생사고락을 같이하기로 한 관우關羽·장비張飛는 말할 것도 없고 조자룡趙子龍·제갈공명諸葛孔明·법정法正 등 당시 초일류 인재들이 모두 유비가 별 볼일 없을 때 모인 사람들이다. 이상과 원칙을 따지는 바른 선비에서부터 책략과 패도霸道를 서슴지 않는 책사策士에 이르기까지 청탁불문하고 모여들었다. 이들이 만약 다른 사람에게 갔더라면 파격적 대우를 받았을 것이다. 요즘으로 치면 초일류 대기업을 마다하고 유비라는 CEO만 보고 장래를 알 수 없는 벤처기업에 몸을 던진 격이다.

　당시는 좋은 주인과 더 나은 대우를 찾아가는 인재들의 이합집산이 심할 때인데도 유비에게 한번 온 사람은 좀처럼 떠나지 않았다. 개성이 독특한 이들을 잘 달래 조화를 이루고 상승에너지를 내게 하는 유비의 능력은 가히 천재적이다. 타고난 리더십이요, 인간적 매력이라고 할 수 있다.

　흔히 조조는 천시天時를, 손권은 지리地利를, 유비는 인화人和를 얻었다고 말한다. 조조는 타고난 영명함으로 천하대세를 잘 읽어 편승했고, 손권은 물려받은 인재와 강동江東의 천험天險을 적절히 살려 수성을 잘 했으며, 유비는 아무 가진 것 없이 인재를 잘 써 큰일을 했다는 비유일 것이다. 조조나 손권에게는 총명함이나 결단과 아울러 냉혹함이 느껴지는 반면 유비에겐 따뜻함이 있다. 유비는 어떤 땐 공사가 불분명할 정도로 정情에 끌리는 경우가 많다.

　조조가 법가적 엄격함으로 철저한 능력주의를 채택한 데 비해 유비 집단은 인정과 의리로 뭉쳤다고 할 수 있다. 유비는 한번 인연을 맺은 사람과 끝까지 같이 갔다. 세력이 보잘것없을 때나 촉나라의 황제가 되었을 때나 한결같았다. 대개 지위가 높아지면 옛날 사람이 불편해지는 법인데 유비에겐 그런 게 없었다. 제갈공명 같은 2인자를 끝까지 곁에 두고 쓰는 여유와 그릇은 정말 위대하다 할 것이다.

　대개 위대한 창업자는 고생은 같이 해도 같이 즐기지는 못한다는 말이 있다. 권력과 부는 나누지 못하는 것이다. 그래서 보통 창업의 기틀이 잡히고 나면 대대적인 숙청이 벌어진다. 제왕의 권위와 절대권을 확보하기 위해서다. 유비가 항상 배우려 했던 한고조 유방도 창업 후엔 공신들을 대대적으로 숙청했다. 조조도 창업 공신을 많이 핍박했고, 손

유비 상 성도 무후사에 있는 유비 상. 금빛 좌상으로 인자하고 관대한 모습이다.

권은 말년에 의심이 많아져 공신들을 못 살게 굴었다. 그러나 유비가 창업 공신들을 죽이거나 핍박한 예는 거의 없다. 고생도 같이 하고 부귀도 같이 나눈 것이다.

유비는 전란의 와중에서도 원칙과 도의 겸손을 지키려고 애를 썼다. 그래서 유비를 덕德 있는 사람이라 일컫는다. 그것이 유일한 비교우위라고 할 수 있다. 유비 스스로 "조조는 다그치지만 나는 너그러우며, 조조는 사납지만 나는 어질며, 조조는 속임수를 쓰지만 나는 정성스럽다"고 말한 바 있다. 다른 사람과 같이 권모술수로 승부를 겨루었으면 경쟁에서 이길 수 없었을지도 모른다. 다른 사람이 안 세우는 덕을 무기로 내세웠기에 천하의 주목을 받고 사람을 모을 수 있었을 것이다.

조조나 손권이 고향을 근거로 패업을 이룩한 데 비해 유비는 전혀 연고가 없는 땅에서 시작했다. 첫 둥지를 튼 형주는 말할 것도 없고 왕국을 세운 익주도 전혀 연고가 없는 곳이다. 오로지 사람만을 믿고 근거를 마련한 것이다.

유비가 인의와 덕을 내세웠지만 행동도 늘 그렇게만 한 것은 아니다. 더러는 패도覇道적 요소도 없지 않았다. 그러나 그것은 불가피한 예외에 불과하고 대부분 정도正道로 가려고 했다. 그 어려운 전란 중에도 이상과 꿈을 갖고 바른 길을 가려 하고 또 실천한 유비의 존재가 돋보인다.

당시의 실력자 조조에게 굴복하지 않고 끝까지 대항한 유일한 사람이 바로 유비다. 한실漢室 부흥을 외치는 유비로선 한나라를 찬탈하려는 조조에게 굴복할 수가 없었던 것이다. 오나라 손권은 처음엔 결연히 싸웠지만 나중엔 조조에게 굴복해 신하가 될 터이니 황제가 되라고 권한 바 있다.

위대한 경영자는 당장 손해를 보더라도 이상과 원칙을 지키는 뱃심

과 결의가 필요하다. 적당히 타협하면 보통의 경영자는 될 수 있어도 위대한 경영자는 될 수 없다. 유비가 실천한 원칙이나 바른 길은 당장은 바보스럽고 답답해 보이지만 길게 보면 오히려 좋고 빠른 길이 되었다. 제갈공명이나 방통龐統 같은 참모가 좋은 계책을 건의해도 유비가 차마 인의상 그럴 수 없다고 거절하여 애를 먹고 답답해 하는 장면이 많이 나오는데, 길게 보면 유비의 판단이 옳은 경우가 많았다. 유비는 마음대로 판단하고 행동해도 도리에 맞고 지혜롭다는 최고의 경지에 자신도 모르게 도달해 있었던 것이다. 유비야말로 타고난 CEO라 할 수 있다.

유비는 당시로선 변방에 속했던 북쪽 사람이다. 북경에서 남쪽으로 약 400리 떨어진 탁군涿郡에서 태어나고 자랐다. 당시 황제였던 유씨劉氏 집안이라 하나 유비가 태어났을 땐 가세가 기울어 시골 가난뱅이에 불과했다. 할아버지와 아버지 대엔 지방의 말단 관리를 지냈고 유비는 노모를 모시고 짚신과 돗자리를 팔아 집안을 돌보았다.

당시 시골에선 협객俠客이라 하여 장터의 질서를 잡아주고 거간 노릇도 하는 사람들이 있었는데 유비도 그런 일을 하지 않았나 짐작된다. 이들은 임협任俠의 무리라 하여 의리를 중시하고 어려운 사람을 돕고 나쁜 사람은 응징하는 역할을 했다. 유비는 고향에서 임협 무리의 리더로서 힘깨나 쓴 것 같다. 한고조 유방도 시골의 미관말직인 정장亭長을 지내면서 임협 무리를 이끌다가 군사를 일으켜 한나라를 세우고 황제까지 된 인물이다.

당시는 한나라 말기로 나라가 몹시 어지러웠다. 농민반란군인 황건적黃巾賊이 창궐하여 나라에서 의용군을 모집한다. 유비는 고향에서 의용군에 참가하게 되는데 이때 관우·장비와 더불어 유비의 이름이 처음 역사에 등장한다.

유비의 평생을 보면 신기하게도 도와주는 사람이 많다. 필요할 땐 꼭 누군가 나서서 도와준다. 강제한 것도 아닌데 유비를 보고 흔쾌히 돕는다. 그때 유비는 정말 별 볼일이 없어 장래에 대한 투자라고 보기는 어렵다. 하늘이 준 복이라고 할 수밖에 없다. 유비는 가난하게 살았지만 당당하고 뜻이 높았다. 무언가 귀하고 남을 압도하는 기운이 있었다 한다. 장차 천자天子가 될 사람이니 범상치 않은 기상이 풍겼을지 모른다.

유비 자신은 조용하고 의젓했지만 남다른 데가 있었다. 어릴 때 유비가 태어나고 자란 시골은 뽕나무가 많아 누상촌樓桑村이라 했는데 바로 집 뒤에 큰 뽕나무가 한 그루 있었다. 그것이 마치 큰 우산을 펴 놓은 것 같은 모양이어서 한번은 용한 도사道士가 지나가다 이곳에서 매우 귀한 사람이 날 것이라고 예언을 했다 한다. 유비는 동네 아이들과 놀면서 "나는 크면 저 뽕나무처럼 생긴 깃털 달린 수레를 탈 거야"라고 자랑을 했다. 바로 천자가 타는 수레였다. 그 소리를 들은 유비의 숙부는 기겁을 하고 "네가 우리 집안을 망하게 할 참이냐"며 엄하게 꾸짖었다. 당시는 그런 무엄한 말이 알려지기만 해도 집안이 쑥밭이 되던 시절이었다. 그 숙부는 유비의 첫 후원자가 되어 두고두고 보살펴 준다.

15세가 되자 유비는 유명한 스승 밑으로 유학을 떠나는데 이때 자기 아들과 똑같이 학비를 부담한다. 유비의 집안 형편으론 학비를 댈 수 없었다. 다 어렵던 시절이라 그 숙모가 "우리 아들도 아닌데 그렇게까지 해 줄 필요는 없지 않아요" 하고 불평을 한즉, 숙부는 "두고 보시오. 저 아이가 우리 집안을 일으킬 것이오"라고 장담했다 한다.

이때 유비는 고명한 선비이며 고관을 지낸 노식盧植의 문하로 들어가는데 그것이 장차 큰 자산이 된다. 이때 같이 공부한 명가집 자제 공손

관우(왼쪽) 수염을 어루만지고 있는 적벽대전기념관의 관우상. 관우는 길고 아름다운 수염을 매우 자랑스러워 했다고 한다.

장비 적벽대전기념관의 장비상. 특기인 장팔사모 대신 칼을 쥐고 있는 예외적인 모습이다.

찬은 유비를 동생같이 돌보아 주고 유비가 한창 어려울 때 재기의 발판을 만들어 준다.

　황건적 토벌 의용군에 참가할 때도 장세평張世平과 소쌍蘇雙이라는 시골 상인이 군자금을 대준다. 당시는 병사를 모으고 무기, 말, 갑옷을 마련하는 비용은 각자 대야 했는데 가난한 유비에게 그런 돈이 있을 턱이 없었다. 유비는 당시 시골에서 관우·장비와 같이 어울린 것으로 보이는데 이들도 가난하기는 마찬가지였다. 당시 시골에서 장사를 하려면 그 지방 협객들의 도움이 필요했는데 유비는 이들을 점잖게 도와주었지 않나 짐작된다. 그래도 전장에 나가는 유비에게 그만한 거금을 대주기는 쉽지 않았을 것이다. 유비의 타고난 복이라 할 수 있다.

　세 사람은 의를 위하여 목숨을 바치되 태어날 땐 달랐지만 같이 죽기로 맹세하며 의형제를 맺는다. 복숭아꽃이 활짝 핀 뒤뜰에서 맹세를 했다 하여 도원결의桃園結義라 하는데 그 의리는 죽을 때까지 간다. 관우는 생각이 깊은 데다 무예가 뛰어났고 장비는 의리가 있으면서 힘이 장사였다. 싸움터에선 만 사람을 당할 수 있는 당대 제일의 무장인 두 사람이 모두 유비에게 반해 평생 수족같이 모신다. 당시 유비는 정말 별 볼 일 없었는데 이들이 어떻게 유비에게 그토록 심복하게 되었는지 신기할 정도다. 두 사람의 의리와 충성심은 죽을 때까지 변하지 않는데 정말 유비의 대단한 신통력이다. 돈이나 지위를 준다고 되는 것도 아니고 잘해 준다고 되는 것은 더욱 아니다. 유비의 타고난 자질이라고밖에 설명이 안 된다.

12 솜에 싸인 강철 유비
너그럽고 겸손하지만 결정적 순간엔 행동

劉備 유비의 일생을 보면 부드러운 것 같으면서도 강하고, 강한 것 같으면서도 부드러운 특성이 곳곳에서 드러난다. 아무 기반도 없이 맨주먹으로 일어나 그만한 패업霸業을 이루려면 그런 신축자재함이 불가피했을 것이다. 상황에 따른 빠른 변환變幻은 위대한 경영자의 자질이다. 강한 참나무는 센 바람에 부러지기 쉽지만 부드러운 갈대는 흔들릴 뿐이라는 말이 있다.

유비는 적당히 고개를 숙일 줄도 때를 기다릴 줄도 알았다. 그러나 천하거나 비굴하지 않았다. 지향하는 바와 원칙이 분명했기 때문이다. 마음속에 큰 뜻과 정열을 품고 있으면서도 겉으론 매우 부드럽고 온화했다. 그것이 유비의 매력이고 강점이었다. 자기 몸을 낮추는 겸손과 높은 내공 없이는 불가능한 일이다. 유비는 솜에 싸인 강철이란 비유를 들었다. 오늘날의 중국을 만든 개혁의 설계사 덩샤오핑鄧小平도 마오쩌둥毛澤東으로부터 그런 말을 들었다.

유비의 행적을 보면 평소엔 매우 부드러우나 결정적인 순간엔 원칙을 고집한다. 보통 사람들은 대개 반대로 행동한다. 큰일엔 원칙을 따르지 않으면서 대세와 관계없는 일에 완고한 것이다.

유비가 황건적 토벌에 참가한 공로로 작은 마을의 벼슬을 할 때였다. 작은 고을을 다스리면서 선정을 펴다 보니 백성들도 따르고 인망도 높아졌다. 이때도 관우·장비 등 의형제에게 군사를 맡기고 침식을 같이 했다. 아랫사람이라 하여 구별하지 않고 동고동락하는 것이 유비의 특성이고 장점이다. 인간적 매력이기도 하다. 그때 중앙에서 감독관이 내려왔다. 이 감독관은 은근히 뇌물을 바라면서 유비에게 압력을 가했다. 처음엔 대화로 문제를 풀어보려 했던 유비는 감독관이 너무 심하게 굴자 분노가 폭발하고 만다. 감독관을 숙소에서 끌고 나와 나무에 묶어 놓고 죽지 않을 만큼 매질을 한다. 고을 사람들도 감독관의 행패를 아는지라 말리는 사람이 없었다. 시골 협객 출신인 유비로선 참을 수가 없었을 것이다. 평소 무척 온화하지만 원칙에 어긋나면 가차없었다. 벼슬을 던질 각오로 부패 관리를 응징한 것이다.

유비는 관리의 상징인 인수印綬를 감독관의 목에 걸어 놓고 의형제들과 함께 정처 없는 길을 떠난다. 벼슬자리에 연연해 타협했더라면 그 후의 유비는 없었을 것이다. 보통은 참고 견디지만 결정적일 때 모든 걸 던질 줄 아는 사람이 아니면 위대한 경영자가 될 수 없다. 소설 『삼국지』에선 감독관을 매질한 사람은 성질 급한 장비로 되어 있다. 그것은 인자한 유비의 이미지를 훼손하지 않기 위하여 그렇게 꾸민 것이라 한다.

유비는 큰일에 원칙을 지키다 보니 의외의 수확을 거두는 경우가 많았다. 작은 것을 버리니 큰 것이 들어오는 것이다. 감독관을 매질하고 떠난 유비는 북쪽 변방 유주幽州 일대에 세력을 형성하고 있던 공손찬

을 찾아간다. 유비와는 노식 밑에서 동문수학同門修學하던 사이다. 유비보다 나이가 많았던 공손찬은 유비를 늘 동생처럼 돌보아 준다. 공손찬은 그때 원소와 싸움을 벌이고 있었는데 유비는 공손찬의 용병대장이 되어 몇 번의 싸움에서 큰 공적을 세운다. 아마도 무용武勇이 뛰어난 관우와 장비의 활약에 힘입지 않았나 생각된다.

그 공으로 유비는 평원平原이라는 조그만 마을의 책임자가 된다. 유비는 그 마을을 잘 다스려 그 일대에서 인망이 높아졌다. 그때 이런 일화가 있다. 유비가 평원의 책임자가 되자 옛날부터 세력을 부리던 사람이 유비를 죽이기 위해 자객을 보낸다. 그 자객은 유비를 한번 보고는 "나는 당신을 죽이러 왔지만 백성들이 많이 따르고 막상 당신을 보니 도저히 죽일 마음이 나지 않는다"고 고백하고 사라졌다 한다.

이때 서주徐州의 도겸이 조조의 공격을 받아 도움을 요청해 왔다. 조조·원소·공손찬이 물고 물리는 싸움을 벌일 때였다. 유비는 공손찬의 의뢰를 받아 1,000여 명의 군사를 이끌고 서주로 갔다. 서주에 도착하자 유비는 도겸과 서주 사람들의 열렬한 환영을 받는다. 또 인심도 크게 얻는다. 모두 유비를 흠모하고 따른다. 정말 남다른 인덕人德이다.

유비가 간 지 얼마 안 되어 도겸이 중환에 걸렸다. 도겸은 측근을 불러 모으고는 "이 서주를 지켜 백성들을 보호할 사람은 유비 장군밖에 없으니 내가 죽은 후 그를 모시라"고 말하곤 유비에게 서주를 맡아 달라고 간곡히 부탁한다. 유비는 자기는 그럴 자격이 없다고 사양한다. 도겸이 죽자 서주 막료들이 유비에게 도겸의 후임이 되어줄 것을 간청했으나 여전히 사양한다. 막료들이 계속 매달리고 천하의 명망가로 이름이 높던 북해 태수 공융까지 나서 "지금 당신이 서주를 맡는 것은 하늘의 뜻이다. 하늘의 뜻을 거스르면 다음에 후회해도 소용없을 것이다"며 권한다. 유비의 세력은 보잘것없었지만 이때 이미 명성이 높았던 것이다.

신중한 유비는 부근을 지배하던 원소에게도 의향을 물어본다. 당시 원소는 조조보다 더 큰 세력이었는데 유비가 서주를 다스리는 데 이의가 없다는 뜻을 전해 온다. 그때서야 유비는 서주를 맡아 다스리기 시작한다. 유비가 정말 사양할 마음이었는지 한번 제스처로 그렇게 해본 것인지 알 수 없지만 그런 사양의 과정을 거쳤기에 안팎으로 높은 지지를 받으면서 서주를 차지할 수 있었다.

서주의 유지 중 미축麋竺이라는 재산가가 있었는데 이때 유비의 인품에 반하여 자기의 전 재산을 군자금으로 내놓고 유비를 지원한다. 또 자기 누이를 유비의 아내로 준다. 이 인연으로 미축은 자기의 재산과 기득권을 모두 포기하고 유비를 따라 천하를 떠돈다. 미축은 죽을 고비를 몇 번이나 넘기며 촉나라까지 따라가 유비의 중신이 된다. 유비에겐 그런 충신이 많다.

유비의 신세가 곤궁해 조조에게 얹혀 있을 때였다. 조조는 유비를 잡아 놓기 위하여 갖은 호의를 다 보였다. 유비를 황제에게 데려가 벼슬을 얻어주기도 하고 자신도 유비를 귀한 상객으로 대우했다. 당시 인망이 높던 유비를 수하에 두면 조조의 위신이 크게 올라간다. 정치 기반도 튼튼해질 터였다. 만약 이때 유비가 조조 밑에 안주했더라면 유비는 그야말로 안정되고 편안한 삶을 누렸을 것이다. 유비와 함께 있던 관우·장비 등도 마찬가지다. 그러나 유비는 단연 편안한 삶을 버리고 조조 밑을 떠난다. 어떤 고난이 닥칠지 모르지만 조조 밑에 있는 것은 유비의 큰 포부와 원칙에 맞지 않았던 것이다. 유비에겐 한실을 부흥시키고 전란에 빠진 백성을 구한다는 원대한 꿈이 있었다. 한나라의 신하이면서 황제에 불충하고 전횡을 일삼는 조조라는 사람에게 어찌 순종할

수 있겠는가 하는 것이 유비의 생각이었다.

유비는 보통 때는 매우 관대하고 인자하지만 결정적일 땐 냉정한 결단을 내린다. 여포는 『삼국지』에 나오는 무장 중 가장 싸움을 잘하고 용감한 인물로 평가된다. 혼자서 유비·관우·장비 세 사람을 상대로 막상막하의 싸움을 벌이는 장면이 나온다. 변방 출신이라 말을 잘 타고 기병전술에 능했다. 뛰어난 무용에 비해 욕심이 많고 의리가 없어 따돌림을 많이 당했다. 동탁의 꾐에 빠져 양아버지인 정원丁原을 죽이고 동탁에게 갔고 그 뒤 왕윤과 결탁하여 동탁을 죽이기도 했다. 그 여포가 한때 오갈 데가 없어 유비가 거두어 주었더니 오히려 유비의 근거지를 빼앗아버리기도 했다. 그 와중에서 유비는 두 번이나 가족을 버리고 도망을 갔는데 여포는 유비의 가족을 보호한다. 어쩐 일인지 여포는 평소에도 유비에게 호의를 보였었다. 그것도 유비의 인덕이다.

그 여포가 결국 조조와의 싸움에서 패해 사로잡히고 만다. 이때 유비는 조조 편이어서 승자의 입장이었다. 조조와 유비가 나란히 앉은 곳으로 꽁꽁 묶여 끌려 온 여포는 목숨을 애걸한다. "지금 조공曹公은 천하를 노리고 있는데 저를 부하로 써주십시오. 제가 기병사단을 이끌고 조공을 도우면 천하무적이 될 것입니다" 하고 애원한다. 사람 욕심이 많은 조조는 약간 마음이 동해 유비를 쳐다본다. 유비만 거들면 여포는 목숨을 구할 판이었다. 그러나 유비는 냉정하게 "옛날 정원과 동탁의 일을 상기해 보십시오" 하고 외면해버린다. 조조는 문득 깨달은 듯 끌어내 죽이라고 명령한다. 여포는 끌려가면서 "내가 얼마나 도와주었는데 저 유비야말로 천하에 의리 없는 놈"이라며 고래고래 고함을 지른다. 유비는 사소한 인정에 얽매이기보다 천하의 해물害物은 없애버리는 것이 좋다고 판단한 것이다.

13 유비의 불가사의한 매력
한번 보면 심복해 평생을 섬겨

『삼국지』의 세 주인공 조조·손권·유비는 모두 출중한 리더이고 또 인간적 매력이 있다. 그러나 성격이나 분위기가 약간씩 다르다. 일장일단—長—短이 있기 때문에 순서를 매기기는 어렵다. 조조가 가장 강했지만 손권·유비도 출중한 리더십을 발휘해 인재를 모으고 잘 버텼다. 당시는 훌륭한 인재들이 좋은 주인을 찾아 천하를 떠돌던 시기였다. 따라서 주인들의 그릇과 인간적 매력이 사람을 모으고 붙잡았다. 그러나 지역적 세력권은 어쩔 수가 없어 황하를 중심으로 한 중원 사람들은 조조 밑에, 장강(양자강) 이남의 강동 사람들은 손권 밑으로 많이 갔다.

처음 사람을 모을 때 조조의 집안은 돈도 많았고 번창한 집안 사람들이 중심이 됐다. 이들이 조조 군단의 모체가 된다. 나중에 많은 외부 인력들이 들어오지만 권력의 핵심은 이들이 장악했다. 소설 『삼국지』를 보면 조씨와 하후씨 성을 가진 조조 집안의 장수들이 나머지 전체 장수

들과 편을 나누어 막상막하의 무술시합을 벌이는 장면이 나온다. 그만큼 조조의 집안이 막강했던 것이다.

손권은 부친 손견孫堅과 형 손책孫策의 부하들을 고스란히 넘겨받았기 때문에 처음부터 유리한 입장에서 출발했다. 주유周瑜·장소張昭·여범呂範·정보程普·황개黃蓋 등 손권의 유능한 부하들은 대를 이어 물려받은 사람이 많다.

그런 점에서 애초 근거지가 없었던 유비가 가장 불리하였다. 그럼에도 불구하고 많은 인재가 유비 밑에 모여들고 또 끝까지 충성을 다했다. 물론 한실의 후예로서 한실의 부흥을 내세운 명분과 인의仁義를 강조한 도덕성도 좋았지만 그것만으로는 설명이 안 된다. 사람의 그릇이랄까 인망이랄까 유비의 인품에서 배어 나오는 그런 것 없이는 불가능한 일이다.

유비의 리더십은 조조의 그것과 대비된다. 사람을 붙잡고 부리는 스타일이 다르다. 그러나 사람을 알아보고 잘 부린다는 점에선 둘 다 뛰어났다. 조조는 모든 것을 스스로 기획하고 주도했다. 그만큼 머리가 뛰어나고 행동력도 있다. 부하들에게 능력을 발휘할 충분한 기회와 권한을 주고 결과를 무섭게 챙겼다. 조조 자신이 출중한 장수였다. 조조는 평생 30여 번의 크고 작은 전쟁을 치렀는데 그중 8할 정도를 이겼다. 진 전쟁에서도 조조는 패인을 철저히 분석해 다음번 승리의 자산으로 삼았다.

유비는 20번 정도의 전쟁을 치르면서 이긴 것은 절반 정도밖에 안 된다. 그것도 제갈공명과 법정 등 뛰어난 참모가 가담한 뒤에 승률이 높아진다. 유비 자신이 지휘한 싸움에서는 통쾌한 승리가 별로 없다. 장수로선 유능하다고 할 수 없는 편이다. 사실 유비는 제갈공명을 만나기 전까진 한낱 무장 집단의 우두머리에 불과했다. 근사한 명분만 있었을 뿐 장기 전략이나 시스템이 없었다. 그날그날 살기 위하여 싸우고 버티는 식이었다.

유비는 스스로 기획하고 주도하는 스타일은 아니었다. 좋은 사람을 골라 믿고 맡기는 식이었다. 유비는 자기의 한계를 잘 알아 모든 것을 다하려 하지 않았다. 그러나 아랫사람들이 최선을 다하도록 만드는 데는 뛰어난 재주가 있었다. 이른바 부하들의 에너지를 분출시키는 리더십이다.

경영자에도 여러 타입이 있다. 스스로 만기총람萬機總攬을 하려는 타입도 있고 과감히 권한이양을 하는 타입도 있다. 만기총람을 하려면 스스로 굉장히 출중하고 부지런해야 한다. 우리나라의 창업자 오너 가운데 그런 사람이 많다. 당대에 하나의 그룹을 이루려면 그런 강한 개성과 선견력, 행동력 없이는 불가능했을 것이다. 그러나 기업 규모가 커지면 적당히 권한을 위임할 줄 알아야 한다. 많은 사람이 창업을 했지만 그것을 더 키우는 데 실패한 것은 일을 분산해 맡긴다는 생각을 못했기 때문이다. 기업 규모가 커지는 데도 오너가 모든 것을 다하려 하니 사람도 안 크고 따라서 기업도 한계에 부딪히는 것이다.

삼성의 이병철 회장이나 현대의 정주영 회장은 만기총람형이지만 그래도 과감하게 일을 맡길 줄 알았다. 그러나 고삐는 늘 쥐고 있어 기업을 원하는 방향으로 끌고 나갔다. 권한을 과감히 이양하면서도 핵심적 제어축制御軸은 쥐고 있는 것, 바로 그것이 위대한 경영자의 능력이다. 또 기업 분위기를 완전히 장악한다. 경영자의 철학이나 생각이 기업 구성원 하나하나에 침투되게 하는 것이다. 앉아 있는 것만으로도 모두 긴장한다. 평소엔 매우 무섭지만 어렵거나 급한 일이 생기면 해결해 주겠

마쓰시타 고노스케

지 하는 믿음이 있다. 그것은 실적을 통해서만 가능하다.

별로 뛰어나지도 못하면서 만기총람을 하려 하면 문제가 생긴다. 거기에 부지런하면 더 문제가 커진다. 사방으로 다니면서 쓸데없는 일을 벌이기 때문이다. 큰 방향이나 전략은 제시하지 못하고 대세와 상관없는 작은 일만 챙기게 된다. 위대한 경영자는 여러 가지 일에 정통하기보다도 큰 줄거리를 알고 사람을 잘 볼 줄 아는 사람이다. 또 결단을 하고 도전을 하는 사람이다.

일본에서 경영의 신神이라 칭송받는 마쓰시타松下 그룹의 창업자 마쓰시타 고노스케松下幸之助는 "나는 어릴 때부터 몸이 약했다. 그래서 나 자신이 모든 것을 다할 수 없어 일을 밑에 맡길 수밖에 없었다. 사람을 골라 일을 맡기는 데 굉장히 신경을 쓰게 되고 그러다 보니 기업도 잘 되더라"는 말을 한 적이 있다. 위대한 경영자는 결코 바쁘거나 서두르지 않는다. 항상 여유를 갖고 크게 생각하고 신중히 움직인다. 또 고정된 틀에 얽매이지 않고 상황에 따라 자유자재로 움직인다.

유비는 위임형 경영자라 볼 수 있다. 유비는 사람을 기가 막히게 잘 보고 잘 썼다. 어찌 보면 동물적 감각이라 할 수 있다. 마속의 허점을 일찍 간파한 사람도 유비다. 마속은 제갈공명이 총애한 촉나라의 장군인데 일선 지휘관이라기보다는 참모형이었다. 머리가 비상하고 아는 것이 많아 공명이 항상 측근에 두고 썼다. 후에 제갈공명의 1차 북벌 때 요충지 가정 전투에서 참패해 북벌 전체를 망쳤다. 그 패전의 책임을 물어 공명이 울면서 목을 베었다고 하는 '읍참마속泣斬馬謖'의 주인공이 바로 그 사람이다. 유비는 생전에 공명에게 "마속은 말이 많고 실질에 비해 과장되어 있으니 조심해서 쓰라"고 누차 당부했다. 마속이 나중에 큰 사고를 치고 나서 공명은 유비의 인물 감식안에 새삼 감탄했다 한다.

유비는 조자룡을 일찍 알아보고 자기 사람으로 만들었다. 당시 유비는 공손찬의 객장客將으로 별 볼일 없었고 조자룡은 무명의 방랑 장수였다. 후에 조자룡은 무예도 뛰어나고 전략에도 능한 정상급 장수가 되어 유비를 끝까지 보필한다. 둘은 첫눈에 서로 반해 평생 동지가 된다. 유비에겐 사람을 보는 천부적 안목과 사람을 끄는 이상한 힘이 있다. 겉과 속이 다르지 않고 성심성의로 사람을 대하는 것이 강점이다.

한번 유비를 만난 사람은 홀리듯이 그의 사람이 되고 만다. 맨 처음 만난 사람이 도원에서 형제결의를 한 관우와 장비다. 나중에 밝혀지지만 관우와 장비 둘 다 천하의 명장이었다. 그 두 사람을 일찍 알아보고 자기 사람으로 만든 유비의 안목과 능력은 대단하다 할 수 있다. 관우·장비는 정말 지극정성으로 유비를 따라다니며 평생 충성을 다했다. 두 사람은 유비의 의형제이기도 하지만 공적으론 군신 관계여서 신하의 예를 다했다. 유비가 높아지기 전에도 관우·장비는 공석에선 칼을 차고 하루 종일 시립하고 있었다고 한다.

두 사람은 유비를 깎듯이 모셨을 뿐 아니라 다른 사람들도 그렇게 하도록 엄히 단속했다. 마초가 유비에게 항복한 지 얼마 되지 않았을 때였다. 마초는 명문 출신에다 서량의 맹주 노릇을 오래 한지라 유비의 옛 신하들처럼 공손하지는 않았던 모양이다. 그래서 유비를 주공主公이라 부르는 대신 유비의 자字인 현덕玄德으로 불렀다. 이걸 보고 장비는 불같이 노해 한번 버릇을 고쳐 주기로 작심했다. 그래서 장군 신분인

형주성에 있는 촉나라 초기의 핵심인물 5인 상 **왼쪽부터** 장비·유비·관우·제갈공명·조자룡. ⓒ권태균

장비 스스로 칼을 차고 유비 곁에 시립해 있으면서 마초를 노려보았다. 심상치 않은 분위기를 눈치 챈 마초는 그 뒤부터 유비의 자를 감히 부르지 못하고 깍듯이 예의를 차렸다 한다.

관우가 조조의 회유를 끝까지 뿌리치고 유비에게 돌아간 이야기는 당시 천하에 소문이 났다. 관우는 조조와의 싸움에 진 후에 유비의 가족과 함께 조조에게 잡혀 있었다. 평소 관우를 흠모했던 조조는 관우를 자기 사람으로 만들기 위하여 갖은 정성을 다한다. 오랜 부하들이 시샘을 할 정도였다. 한번은 하루에 천 리를 간다는 적토마를 선물한다. 여포가 타던 명마였다. 평소 선물에 덤덤하던 관우가 매우 기뻐했다. 이유를 물은즉, 이 말이 하루 천 리를 가니 형님 계신 곳을 알면 하루 만에 갈 수 있기 때문이라고 대답한다. 조조는 크게 낙담한다. 그래서 관우와 친한 장요를 보내 진짜 마음을 알아보게 했다.

관우는 "조공(曹公)이 나에게 잘해 주는 것은 잘 알고 있다. 그러나 유비 형님과는 일찍이 생사를 같이하기로 한 형제요, 또 큰 은혜를 입었다. 아무리 조공이 잘해 주어도 형님을 뛰어넘을 수는 없다"고 말한다. 장요는 아직까지 유비의 행방이 묘연하고 우리 주공이 당신을 그토록 좋아하니 그냥 남아 우리 주공을 섬기는 게 어떠냐고 간곡히 달랜다. 그러자 관우는 우리 형님이 돌아가셨으면 지하 구천까지 따라갈 것이라고 못 박았다. 관우의 마음속엔 유비밖에 없어 다른 사람이 들어갈 틈이 없었던 것이다. 이야기를 들은 조조는 자존심도 상하고 시샘도 났다. 자신도 인재를 아끼고 정성을 다하는데 어찌 유비를 따라갈 수 없을까 하고 깊이 탄식했다 한다.

후에 관우가 촉나라의 창업 공신이 되어 형주 사령관으로 있을 때 손권 군에게 기습을 당해 아들과 같이 사로잡혔다. 이때 손권도 관우를 아껴 항복을 받아 부하로 쓰려 했다. 관우가 한마디로 거절했음은 물론 손권의 부하들도 "관우는 죽을지언정 유비를 버리지 않을 것"이라고 했다. 손권도 할 수 없이 관우를 참수형에 처했다. 이 때문에 유비의 촉한과 손권의 오나라는 전쟁을 치르게 된다. 유비는 관우의 원수를 갚기 위하여 신하들의 반대를 무릅쓰고 오나라와 전쟁을 벌이게 되는데 명분도 약하고 무리한 전쟁이었다. 평소 온건하고 밑의 말을 잘 듣는 유비도 이때만은 고집을 부리는데 그만큼 관우를 좋아하고 아꼈던 것이다.

관우나 장비나 천하에 무서울 것이 없는 맹장이었지만 유비에겐 꼼짝 못했다. 성미가 불같은 장비도 유비의 한마디에 성질을 죽였다. 수수께끼 같은 유비의 리더십이다.

14 유비의 감성 리더십
정성으로 백성 보살피고 아랫사람 끝까지 신뢰

劉備　　유비 밑에 좋은 사람들이 많이 모인 것은 대의명분이 좋고 심심성의로 사람을 대한다는 것이 기본이 되지만, 사람을 감동시키는 감성 리더십도 한몫 한다. 그런 감성도 진실된 마음이 있어야 가능한 일이다. 진실된 마음 없이 연기만으론 일시적으로 사람을 감동시킬지 모르나 많은 사람을 오래 속일 수는 없다. 유비는 어찌 보면 바보스럽다고 할 정도로 진실할 때가 많다. 그 때문에 손해도 많이 보았으나 결과적으로는 이익이 됐다.

그렇다고 유비가 욕심과 야심이 없는 것은 아니었다. 진짜 큰 욕심과 야심이 있었기에 작은 것은 양보한 것이다. 보통 작은 욕심 때문에 큰 것을 망치기 쉽다. "큰 부자는 잔돈을 아끼지 않는다"는 말이 있다. 눈앞의 작은 이해에 혹해서 신뢰와 명성을 잃으면 결코 큰 사업을 할 수 없다는 말일 것이다. 우리나라 경영자 중에서도 머리 좋고 부지런하지만, 작은 것을 너무 아끼는 인색함 때문에 기업도 못 크고 재계의 신망도 얻지 못하는 사례를 많이 보았다.

유비의 경우를 보면 천성인지 전략인지 작게 양보하고 크게 얻는다. 타고난 마음가짐이 없이는 그런 생각을 하기가 어려울 것이고 그걸 일일이 계산해서 할 수도 없는 것이다. 결국 품성이고 그릇이라 할 수밖에 없다. 보통 땐 그런 흉내라도 낼 수 있을지 모르나 생사가 걸린 위급한 상황에서 그런 일을 한다는 것은 타고난 사람이 아니면 어려운 일이다.

유비가 형주에서 조조군의 습격을 받아 도망갈 때의 일이다. 유비는 형주의 최고 통치자인 유표에게 의탁하고 있다가 유표가 죽고 그 아들이 조조에게 항복하는 바람에 급하게 도망을 가게 되었다. 유비에게 유감이 많은 조조는 이 참에 유비를 잡아 후환을 없애겠다고 추격대를 몰아 쫓아온다. 이때 조조 군사를 겁낸 많은 사람이 유비를 따라나서는데 가재도구를 실은 수레가 수천 대에 이르고 피란 행렬이 몇십 리에 뻗쳤다 한다. 그러니 그 속도가 느릴 수밖에 없었다.

조조의 추격병이 바짝 따라오자 애가 탄 신하들이 "이러다간 모두 잡혀 죽겠으니 피란민들을 떼어놓고 빨리 피신하자"고 건의한다. 이 말을 들은 유비는 "모든 일은 백성이 근본이 되는 것인데 백성을 버리고 우리끼리 도망가서 무얼 하겠느냐. 모두 같이 가야 한다"며 고집을 부린다. 부하들로선 죽을 지경이었지만 그런 판단과 행동은 유비같이 위대한 경영자만이 할 수 있는 일이다. 그들은 계산에 의하여 일을 하는 것이 아니라 일단 옳다고 생각하는 대로 일을 하고 그 결과는 하늘에 맡기는 것이다. 당장의 이해를 초월한 유비의 그런 큰 마음이 없었더라면 유비도 한낱 작은 무리의 두목으로 끝났을지 모른다.

기업 경영에서도 역사적으로 남을 위대한 사업들은 그런 계산을 초

도요타 기이치로

월한 데서 태어났다. 오늘날 일본 도요타자동차는 이미 포드를 추월해 세계 2위로 올라섰고 만년 수위인 제너럴모터스GM와 다투고 있다. 그러나 창업자 도요타 기이치로豊田喜一郞가 70년 전 자동차 사업을 시작할 때만 해도 도요타는 시골의 조그만 직기織機 공장에 불과했다. 자동차는 재벌들도 하기 힘든 무모한 짓이라고 모두 반대했으나 창업주는 꿈과 정열, 고집으로 밀어붙여 오늘날 도요타의 기반을 닦았다. 창업주는 순수 일본 기술에 의한 진짜 일본차를 만든다는 사명감으로 일을 추진했고 그 열병에 주변 사람들도 같이 감염되었다.

창업주는 기술은 자신이 있었으나 판매 쪽은 아무래도 생소했다. 그래서 당시 일본 GM자동차에 있던 판매의 귀재鬼才 가미야 쇼타로神谷正太郞를 스카우트했는데 그것이 큰 성공이었다. 그는 창업주의 열성에 감화되어 월급이 5분의 1로 깎이고도 도요타로 옮겨 왔다. 도요타에서 여러 가지 아이디어로 초창기 판매난을 해결하고 나중엔 도요타 자동차 판매의 사장을 지내는 등 도요타의 기반을 다지는 데 크게 기여했다.

유비가 고집을 부리는 통에 유비 일행은 당양當陽의 장판파長坂坡에서 조조 군에 추월당하여 무참하게 깨진다. 유비는 가족도 버리고 겨우 목숨만 건져 도망간다. 이때 조자룡이 유비의 가족을 구하기 위해 적진 속으로 뛰어드는데 그걸 보고 어떤 사람이 "조자룡이 적군에 항복하러 갔다"고 보고한다. 그 말을 듣자 유비는 작은 창을 집어던지며 "조자룡은 절대 그럴 사람이 아니다. 두고 보아라. 곧 나에게 올 것이다"라며 굉장히 화를 내었다 한다.

　유비는 아랫사람들을 신뢰하였고 이들도 그걸 잘 알아 유대감이 두터웠다. 황권黃權이라는 장수가 있었다. 유비가 촉나라에 들어가 얻은 장수인데 성품이 곧고 충성심이 강했다. 유비가 관우의 원수를 갚기 위해 오나라와 싸움을 벌일 때 같이 갔다가 촉군이 참패하는 바람에 퇴로가 완전히 막혀 할 수 없이 위나라에 항복했다. 위나라에선 환영받았으나 촉나라에서 황권의 가족을 모조리 죽였다는 소식이 들려왔다. 주위 사람들이 위로한즉, 황권은 "헛소문일 것이다. 우리 주군은 절대 그럴 분이 아니다"라며 오히려 태연했다 한다.

　과연 촉나라에선 항복한 장수의 가족을 살려둘 수 없다며 처단하자고 했으나 유비는 "황권이 항복한 것은 어쩔 수 없는 사정이 있었을 것이다. 그 가족들을 잘 보호해 주라"고 엄명을 내렸다. 그 후 가족이 잘 있다는 소식을 들은 황권은 유비의 은혜에 거듭 감사하고 주위에서도 군신 간의 깊은 신뢰관계에 감탄했다. 후에 유비가 죽었다는 소식이 전해졌을 때 황권은 주위의 시선도 아랑곳하지 않고 혼자 눈물을 흘렸다 한다.

　장판파에서 조자룡은 유비의 가족을 구하기 위하여 적진 속을 헤매다가 하늘의 도움으로 먼저 감甘 부인을 구한 뒤 후주後主가 되는 아들 유선劉禪을 찾는 데 성공한다. 조자룡은 유선을 품에 안고 적진을 뚫고 나온다. 조조가 높은 곳에 올라 전장터를 바라보니 한 장수가 동에 번쩍 서에 번쩍하며 전장터를 누비는데 이르는 곳마다 위나라 장수들이 피를 쏟고 쓰러졌다. 조조가 놀라 옆에 있던 조홍에게 저 장수가 누구냐고 물었다. 조홍이 내려가 알아보고는 "유비의 부하 조자룡"이라고 복명했다. 사람 욕심이 많은 조조는 "조자룡을 붙잡아 내 부하로 만들

당양 장판파의 조자룡 상 조자룡이 극적으로 구해낸 유비의 아들 유선을 가슴에 품은 채 위나라 군사들의 포위를 뚫고 탈출하는 모습이다. 당양 시내에 서 있다.

ⓒ권태균

테니 절대 활을 쏘지 말고 사로잡아 데려오라" 하고 명령한다. 조자룡으로선 정말 다행스러운 일이었다. 활을 쏘지 않으니 창과 칼로 싸우면 되는데 그 방면에선 조자룡이 천하무적이었다. 덕분에 조자룡은 손끝 하나 다친 데 없이 적진을 빠져 나올 수 있었고 품속에 있던 유선도 무사했다. 유선은 후에 촉나라 2세 황제가 될 운명이었으니 역시 하늘도 돕는가 보다.

조자룡이 땀투성이가 되어 후방에서 한숨 돌리고 있던 유비를 찾아가 유선을 품속에서 꺼내니 그때까지 새근새근 잠을 자고 있었다. 유선을 건네받은 유비는 "이 하잘것없는 아이 때문에 나의 귀중한 장수를 잃을 뻔했구나" 하며 유선을 내던져 버렸다 한다. 조자룡이 얼른 받아

무사했지만 몹시 감격했을 것이다. 이런 주군을 위해서라면 목숨도 아깝지 않다고 새삼 각오했을지 모른다. 유비에겐 그런 매력이 있었다.

일찍이 장비에게도 비슷한 일이 있었다. 유비가 관우와 같이 전쟁터에 나가면서 장비에게 본거지 성과 가족을 맡기고 갔다. 그리고 술을 많이 마시지 말고 잘 지키고 있으라고 신신당부했다. 처음 며칠은 조심하더니 결국 장비는 술을 마시고 사고를 쳤다. 적군에게 성을 뺏기고 가족을 남겨 둔 채 유비에게로 도망을 갔다. 자초지종을 이야기하니 유비는 기가 막혀 하면서도 장비를 위로했다. 그러나 옆에 있던 관우는 장비를 몹시 나무랐다. 그러자 장비는 칼을 빼 스스로 목을 찌르려 했다. 이때 유비는 급히 말리면서 "옛날부터 처자는 의복이고 형제는 손발이라 했는데 의복은 갈아입을 수가 있지만 손발은 갈아 낄 수 없는 것이다. 아우는 너무 상심 말라"며 달랜다. 유비인들 어찌 가족이 소중하지 않겠는가마는 매일같이 전쟁을 치르는 난세 속에서 형제간의 의리나 군신 관계가 더 중하다고 본 것이다. 이 말을 듣고 장비는 감격해 엉엉 울었다 한다.

유비는 말이 적은 편이었다. 그러나 한마디 할 땐 상대방을 감격시키곤 했다. 『삼국지』 정사正史에 유비가 아랫사람들을 잘 챙기고 말이 적으며 희로애락喜怒哀樂을 잘 나타내지 않았다는 기록이 있다. 지도자가 갖추어야 할 중요한 덕목이다. 위대한 경영자는 말을 많이 하지 않는다. 많은 것을 생각하기 때문에 말이 적을 수밖에 없다. 말이 많으면 소용없는 말이 자연 섞이게 된다. 또 많은 말을 할 시간도 없다. 말이 적은 대신 핵심을 정확히, 또 명료하게 전달한다. 회의를 하더라도 중언부언하지 않는다. 이병철 회장이나 정주영 회장이 지시할 때 보면 간단명료하다. 결정할 때까진 여러 사람의 의견을 들어도 일단 판단이 서면 명

확하게 지시를 내린다. 결코 관념적이거나 모호한 지시로 아랫사람들을 헷갈리게 하지 않는다. 개념이 모호한 설교를 오래 하지도 않는다. 아주 실질적이다. 그들은 능변이 아닌 가슴에 와닿는 말을 한다. 말수는 적어도 자신의 뜻과 의사를 정확히 전달하는 것이다.

유비는 50세가 다 되어 형주에 근거지를 마련하기까지 천하를 떠돌았다. 유비는 남의 밑에 있기엔 야심이 너무 큰 사람이어서 늘 어렵게 지냈다. 유비 자신은 말할 것도 없고 따라다니는 사람들도 괴로웠다. 오너 경영자감인데 자기 기업이 없으면 고달플 수밖에 없다. 남의 밑에서 전문경영인을 하기엔 그릇이 너무 크고 창업을 하기엔 힘이 모자라면 죽을 지경일 것이다. 유비가 조조나 원소 밑에서 전문경영자로 만족했으면 인생 후반을 편히 보냈을지 모른다. 그러나 체질상 그것이 안 되었다.

유비가 유표에게 의탁하기 전의 일이다. 유비는 조조와 원소 두 사람 모두에게 쫓기고 있었다. 넓은 천지에 몸 둘 데가 없었다. 그때 유비와 그 일당들이 조조군에 허겁지겁 쫓기다 강가에서 한숨 돌리는 장면이 나온다. 주린 배를 채운 후 일행의 몰골을 보니 유비는 기가 막혔다. 이 많은 식구가 자기를 믿고 쫓아다니는데 앞길이 막연했다. 그래서 유비는 울면서 말한다. "당신들은 천하의 인재들로서 어느 주인에게 가도 환영받을 것이다. 박복한 나를 따라다니느라 너무 고생이 많다. 나의 각박한 운명 때문에 당신들의 전도가 너무 어둡다. 나도 나의 앞길을 장담할 수 없으니 나를 떠나 좋은 주인을 섬기라." 유비가 이 말을 하자 모두가 통곡한다. 유비인들 이들과 헤어지고 싶겠는가. 그러나 그들의 장래를 위하여 떠나라고 말한 것이다. 사심 없는 유비의 진실됨이 그대로 드러난다.

이때 관우가 일동을 대표해서 말한다. 관우는 유비의 가신단 중에서 가장 고참이고 또 무게에 있어서도 으뜸이었다. "싸움에 이기고 지는 것은 늘 있는 일입니다. 옛날 한고조도 늘 항우項羽에게 쫓기다가 마지막 싸움에서 이겨 천하를 차지했습니다. 우리가 비록 이번 싸움에 졌다 하나 이것이 끝이 아닙니다. 우리가 힘을 모으면 반드시 다시 일어설 수 있을 것입니다." 이 말에 감격하여 유비는 다시 울고 일동도 충성을 맹세했다.

궁핍하다 해서 유비의 신하들은 유비를 떠나지 않았다. 유비의 목표하는 바가 바르고 사심이 없으며 아랫사람을 진정으로 위한다는 것을 잘 알기 때문이었다. 사실 그때만 해도 유비는 별 볼일 없는 사람에 불과했는데 관우·장비·조자룡 등 천하의 인재들이 유비 밑에서 똘똘 뭉쳐 생사를 같이한다. 유비는 여왕벌 같은 구심점이 된다. 유비 일행은 거기서 다시 마음을 가다듬고 선후책을 의논한다. 이때 가신 손건孫乾이 "여기서 형주가 멀지 않으니 거기로 가면 어떻겠습니까. 형주의 통치자 유표는 풍족하고 또 같은 종친이니 우리를 받아줄 것입니다. 제가 가서 교섭하겠습니다" 하고 나선다.

그래서 유비는 형주의 유표에게 가서 7년간 몸을 의탁하게 되는데 유표도 유비를 만난 적은 없으나 이름은 널리 들어 알고 있었다. 몸소 성 밖까지 나와서 유비를 맞아들이고 후대한다. 유표로선 북쪽의 조조에게 신경을 쓰던 때라 형주 북쪽의 신야新野성을 유비에게 주고 거길 지키게 한다. 이때가 유비 일생에서 가장 평온했던 시기로 장래에 대비한 힘을 기른다.

15 변신의 명수 유비
야망 숨기고 때론 바보 행세, 통 크게 실리 챙겨

劉備 유비는 몇 번이나 죽거나 패가망신할 고비를 넘지만 그때마다 천우신조天佑神助로 살아남는다. 거의 기적이라 할 만하다. 운도 좋았지만 유비의 냉철한 처신술이 큰 역할을 한다. 동물의 세계에서는 약자가 살아남기 위해서 경계색을 쓰기도 하고 보호색을 쓰기도 한다. 경계색은 자신을 과시하기 위하여 일부러 요란한 색깔을 내는 경우이고 보호색은 주위 색깔과 같이해 몸을 감추는 경우다. 유비도 경계색과 보호색을 번갈아 교묘하게 잘 썼다. 상황을 빨리 판단하여 뻗댈 때는 뻗대지만 굽힐 때는 주저 없이 굽힌다. 다소 비굴해 보이기까지 한다. 유비의 운신은 하도 교묘하고 자연스러워 아무도 눈치채지 못한다.

유비는 연기도 일품이다. 여러 번 주인을 바꿨지만 유비는 가는 곳마다 환영받고 인의군자仁義君子로 대접받는다. 명성과 신의도 유지할 수 있었다. 당시 전란 속에서 살아남으려면 어느 정도의 변신이 불가피했겠지만 유비처럼 자연스럽게 또 득을 보면서 한 경우는 드물다. 어제의

적에게도 태연하게 가고 이제까지의 우호관계도 깡그리 무시한다. 그것이 가능했던 것은 유비의 뛰어난 연기와 더불어 정확한 정세 읽기 덕분이다. 당시는 물고 물리는 싸움이 계속되고 있었기 때문에 어느 한쪽에 가담할 때 세력 균형이 깨질 수 있었다. 유비는 적의 적은 우군이 될 수 있음을 잘 알고 그것을 적절히 활용했던 것이다.

유비는 상대방이 경계심을 갖지 않도록 하는 뛰어난 능력이 있었다. 유비의 세력이 미미하기도 했지만 인간적으로도 미움을 사지 않았다. 라이벌이 아니라 자기 편이라는 생각이 들도록 했다. 전혀 야심 있게 보이지 않았다. 어느 누구보다도 큰 야심과 집념을 가지고 있으면서 그렇게 보였으니 역시 천부적인 자질이다.

유비는 전문경영인이라기보다 오너형이다. 그릇이 크기 때문에 깊이를 짐작할 수 없다. 그래서 상대방으로 하여금 오해하게 하였는지 모른다. 그러나 영웅은 영웅을 안다고 뛰어난 CEO인 조조는 일찍이 유비의 그릇을 간파한다. 그래서 한번은 유비를 청해 술을 마시면서 시험을 해본다. 마침 이때 유비는 조조를 제거하려는 쿠데타 음모에 가담하고 있었다. 유비로선 목숨이 걸린 시험장이었다.

조조가 먼저 영웅론을 꺼내며 지금 천하의 영웅은 누구냐고 묻는다. 유비는 속마음을 감추기 위하여 계속 의뭉을 떤다. 조조가 집요하게 묻자 할 수 없이 원소·원술·손책에서부터 유표·유장·장로까지 당시 이름 있는 사람들을 전부 들먹인다. 조조는 한마디로 모두 시원찮은 인물들이라고 폄하해 버린다. 심지어 조조의 라이벌이며 당시 최강의 세력을 자랑하던 원소조차 "겉모양은 번듯하나 담대하지 못하고 일을 꾸미기는 하나 실행할 힘이 없으며 사소한 일에 목숨을 거는 작은 인물"이라고 말한다. 라이벌의 그릇됨과 특징을 정확히 파악하고 있었던 것

이다. 그러면서 영웅이란 가슴에 큰 뜻을 품고 배에는 좋은 지모가 가득하며 하늘과 땅의 기운을 마음대로 부릴 줄 아는 사람이라며 그에 합당한 사람은 자기 자신과 유비뿐이라고 말한다. 유비는 감추고 감춘 속마음을 들킨 듯 매우 놀란다. 혹시 쿠데타 음모가 탄로난 게 아닐까 하고 들고 있던 젓가락마저 떨어뜨린다. 마침 그때 천둥번개가 크게 쳤다. 유비는 상 밑으로 몸을 숙이면서 벌벌 떤다. 매우 놀란 표정을 하면서 자기는 어릴 때부터 천둥번개를 무서워했다고 말한다. 절묘한 타이밍과 완벽한 연기였다.

조조는 "유 장군 같은 분이 천둥번개를 무서워하다니요" 하면서 화제를 돌린다. 조조로선 유비에 대한 의심이 아주 가신 것은 아니지만 조금은 유비를 가볍게 보게 되었다. 그만큼 유비는 필요할 때 기막히게 연기를 할 줄 알았다. 『삼국지』를 보면 곤란할 때 유비가 통곡하거나 눈물을 흘리는 장면이 자주 나온다. 그러면 대개 곤경에서 벗어난다. 유비는 평소 인의군자로 소문이 났기 때문에 주위에서 의심하지 않았다. 유비는 누구에게도 속마음을 잘 드러내지 않는다. 그러면서 착실하게 실리를 챙긴다.

유비는 천하의 결전장이 된 관도의 싸움에서 원소 편이 돼 조조군과 싸웠다. 이때 유비의 아우 관우는 조조에게 항복하여 조조 진영에 있었다. 관우가 원소의 선봉장 안량과 문추를 전장에서 죽이자 원소는 격노해 유비를 죽이려고 한다. 유비는 그때마다 임기응변으로 위기를 모면한다. 그 연기도 박진감이 있다. 원소는 번번이 속아 넘어갔다. 유비는 원소 진영에 있었지만 기회만 되면 빠져 나갈 생각이었다. 원소는 조조보다 그릇이 작은 사람이라 유비의 속뜻을 알 수 없었고 부릴 수도 없었다. 한번은 관우를 달래 원소 편으로 데려오겠다 하니 원소가 곧이듣고 매우 좋아했다.

　마지막으로 유비는 유표를 원소 편으로 끌어들이겠다며 원소 밑을 떠난다. 이때도 원소는 매우 고마워한다. 기막힌 재주다. 떠나면서 유비는 "무릇 우두머리는 큰 뜻을 정하여 함부로 동요하지 말아야 하는데 원소는 뜻을 정하기도 어려울뿐더러 한번 정한 것도 죽 끓듯 바뀐다. 거기다 변덕이 널리 알려져 남에게 이용까지 당하니 앞날이 뻔하다"라고 탄식한다. 유비는 원소의 그릇을 정확히 보고 일찌감치 자기 길을 찾은 것이다. 유비는 평소 매우 겸손하고 점잖게 행동하지만 속으론 냉철한 계산을 하고 있었던 것이다.

　유비는 평생 여러 사람의 신세를 져도 고마운 마음 때문에 자기가 가는 길을 바꾸지는 않았다. 여러 사람과의 관계에서도 항상 득이 되는 거래를 했다. 그러면서도 인의군자로서 명성이 매우 높았으니 불가사의한 일이다. 맨 처음 공손찬의 신세를 크게 졌는데 공손찬이 원소에게 패하여 일찍 망하는 바람에 유비와는 좋은 관계로 끝났다. 다른 대부분의 사람과는 적대관계가 되거나 전쟁을 치르기도 했다. 유비의 세력이 커짐에 따라 옛날에 신세진 사람들과도 싸우지 않을 수 없었는데 그런 점에서 유비는 매우 냉철했다.

　유비는 오나라 손권과의 관계에서도 상당한 득을 본다. 유비가 형주에서 조조군에 참패하고 오갈 데가 없었을 때 손권과의 첫 거래가 시작되는데 둘은 처남매제 사이가 되었다가 나중엔 원수가 되어 헤어진다.

　유비 일행이 조조에게 참패하고 겨우 목숨만 건져 임시 피난처에 있을 때 유비는 손권이 보낸 특사 노숙魯肅을 만난다. 손권은 조조가 형주를 무혈점령하자 국방에 위협을 느껴 죽은 유표를 조문한다는 구실로 노숙을 염탐차 형주로 보낸 것이다. 노숙이 유비에게 묻는다. "이제 어

쩔 작정이십니까." 유비라고 뾰족한 방도가 있을 리 없었다. 유비로선 손권과의 연합이 가장 좋은 방법이었으나 그 말을 스스로 꺼내기도 어려웠다. 유비 쪽에 가진 것이 너무 없었기 때문이다. 그러나 유비는 전혀 초조한 기색도 약점도 보이지 않았다. 통이 그토록 큰 것인지 연기가 완벽한 것인지 노숙이 오히려 초조할 지경이었다.

유비는 천연덕스럽게 "창오蒼梧의 오거吳巨와 좀 아는 사이니 그리로 가서 의탁해 볼까 하오"라고 한다. 창오라면 남쪽 변두리 지역이다. 그 말을 듣자 노숙이 펄쩍 뛴다. "그리로 갈 게 아니라 우리 오나라와 힘을 합치면 어떻습니까. 오나라는 나라가 융성하고 물자가 풍부하며 특히 우리 주군이 영특하고 관대하니 필시 반길 것입니다"라면서 제갈공명을 오나라에 파견해 달라고 한다. 유비는 처음에는 공명을 보내기 어렵다고 하다가 마지못해 응낙하는 체한다. 그래서 유비와 손권의 첫 거래가 시작되는데 그 말이 오나라에서 먼저 나오도록 만든 유비의 전략과 연기가 대단하다 하겠다.

다행히 사신으로 온 노숙은 손권의 신임을 받고 있는 데다 유비와 연합해서 조조와 싸워야 한다는 항전파抗戰派였다. 당시 오나라엔 대세에 따라 조조에 항복하자는 대세파大勢派도 많았다. 그래서 유비와 손권의 군사동맹이 이루어지고 이 둘이 힘을 합쳐 적벽赤壁에서 조조군을 쳐부순다. 이때 싸움을 주도한 것은 오나라 손권군이고 유비는 조역 노릇만 했다. 그러나 전후 처리에서 유비가 가장 득을 보아 그토록 바라던 형주의 대부분을 차지하게 된다. 오나라가 유비를 달래는 정책을 썼기 때문에 손권은 누이동생을 유비의 후처로 주고 또 오나라가 차지하고 있었던 형주 요지를 유비에게 빌려 주기도 한다.

형주를 빌릴 때 유비는 손권과 직접 담판하는 전략을 쓴다. 유비가 손권의 매제妹弟가 된 다음해에 오나라 도읍지인 진강鎭江으로 손권을 찾아가 "나에게 딸린 식구가 불어나 지금 영토로는 모두 먹여 살릴 수가 없으니 형주 땅을 좀 빌려 달라"고 호소한다. 당시 오나라의 제2인자인 주유는 이참에 유비를 붙잡아 놓아 아예 후환을 없애버리자고 손권에게 권한다. 그러나 노숙은 유비가 아직 이용가치가 있으니 형주를 잠시 빌려주어 조조와 싸우게 하는 것이 더 좋겠다고 건의한다. 손권은 깊이 생각한 끝에 노숙의 건의를 채택한다. 이때 손권도 매제 유비의 특별한 부탁을 들어주긴 했지만 매우 불쾌해 했다 한다. 만약 이때 손권이 주유의 건의를 받아들였다면 그 뒤의 유비나 촉나라는 없었을지도 모른다. 유비가 오나라로 가는 것을 제갈공명 이하 여러 사람이 반대하였으나 유비는 그 길밖에 없다면서 진강행을 단행했다. 유비의 훌륭한 점은 정말 필요한 일은 직접 결정하여 단행한다는 점이다. 바로 위대한 CEO가 할 일이다. 유비도 뒤에 오나라에서 있었던 논란을 알게 되자 "정말 사지死地에 들어갔다 왔구나" 하며 안도의 한숨을 쉬었다 한다.

  이 장면이 소설『삼국지』에선 유비가 오나라에 장가 들러 가서 제갈공명의 귀신 같은 꾀와 조자룡의 활약에 의해 천신만고 끝에 살아 돌아오는 것으로 흥미진진하게 그려져 있다. 유비가 새 부인과 함께 형주로 도망쳐 나올 때 부인 앞에서 장기인 눈물을 흘리며 위기 탈출을 간청하는 장면이 나온다. 지금도 중국 남경南京에서 자동차로 한 시간 거리에 있는 진강 북고산北固山의 감로사甘露寺에 가보면 유비가 오나라 손권의 누이에게 장가 들러 왔을 때 등장하는 여러 장소가 그대로 있다. 감로사 높은 망루에서 보면 멀리 장강이 보이고 경치가 빼어난데 유비가 천하제일강산이라 감탄했다 해서 '천하강산제일루天下江山第一樓'란 편액이 걸려 있다.

감로사 결혼식 진강 감로사에서 늙은 신랑 유비와 손권의 누이가 결혼식을 올리고 있다.

또 유비가 장가가는 모습을 천연색 그림과 조각으로 재현해 놓았다. 유비가 손권의 모친인 오국태吳國太에게 사윗감으로 첫선을 보이는 모습이 실감나게 그려져 있다. 늙은 신랑 유비가 조자룡의 호위를 받으며 당당하게 서 있는 장면이다. 만약 오국태의 마음에 안 들면 유비는 오나라 군사들에게 죽게 되어 있었다. 다행히 오국태가 흡족해 하여 유비는 무사했는데 그때 군사들을 매복시켜 놓았던 복도도 그대로 보존되어 있다. 또 유비와 손권이 말달리기 경쟁을 했다는 유마간溜馬澗, 각기 칼을 뽑아 소원을 말하면서 내리쳤다는 갈라진 바위도 있다. 이런 유물들은 그때 것이 아니라 후세에 만든 것으로 보이는데 그래도 많은 관광객들이 찾아들어 『삼국지』의 인기를 말해 준다.

나중에 형주 반환을 둘러싸고 오나라와 끊임없는 분쟁이 벌어지는데 그때마다 유비는 시침을 뚝 떼고 형주 땅을 내놓지 않는다. 노숙이 중간에서 애를 많이 쓰는데 이때 주유가 노숙에게 "당신은 성실한 사람이지만 유비는 사납고 야심에 찬 호걸이고 제갈량은 간사하고 교활한 무리라 쉽지 않을 거요"라고 말한다. 천하의 영걸인 주유도 유비가 만만치 않음을 파악하고 있었던 것이다. 오나라는 결국 전쟁을 통하여 형주를 찾아 갈 수밖에 없었다.

유비는 양순한 것 같아 보이지만 떼쓸 땐 떼를 쓰고 시침 뗄 땐 시침을 떼면서 실속을 챙긴다. CEO의 입장에서 보면 유비는 대단한 전략가이고 얼굴 두꺼운 배짱파이며 노련한 협상가라고 할 수 있을 것이다. 유비·조조·손권 세 사람 간의 거래에서 두 사람이 유비에게 많이 당했고 그래서 두 사람 다 유비를 못 믿고 버거워 했는지 모른다.

16 삼고초려의 정성
정성과 예의로 천하의 인재를 내 사람으로

劉備　　유비가 삼고초려三顧草廬 끝에 제갈공명을 맞아들인 것은 유비가 평생 한 일 중에서 최고의 걸작이라 할 수 있다. 공명이 참가한 후 유비 진영은 전략과 시스템을 갖추고 천하경영을 시작한다. 그 전의 유비 진영은 뜻만 높을 뿐 의리로 뭉친 임협 집단에 가까웠다. 친척들로만 구성된 시골 영세기업이 대기업으로 도약하는 것에 비유될 수 있다. 유비의 제갈공명 영입은 역사상 가장 성공한 스카우트이기도 하다. CEO가 성공하려면 2인자를 잘 만나야 한다. 훌륭하면서도 1인자가 될 욕심이 없는 2인자를 맞아 잘 쓰는 것은 위대한 CEO의 안목이며 복이다. 삼국시대엔 위나라 조조의 순욱이나 오나라 손권의 노숙이 비슷한 역할을 했다. 그중에서도 제갈공명이 단연 뛰어나다.

　유비와 제갈공명은 공식적으론 군신君臣 관계이지만 실질적으론 같은 이념을 가진 동지요, 가족이며 공동운명체라 할 수 있다. 둘은 맨주먹으로 촉나라를 세운 창업 동지다. 대개 창업 동지도 나중엔 안 좋게

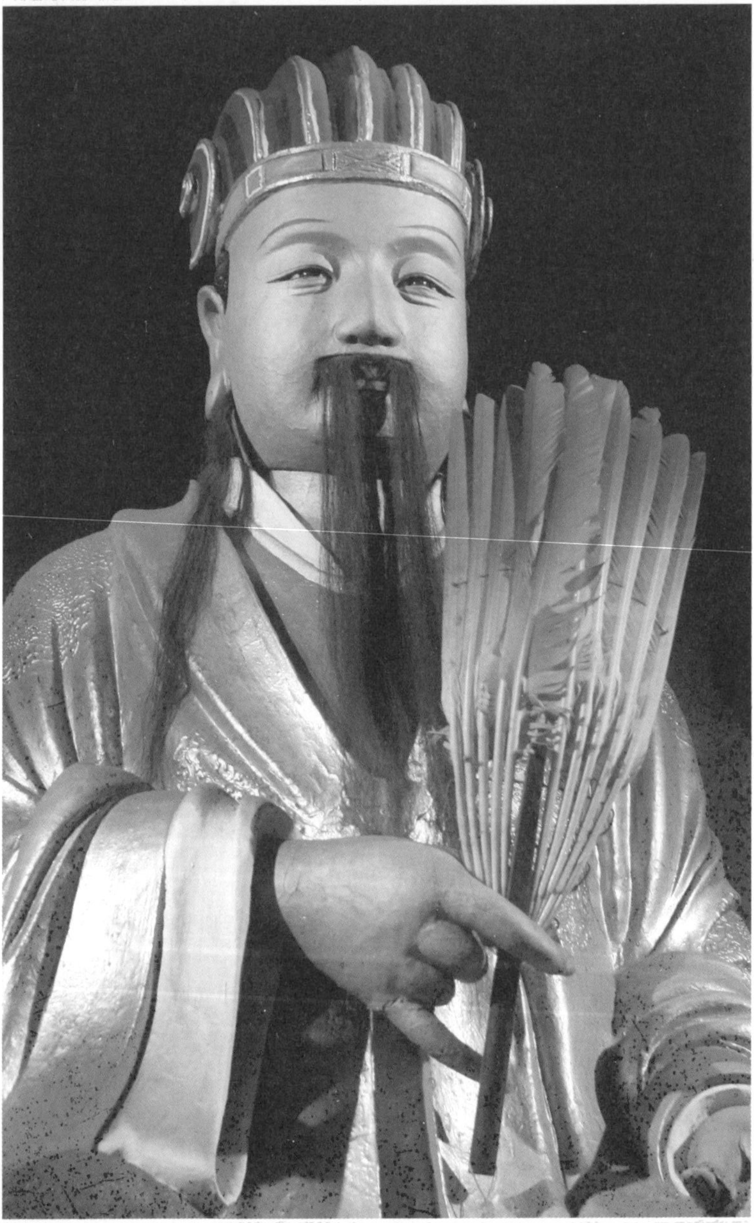

공명 상 성도 무후사에 있는 공명 상. 트레이드마크인 깃털 부채를 들고 있다.

헤어지기 쉬운데 둘은 끝까지 아름답게 갔다. 유비의 삼고초려가 그토록 빛나는 것은 좋은 사람을 모시기 위한 유비의 지극한 정성이 그대로 나타나 있기 때문이다. 윗사람이 좋은 사람을 끌어올 땐 이 정도의 정성을 들여야 하고 아랫사람이 좋은 주인을 정하려면 이 정도는 생각해야 한다는 것을 제시해 준다. 삼고초려 이야기는 사실과는 약간 다르다는 주장도 있으나 오랜 세월을 거치며 사람들이 생각해낸 인재 영입의 이상적 모델이라 보면 될 것이다. 삼고초려는 가장 기본적으로 두 사람의 이상과 뜻이 맞아야 하고, 서로의 전략과 인간성에 신뢰를 가져야 하며, 마지막으로 절차에 있어서도 정성과 예의를 다해야 함을 가르치고 있다.

공명을 찾아갔을 때 유비는 형주목荊州牧 유표에게 얹혀 지내고 있었다. 전국적으로 이름이 알려졌다 하나 근거지도 없고 힘도 없었다. 유비 자신이 이미 47세의 장년에 달했는데 뜻만 높을 뿐 어떻게 해볼 방도가 없어 몹시 초조할 때였다. 이때 유비는 형주 명사 사마휘司馬徽를 만난다. 사마휘는 형주 지식인들의 대부代父 같은 존재로서 속세를 떠나 은둔생활을 하고 있었다. 유비가 자기의 고달픈 처지를 하소연하자 사마휘가 묻는다. "왜 그렇게 고달픈 줄 아십니까." "제가 박복해서 그렇지요." "그게 아닙니다. 수하에 좋은 사람이 없어 그렇습니다." "제 밑에도 인재들이 많습니다. 무장으론 관우·장비·조자룡이 있고 참모로는 미축·간옹·손건 등이 충성을 다하고 있습니다." "천하를 경영할 만한 전략을 짜고 그 큰일을 만들어갈 만한 큰 인재가 없습니다. 관우·장비·조자룡은 1만 명을 대적할 수 있는 명장이나 그들을 부릴 만한 사람이 없어 제대로 쓰이지 못하고 있습니다. 미축·간옹·손건 등은 충직하지만 심부름꾼 정도입니다."

유비는 사마휘에게 자기 진영에 참여해 도와달라고 한다. 사마휘는 자기는 그럴 재목이 못된다고 하면서 와룡臥龍이나 봉추鳳雛 중 어느 한 사람만 얻어도 천하를 도모해 볼 수 있을 것이라고 한다.

당시 형주엔 전란을 피해 온 지식인 명사들이 많았다. 공명도 북쪽 산동성 낭야琅邪 사람으로 어릴 때 형주로 와서 양양襄陽 부근 융중에서 농사를 지으며 공부를 하고 있었다. 일찍부터 준재로 명성이 높아 젊은 지식인 사회의 대표주자 격이었다. 공부를 위한 공부만 한 게 아니고 국가 경영과 치세에 관한 실용적 공부를 많이 했다. 언젠가는 좋은 주인을 만나 천하 사람들을 위하여 뜻을 펴보고자 하는 원대한 포부가 있었다. 그러나 서두르지 않고 때를 기다리고 있었다. 그래서 엎드려 있는 용, 즉 와룡臥龍 혹은 복룡伏龍이라 불렸던 것이다.

공명은 자신을 춘추전국시대의 관중管仲과 악의樂毅에 비유하곤 했다. 두 사람 다 좋은 임금을 받들어 나라를 융성케 한 사람들이다. 관중은 재상이고 악의는 장군인데 공명도 전장에 나가면 장군이 되고 돌아오면 재상이 되는 출장입상出將入相을 생각하고 있었던 것 같다. 공명은 처음부터 창업하거나 왕이 되기보다 좋은 군주를 보좌하여 뜻을 펴려는 힘 있는 전문경영인의 길을 지향했던 것이다. 공명의 처가는 형주에서 알아주는 명문이기도 했다. 유비에겐 더할 나위 없이 탐나는 인물이었다. 유비가 형주 지식인들을 끌어들이고 널리 인심을 얻는 덴 가장 적격이었기 때문이다.

그 뒤 유비는 서서徐庶라는 인물을 만난다. 서서는 공명과 벗하던 인물로 유비의 대의명분과 인품에 반하여 한동안 유비 밑에서 일을 했다. 그러나 서서의 어머니가 조조에게 잡혀가는 바람에 유비 밑을 떠나게 된다. 떠나는 서서가 공명을 다시 추천한다. 유비는 사마휘에게 공명

이야기를 들었다며 한번 데려오라고 말한다. 서서는 공명은 천하의 인재로서 데려올 게 아니라 유비가 직접 모시러 가는 것이 예의라고 말한다. 이 말을 듣고 유비는 공명을 찾아갈 결심을 한다. 아무리 공명이 탐나도 유비의 지위에서 자신보다 20세나 어린 백면서생白面書生을 찾아가기는 쉽지 않았을 것이다. 그러나 유비는 세 번씩이나 찾아간다. 그런 유비의 겸허함과 정성이 공명을 움직였는지 모른다.

공명이 은거하고 있던 융중은 당시 형주의 수도 양양에선 30리 거리이지만 유비가 살고 있던 신야新野에선 200리 거리다. 겨울 눈보라 속에 찾아갔다가 허행을 하자 봄철에 다시 찾아간다. 같이 갔던 관우와 장비는 불평이 많았지만 유비는 좋은 사람을 모시려는 정성을 보이는 것이라 말하고 묵묵히 길을 재촉한다. 이런 정성만으로도 공명은 거절하기가 어려웠을 것이다. 공명으로선 마음속으로 작정을 하고 유비의 정성을 시험해 보았는지도 모른다. 어차피 유비 진영으로 가려면 그 정도의 예우는 받고 가야 일을 할 수 있다고 생각하였을 수도 있다. 좋은 사람을 모시는 덴 절차가 중요하다. 그런 대접을 받고 갔다는 것을 널리 알려야 세상에 권위도 서고 말발도 먹히기 때문이다. 또 모시는 사람도 함부로 대하지 못한다.

일본의 소니는 천재 기술자 이부카 마사루井深大와 판매관리통 모리타 아키오盛田昭夫의 합작품인데 처음 이부카가 열세 살이나 적은 모리타를 영입하면서 정중한 절차를 거친다. 두 사람은 해군에서 같이 일해 서로 잘 알았다. 그러나 모리타는 300년이나 된 시골 명문 양조장의 후계자였기 때문에 집안의 허락이 필요했다. 이부카는 도쿄에서 야간열차를 타고 나고야 부근 모리타의 고향까지 찾아가 간곡한 청을 넣는다. 모리타의 부친은 시골까지 찾아온 이부카의 정성에 감복하여 모리타가 가는

신제품 개발을 협의하고 있는 이부카 마사루(오른쪽)와 모리타 아키오

것을 허락했을 뿐 아니라 자본 출자까지 한다. 이렇게 해서 소니는 출범했고 천재 기술자인 이부카가 열심히 만들면 모리타는 그걸 전 세계에 팔아 소니의 성공신화를 창조했던 것이다. 만약 이부카가 모리타를 그렇게 영입하지 않았으면 그 후의 소니는 없었을지 모른다. 그야말로 두 사람은 2인3각으로 세계의 소니를 같이 만들어갔던 것이다.

세 번째에야 공명을 만난 유비는 자기의 꿈과 포부를 말하고 자기를 좀 도와줄 것을 간곡하게 청한다. 유비는 "지금 천하가 어지러워 백성들이 고통을 겪고 있습니다. 한나라 황실은 기울어져 조조가 전횡을 부리고 있지만 말릴 힘이 없습니다. 한실 후손인 저는 한실 부흥을 도모하여 도탄에 빠진 백성들을 구하고자 하니 선생의 좋은 재주를 빌려 주시기 바랍니다" 하고 눈물을 흘리며 호소했다. 유비의 정성에 감복한 공명은 자기 나름의 시국관과 전략을 이야기한다.

"지금 천하가 어지러우나 차츰 질서를 잡아가고 있습니다. 북쪽은 조조가 강적 원소를 깨고 확고하게 터전을 잡았으니 당분간 그 세력을 꺾기 어렵습니다. 동쪽 강동江東 지방은 이미 손권이 삼대에 걸쳐 기반을 닦고 장강의 천험天險에 의지해 웅거하고 있어 쉽게 무너지지 않을 것입니다. 지금 형주 지방은 천하의 요지要地이지만 형주목 유표는 나이가 많고 패기가 없어 자기 땅을 지키기가 어렵습니다. 옆에 붙어 있는 익주益州 지방도 옥야천리沃野千里 좋은 땅이나 지금의 주인 유장은 그 땅을 간직할 만한 그릇이 못됩니다. 먼저 형주를 차지한 다음 익주를 점령해 북쪽의 위나라, 동쪽의 오나라와 솥발 같은 정족지세鼎足之勢를 이루는 것이 필요합니다. 오나라와 좋은 관계를 맺어 위나라에 대항하면서 차츰 힘을 키워 장차 천하를 통일하는 전략을 써야 합니다." 유명한 천하삼분지계天下三分之計다.

이제까지 눈앞의 일에만 매달리다가 이런 원대한 전략을 한번 듣고 나니 유비는 눈앞이 번쩍 뜨이는 것 같았다. 유비는 몇 번이나 탁월한 안목이고 전략이라고 감탄한다. 두 사람의 뜻과 이상, 전략이 같음을 확인한 것이다. 유비는 공명에게 같이 가서 그 천하 경영의 실행을 도와달라고 간청한다. 공명은 처음엔 세상으로 내려갈 생각이 없다고 사양한다. 이때 유비는 다시 예의 눈물을 흘린다. 선생이 도와주지 않으면 이 유비가 어떻게 천하전략을 펴보며 불쌍한 백성들은 어떻게 하느냐고 통곡까지 한다. 마침내 공명은 마음이 흔들려 유비와 같이 갈 생각을 한다. 그날 밤 유비는 초려에서 묵으며 공명과 많은 이야기를 하고 다음날 같이 신야로 돌아간다. 드디어 유비는 공명을 자기 사람으로 만드는 정말 큰일을 한 것이다.

위대한 경영자는 자기 스스로 바쁘게 일하는 게 아니라 좋은 사람을 찾아 일을 맡기는 것이다. 그걸 모르고 혼자 동분서주하면서 회장이 이렇게 열심히 하는데 왜 기업이 잘 되지 않느냐고 탄식하는 오너들이 얼마나 많은가.

공명은 초려를 떠나면서 동생 제갈균諸葛均에게 "내가 유 장군의 간곡한 말씀을 저버릴 수가 없어 같이 가기로 했다. 내가 공을 세우고 난 다음엔 다시 융중으로 올 것이니 그때까지 집을 잘 지키고 있으라"고 당부한다. 공명으로선 어느 정도 일을 마무리한 다음엔 돌아오려고 했는지 모른다. 그러나 공명은 그길로 유비를 따라가 54세에 오장원五丈原 전장에서 장렬히 병사하기까지 유비는 물론 그 2세까지 충성을 다한다.

공명 없는 유비 황제나 촉나라는 생각할 수가 없다. 유비로선 공명을 처음 모실 때 삼고초려의 수고를 했지만 그 수고는 크게 보답받은 것이다. 공명은 왜 유비를 택했을까. 유비의 대의명분과 간곡한 정성도 무시할 수 없지만 현실적인 계산도 있었을 것이다. 이미 형주의 유표에겐 실망한 뒤고 남은 것은 조조와 손권인데 조조와는 아무래도 궁합이 맞지 않았다. 조조 스스로 총명하고 치밀하여 공명이 자유롭게 재주를 펼칠 기회가 많지 않을 것이다. 조조 밑엔 이미 많은 인재들이 있어 공명이 들어갈 공간도 별로 없다. 또 공명은 근엄하고 성실한 성격인데 조조는 목적을 위해 수단을 가리지 않고 패도와 기계奇計에 능했다. 조조는 한나라 승상으로서 한실을 받들고 있으나 언젠가는 한실을 폐하고 자기 왕국을 세우리라는 것을 지혜로운 공명은 예상했는지 모른다.

손권은 지역적으로 강동을 기반으로 한 수성형 CEO여서 공명의 천하경영엔 아무래도 미흡했다. 또 하나 걸리는 것은 공명의 형인 제갈근諸葛瑾이 이미 손권의 참모로 활약하고 있다는 점이었다. 그래서 공명은

고융중 입구 공명이 10년간 은거했던 고용중의 정문. 이 안에 유비가 세 번이나 찾은 초려(草廬)가 있다. (뒤에 선 사람은 필자)

한실 부흥을 내세우는 유비가 대의에도 맞고 무엇보다도 유비의 성실한 인품과 관대함에 끌렸을 것이다. 유비라면 통이 커서 폭넓은 재량권을 줄 것이니 마음껏 뜻과 재주를 펼 수 있을 것으로 생각한 게 아닐까. 공명은 결국 사람과 가능성을 보고 별 볼일 없던 유비를 선택한 셈인데 당시로선 대단한 결단이다. 공명은 세속적 가치보다 일할 보람과 장래에 투자한 것이다. 대기업의 좋은 자리를 마다하고 영세 벤처기업에 가서 한번 같이 키워 보자는 심정에 비유해 볼 수 있다.

공명도 물론 어려움이 많으리라는 것은 짐작했을 것이다. 이미 확고한 터전을 잡은 조조나 손권의 세력에 대항하여 새 터전을 일으킨다는 것이 얼마나 어려운 일인지 현명한 공명이 어찌 모르겠는가. 그러나 되

ⓒ권태균

고융중 초려 세 번째 찾아온 유비(왼쪽에서 두 번째)에게 공명(가운데)이 천하삼분지계를 설명하고 있다. 오른쪽은 같이 간 관우와 장비.

고 안 되고는 하늘의 뜻이고 한번 최선을 다해보자는 것이 공명의 심경이고 의기였는지 모른다. 뒤에 사마휘가 공명이 유비에게 갔다는 소식을 듣고 "공명이 좋은 주인을 얻었으나 때를 얻지 못하여 애석하도다" 하며 하늘을 우러러보고 탄식했다 한다.

중국에선 공명의 인기가 매우 높다. 싸움터에서의 신출귀몰한 재주와 탁월한 전략, 공평무사한 집무 태도도 그렇지만 당장의 이해를 초월한 그 같은 선택과 애끓는 충성심, 장렬한 죽음 등이 공명의 인기를 한층 높이고 있다. 그래서 공명이 유비를 만나기 전에 살았다는 남양초려南陽草廬는 경쟁의 대상이 되고 있다. 그 장소를 둘러싸고 오래전부터 치열한 논쟁이 있었다. 하남河南성의 남양南陽과 호북湖北성의 고융중이

공명 부인 상 박색이었다는 전설과는 달리 매우 품위 있는 얼굴이다.

대표적인데 둘 다 청나라 때부터 서로 자기 고장이 삼고초려 처임을 주장하고 있다. 양쪽 다 넓은 대지 위에 고색창연한 건물과 유적들을 웅장하게 지어 놓고 관광객을 끌어들이고 있다. 안에 들어가 보면 공명이 살던 초가집[草廬], 유비와 공명이 만난 방, 옆에서 기다리던 관우와 장비의 조각상, 공명이 독서하던 방, 천문天文을 보았다는 관측대, 무릎을 안고 생각에 잠겼다는 바위 등이 그대로 있다. 양쪽 다 "유비가 공명을 세 번이나 찾은 곳"이라는 커다란 비석을 귀중하게 보관하고 있다. 또 많은 정치인, 문인들이 찾아와 공명을 기리고 칭송한 시비詩碑가 총총히 서 있다. 아주 희귀한 것으로 공명 부인의 천연색 좌상도 있다. 전설과는 달리 매우 품위 있고 잘생긴 얼굴이다. 형주 명사 황승언黃承彦의 딸로 박색이었지만 매우 현숙하고 내조를 잘했다고 전해지고 있다. 공명이 그토록 분주하게 또 훌륭히 나랏일을 볼 수 있었던 것은 부인이 집안을 잘 다스려 신경 쓰지 않게 해주었기 때문이었을 것이다. 공명 부인 좌상 위의 현판도 지혜현숙智慧賢淑이라 쓰여 있다.

삼고초려처에 대한 정통 시비는 워낙 민감한 사안이라 중국 정부도 지역감정을 고려해 모호한 태도를 취하고 있다. 오랜 고증 작업을 거쳐 학술적으론 고융중 쪽이 맞는 것 같다는 결론이 났으나, 정치적 고려와 관광상의 이유 때문에 명백히 발표를 안하고 있는 것이다. 아직 남양 편을 드는 학자들도 많으며 남양 사람들은 자기들이 정통이라고 철석같이 믿고 있다. 공명의 인기가 워낙 높기 때문에 그런 시비에도 불구하고 양쪽 모두 관광객이 많이 몰려들고 있다.

> ## 17 유비의 부드러운 용인술
> 큰 그릇서 우러난 천부적 인덕, 적들도 거역 못해

유비의 위대함은 공명을 모셔 온 후에 더욱 빛난다. 삼고초려도 어려운 일이지만 그렇게 모셔 온 사람을 어떻게 쓰느냐는 더욱 어려운 일이다. 기존 조직과의 조화를 기하면서 공명이 일할 수 있는 여건을 만들어 줘야 하기 때문이다. 당시 유비 진영은 무장으로는 관우·장비·조자룡이 있고, 참모로는 미축·간옹·손건이 있었다. 이들은 유비가 아무것도 없을 때부터 고난을 같이하며 따라다닌 창업 동지다. 유비로선 절대 괄시할 수 없는 사람들이었다. 여기에 27세의 새파란 공명이 파격적 대우를 받고 수석 참모로 왔으니 유비 진영에 긴장관계가 생기는 것은 당연한 일이었다.

기업 세계에서도 유능한 신참자가 발을 붙이기는 매우 어렵다. 대기업일수록 관료화되어 기득세력의 저항이 만만치 않기 때문이다. 그러나 가끔 새 피를 수혈하지 않으면 조직이 정체되고 만다. 그래서 좋은 인재를 모셔와 그 인재가 일할 수 있는 환경을 만들어 주는 것이 CEO가

최우선적으로 해야 할 일이다. 삼성 이병철 회장은 이 점을 철저히 챙겼다. 처음 삼성전자에서 본격적으로 반도체 사업을 시작할 때 세계적인 전문가를 데려오려면 당시 사장보다 더 많은 봉급을 주어야 했다. 이 회장은 반도체 같은 국제적인 일을 하려면 국제적인 기준으로 해야 한다면서 당시로선 파격적인 대우로 전문가를 데려오게 했다. 그리고 전문가가 능력껏 일할 수 있도록 세심히 챙겼다. 또 그룹 경영의 핵심이라 할 수 있는 기획실장을 외부에서 데려오기도 했다. 한번은 외국 대학의 교수 출신을, 한번은 경제관료 출신을 앉혀 새 바람을 일으키려 했다. 그 전통은 2대까지 계승되어 삼성을 초일류회사로 키운 인재 중에는 외부 영입파가 많다. 지금도 초특급 인재들을 사장들이 직접 나서서 파격적 대우로 모셔 오게 하고 그것을 사장들의 중요한 평가 기준으로 삼는다.

유비는 공명과 같이 돌아오자 항상 붙어 지낸다. 이때 유비는 공명으로부터 천하 경영에 대한 집중교육을 받은 것으로 보인다. 평생을 전장에서 살아온 유비로서는 처음 듣는 이야기가 많았을 것이고 공부도 많이 했을 것이다. 유비의 장점은 필요한 이야기를 잘 듣는다는 점이다. 정사『삼국지』에는 유비가 학문에 별 취미가 없고 노는 것과 음악, 옷차림 등에 관심이 많았다고 되어 있다. 한고조 유방과 비슷하다. 그러나 둘 다 참모의 말을 잘 듣고 현명한 판단을 내리는 결단력이 뛰어났다.

유비가 하도 공명과 붙어 지내니 가신들이 불평을 했다. 이럴 땐 대개 성미가 급하고 솔직한 장비가 나섰다. 관우는 자존심이 센 사람이라 승복도 하지 않았지만 드러내 놓고 불만도 나타내지 않았다. 순수한 군인인 조자룡은 자기 일만 했을 가능성이 크다. 장비가 유비에게 불평을 한즉, 유비는 "내가 공명을 얻은 것은 고기가 물을 만난 것과 같다. 지

금 내가 많은 것을 배우는 중이므로 거기에 대해선 아무 말도 말라"고 못을 박는다.

마침 그때 조조군이 쳐내려온다. 북쪽 지방을 평정한 조조가 드디어 남쪽으로 눈을 돌리기 시작한 것이다. 유비가 긴급 회의를 열고 대책을 묻자 장비가 대뜸 "물보고 막으라 하면 될 거 아니오" 하고 퉁명스럽게 말한다. 그동안의 불만이 터진 것이다. 유비는 "내가 지모는 공명을 믿고 무용은 그대들을 믿는데 무슨 말을 그렇게 하느냐"고 꾸중을 한 다음 공명에게 지휘권을 준다. 공명은 첫 전투 지휘에서 기막히게 성공하여 무장들을 놀라게 한다. 장비는 금방 승복했으나 관우는 반신반의한다. 소설 『삼국지』엔 공명이 관우 때문에 힘들어하는 장면이 많이 나온다. 관우·장비는 유비와 의형제까지 맺은 특별한 사이였기 때문에 공명도 마음대로 할 수 없었다.

중국 성도成都에 가면 무후사武侯祠가 있다. 유비와 공명을 모신 사당이다. 유비의 묘인 혜릉惠陵도 있다. 유비를 비롯한 촉나라 핵심인물들의 인물상과 관련 역사물들을 전시해 놓았다. 유비의 사당 앞엔 신하들의 인물상이 문신과 무신으로 나뉘어 14명씩 전시되어 있다. 문신 쪽엔 방통, 무신 쪽엔 조자룡이 맨 앞에 있고 관우와 장비는 특별대우를 받아 따로 모셔져 있다. 공명은 아예 사당이 별채로 차려져 있다. 관우와 장비는 유비의 신하이기도 했지만 혈육 같은 관계였고 다른 사람으로부터도 그런 대접을 받았다.

유비도 이들 창업동지, 특히 의형제와 공명의 관계 때문에 고심했을 것으로 보인다. 여기에서 바로 유비의 리더십이 빛을 발하는데, 견제와 균형을 유지하면서 이들을 잘 끌고 나간다. 유비 밑에 모여든 다양한 인물들은 서로 충돌하면서도 유비에겐 절대적 충성을 바쳤다. 유비는

ⓒ권태균

성도 무후사 정문 무후사에 있는 제갈공명의 사당. 앞쪽에 유비의 사당이 있고 바로 옆에 유비의 묘인 혜릉(惠陵)이 있다.

사람들의 마음속 기미幾微를 잘 알아 알게 모르게 배려하고 다독거렸다. 또 스스로 나설 때와 모른 척할 때를 잘 알았다. 유비는 일하는 자리와 대우하는 자리를 잘 구별해서 썼다. 유비는 충실한 가신인 미축에겐 한동안 공명보다 윗자리를 주었다. 그 대신 결코 군사를 맡기지는 않았다. 미축은 지방의 부호로 유비가 어려울 때 전 재산을 털어 바쳤고 누이를 유비의 후처로 주었으나 싸움과는 거리가 먼 사람이었다. 이렇듯 유비는 각기 재능에 따라 사람을 쓰고 전체의 조화와 화목을 세심하게 배려했다.

관우는 유비 진영의 선임 장군이었다. 공명이 유비 진영을 지휘하기

위해선 관우를 승복시킬 필요가 있었다. 여기에 동원된 것이 바로 화용도華容道의 싸움이다. 유비와 손권의 연합군이 적벽에서 조조군을 깨뜨린 후 패잔병을 추격할 때다. 공명이 각 무장에게 임무를 주는데 관우에겐 끝내 아무 말이 없었다. 관우가 왜 임무를 안 주느냐고 하자 공명은 시침을 딱 떼고 "장군에겐 조조를 붙잡는 아주 중대한 임무를 주고 싶으나 옛날 큰 은혜를 입었기 때문에 그냥 살려 보낼까 봐 그런다"고 말한다. 자존심이 강한 관우가 "내가 사사로운 정 때문에 대사를 망칠 것 같습니까"라고 항의한다. 그러면 조조를 놓치면 처벌을 달게 받겠다는 군령장(일종의 서약서)을 쓰겠느냐고 하자 관우는 두말 없이 군령장을 바친다. 공명은 조조가 반드시 화용도를 지나갈 것이니 미리 매복해 있다가 잡으라면서 만약 화용도로 가지 않을 땐 자기가 처벌을 받겠다는 군령장을 썼다. 구 진영 대표와 신입 공명의 대결이었다.

관우가 떠나고 나서 유비는 걱정이 되어 "내 아우 관우가 인정이 많아 틀림없이 조조를 그냥 보낼 텐데 어쩌면 좋으냐"고 걱정을 한다. 공명은 "천문天文을 보니 조조의 명운이 다하지 않아 어차피 살아갈 운세입니다. 관 장군으로 하여금 옛 은혜나 갚도록 하는 것도 아름답지 않겠습니까" 하고 유비를 안심시킨다. 과연 조조는 화용도를 지났는데 관우가 옛정에 못 이겨 살려 보낸다. 관우가 면목 없이 돌아오자 공명은 군령장대로 목을 베라고 호통을 친다. 옆에 있던 유비가 "관우는 나와 생사를 같이하기로 한 의형제이니 내 낯을 봐서 용서하라"고 청을 넣는다. 유비까지 나서니 공명은 못이기는 척 물러선다. 유비도 공명이 관우의 기를 꺾는 데 한몫 거든 것이다.

『삼국지』 정사를 보면 조조가 화용도에서 관우에게 사로잡힐 뻔했다는 기록이 없다. 소설『삼국지』에선 이야기를 극적으로 만들기 위하여

이 에피소드를 넣은 것으로 보이는데 『삼국지』에서 가장 재미있고 광채 나는 장면 중 하나다. 다른 면에서 생각하면 공명이 관우 때문에 고심한 것이 세상에 널리 알려졌기 때문에 이 장면이 들어갔다고 볼 수도 있겠다.

공명은 유비의 전폭적인 지원을 받아 외교와 행정 쪽에서 진짜 실력을 발휘한다. 유비가 장판파의 싸움에서 비참하게 깨져 오갈 데 없는 처지가 되었을 때 공명은 노숙과 같이 손권에게 가서 군사동맹을 맺고 온다. 빛나는 외교적 승리였다. 당시 유비의 군사는 보잘것없었는데 오나라에 가서 대등한 조건으로 동맹관계를 맺고 전후 기득권도 보장받고 온다.

유비의 일생을 보면 스스로 일을 하기보다 밑의 사람이 목숨을 걸고 일을 하게 하는 불가사의한 힘이 있다. 또 밑의 사람은 유비를 전적으로 신뢰했다. CEO로서 타고난 자질이다. 공명이 손권과 담판을 할 때의 일이다. 공명은 손권에게 지금 조조가 대군을 거느리고 오고 있으니 항복을 하든지 맞서 싸우든지 둘 중 하나를 빨리 택해야 할 것이라고 말한다. 지금같이 엉거주춤하다가는 화를 입는다는 것이다. 그러면 유비는 왜 항복하지 않느냐고 손권이 묻는다. 공명은 "조조는 한나라를 뺏으려는 역적인데 천하의 의인義人인 우리 주공이 어떻게 항복을 합니까. 이기고 지는 것은 하늘이 정하는 일이고 우리 주공은 불의에 맞서 싸울 뿐입니다"라고 못을 박는다. 손권이 졸지에 불의에 항복하는 사람이 될 판이었다. 당시 유비는 인의와 신의를 지키는 사람으로 널리 소문이 나 있었다. 유비의 이런 명성은 유비 진영의 대단한 자산이었다. 공명이 나중에 유비를 위해 인재들을 모을 때도 큰 도움이 되었다. 공명도 그것을 적절히 활용하여 젊은 손권을 자극한 것이다.

자존심이 상한 손권은 발끈하며 "내가 3대째 강동에 웅거해 10만 명의 군사를 거느리고 있는데 어떻게 역적에게 함부로 항복할 수 있겠소"라며 결기를 부린다. 손권 진영 안에서도 주유와 노숙이 항전을 주장하여 결국 손권은 유비와 동맹을 맺고 조조와 적벽에서 한판 싸움을 벌이게 된다. 적벽대전에서 승리한 후 손권군이 조조군과 혼전을 벌이는 틈을 이용해 유비는 형주 남쪽 4개 군, 즉 장사長沙·영릉零陵·계양桂陽·무릉武陵을 점령한다. 공명이 전략을 짜고 관우·장비·조자룡 등이 모두 한 건씩 한 것이다. 이로 인해 오랫동안 천하를 떠돌던 유비가 드디어 자기의 터전을 마련하게 된다. 그 뒤 유비는 손권이 점령하고 있던 형주 남군南郡도 빌려 드디어 천하삼분지계의 첫 포석을 놓게 된다. 유비가 형주를 차지했다는 소식이 전해지자 위나라 조조는 막료들과 정사를 논의하고 있다가 너무 놀라 들고 있던 붓을 떨어뜨렸다고 한다.

　유비는 공명의 도움을 받아 염원하던 근거지를 마련했지만 그전에도 몇 번 기회가 있었다. 형주목 유표가 죽고 아들 유종劉琮이 급하게 조조에게 항복했을 때 공명은 유종을 급습해 형주성을 뺏자고 건의한다. 성공할 가능성도 있었다. 그러나 유비는 "내가 유표 형님에게 신세를 많이 졌는데 그 아들을 해칠 수는 없다"며 말을 듣지 않는다. 그리고 피난길에 나서 갖은 고생을 하다가 드디어 형주 땅의 주인이 된 것이다. 이때가 유비의 창업기로서 천하 경영의 터전을 닦았다고 할 수 있다. 또 공명의 천거로 많은 인재들을 모았다. 촉한의 유능한 신하 중엔 이때 형주에서 모은 사람들이 많다.

　유비는 공명을 신뢰하여 대부분 건의대로 했다. 그러나 도리道理가 아니다 싶을 땐 고집을 부렸다. 익주를 점령할 때도 같은 황족인 유장을 칠 수 없다며 많이 주저했다. 그러나 천하 경영을 위해선 익주 땅이 꼭 필요했고 결국 치열한 전쟁 끝에 유장을 쫓아내게 된다. 유비가 결단을 못 내리고 주저하는 통에 군사軍師 방통을 비롯해 군사도 많이 잃고 2년이라는 시일이 걸렸다. 유비는 냉철하게 이해관계만 따진 것이 아니고 인의나 인정 등을 중시했다. 이런 점이 유비의 약점이기도 하고 매력이기도 했다.

  옛날 사마휘가 복룡伏龍과 봉추鳳雛 중 한 사람만 얻어도 천하를 넘볼 수 있을 것이라고 말한 그 봉추 방통이 스스로 유비를 찾아왔을 때였다. 방통은 공명과는 달리 키도 작고 외모가 별 볼품이 없었다 한다. 그때 공명은 지방 순시 중이었다. 유비는 방통을 한번 보고는 마음에 들지 않아 "이제 자리가 다 차서 시골밖에는 자리가 없으니 우선 거기 가 있으면 다시 부르겠다"라며 뇌양현耒陽縣 현령 자리를 준다. 방통은 어쩔 수 없이 부임은 했으나 일은 안하고 술만 마신다. 이 소식을 접한 유비는 크게 노하여 장비를 감찰차 내려 보낸다. 장비의 급한 성질을 잘 아는 유비는 신중한 손건을 같이 보낸다.

  장비가 가보니 방통이 소문대로 술만 마시고 있어 당장 잡아다가 요절을 내려는 것을 손건이 우선 이야기나 들어보자고 말린다. 장비 앞에 불려나온 방통은 여전히 술이 취해 있었다. 장비가 근무 태만을 호통치자 방통은 그동안 밀린 일을 가져와 보라고 말한다. 그리고 그 자리에서 일을 처리하는 데 백여 일 밀린 일을 반나절도 안 걸려 깨끗이 끝낸다. 장비는 매우 놀라 대인大人을 몰라봤다고 사과하곤 방통을 정중히 모시고 유비에게 간다. 이야기를 들은 유비도 방통에게 사과한다. 그때야 방통도 공명과 노숙의 추천장을 꺼내 놓는다. 거기엔 방통은 큰 인물로서 큰 자리를 주어야 능력을 발휘할 것이라는 내용이 쓰여 있었다. 유비는 방통에게 군사중랑장軍師中郎將이란 요직을 주고 측근으

방통 천재적 전략가이지만 못생긴 외모로 푸대접을 받기도 했다.(적벽대전기념관)

로 삼는다.

유비는 통이 커서 개성 있는 사람을 잘 썼다. 공명과 법정은 능력과 성격이 전혀 달랐지만 유비 밑에서 서로 협조하며 충성을 다했다. 위연 魏延은 싸움 잘하는 장수였으나 고집이 세 공명과는 사이가 좋지 않았다. 그러나 유비는 위연을 잘 써서 공을 많이 세우게 하고 한중을 점령했을 땐 장비를 제치고 한중 태수의 중책을 맡겼다.

신기하게도 유비 앞에 오면 사람들이 적대감을 풀고 마음을 열었다. 또 신뢰하고 좋아했다. 단순한 무장뿐 아니라 까다로운 지식인이나 명사들도 마찬가지였다. 유비라는 큰 그릇에서 나오는 천부적 인덕人德은 부드럽지만 거역할 수 없는 힘이 있었던 것이다.

18 유비와 공명의 2인3각 경영
과감히 힘 실어준 이상적 공동 경영

劉備 　성도 무후사 입구엔 '명량천고明良千古'란 편액이 크게 걸려 있다. 유비와 공명이 같이 이루어낸 업적을 상징적으로 나타내는 말이다. 영명한 군주와 좋은 신하가 힘을 합쳐 역사에 남을 큰일을 하였다는 뜻이다. 여기에 대해선 시대를 넘어 모두 공감하는 바다. 사실 촉한蜀漢은 유비와 공명이 2인3각二人三脚으로 만들어간 합작품이라 해도 과언이 아니다. 두 사람 다 훌륭한 점은 1인자와 2인자가 끝까지 사이가 좋았다는 것이다. 처음에 잘 시작했다가도 마지막까지 좋게 가기는 쉽지 않은 법이다.

　조직이 어느 정도 틀이 잡히고 발전하면 권력 집중화 현상이 일어난다. 그러면 1인자는 2인자가 불편해지고 1인자의 측근에서 2인자 격하 작업이 시작된다. 힘 있는 2인자가 있으면 권력을 나누어야 하는데 그걸 1인자가 좋아하지 않기 때문이다. 그 과정에서 2인자가 물을 먹기도 하고 심할 땐 피비린내 나는 숙청극이 벌어지기도 한다. 창업자 오너

중엔 고생은 같이해도 영화榮華는 함께 누리지 못하는 타입이 많다.

공명은 27세에 유비 진영에 참가해 54세로 오장원에서 병사하기까지 27년을 유비와 그 아들을 위해 충성을 다했다. 유비가 63세로 죽기까지 최측근에서 보좌했는데 두 사람의 의견이 늘 일치했던 것은 아니었다. 그러나 유비는 한결같이 공명을 존중하고 중용했다. 창업자 오너는 싫증을 잘 내 2인자를 오래 두려 하지 않는다. 유비가 공명을 16년이나 2인자로 두었다는 것은 공명의 출중한 능력 때문이기도 하지만, 유비의 통 큼과 후덕함 없이는 불가능한 일이다. 죽을 때도 유비는 공명에게 아들을 부탁했다. 유비의 라이벌인 조조나 손권이 도저히 따라갈 수 없는 점이다. 유비는 유비대로 공명을 정성으로 대하며 의존했고 공명은 공명대로 유비를 지극정성으로 모시며 충성을 다했다. 두 사람의 신뢰와 팀워크는 이상적인 군신관계로 역사에 길이 남아 있다.

공명처럼 유능하면서도 성실한 2인자를 맞이한 것은 유비의 큰 행운이었다. 공명은 2인자 자리에 만족하면서 1인자가 될 욕심이 없었다. 유비를 통해 자기의 뜻과 이상을 실현하고자 했다. 역사에도 이런 인물들이 많다. 위대한 창업 군주 밑엔 으레 위대한 2인자가 있었다. 한고조 유방 밑에 있었던 명승상 소하蕭何가 대표적이고 최근엔 마오쩌둥毛澤東 주석 밑의 저우언라이周恩來 수상도 비슷한 역할을 했다고 할 수 있다. 기업에서도 마찬가지다. 창업자 오너는 대개 개성이 강하고 저돌적인 면이 있다. 그런 강력한 에너지가 없으면 창업이 불가능하다. 그러나 회사를 경영하는 덴 합리성과 치밀함이 필요하다. 그 역할을 2인자가 해주어야 하는 것이다.

2차 대전 후 일본에서 성공신화를 이룬 전자업체 소니나 혼다本田자동차를 보면 위대한 창업자와 그의 충실한 2인자가 2인3각으로 만들어

마이크로소프트(MS)의 두 축인 빌 게이츠(오른쪽)와 스티브 발머

낸 것임을 알 수 있다. 소니는 위대한 발명가 이부카 마사루井深大 옆에 판매 관리에 뛰어난 모리타 아키오盛田昭夫가 있었고 혼다엔 천재기술자 혼다 소이치로本田宗一郎를 관리통 후지사와 다케오藤澤武夫가 빈틈없이 뒷받침했다. 마이크로소프트MS도 빌 게이츠와 스티브 발머의 합작품이라 볼 수 있다. 기업이 어느 정도 크고 나면 이런 콤비 경영이 절대적으로 필요하다. 이 기업들은 모두 창업자 오너와 2인자가 기막히게 궁합이 잘 맞아 서로 상승효과를 냈다는 공통점이 있다.

2인3각 경영은 결코 쉽지 않다. 한국 기업은 보통 수직적 상하관계다. 드문 예로 SK그룹의 최종현 회장과 손길승孫吉丞 사장의 관계를 들 수 있다. 최 회장은 늘 "손 사장은 나의 사업동지"라는 말을 하고 그에 합당한 대접을 했다. 오너에 버금가는 권한을 주고 책임을 지운 것이다. 손 사장도 피고용인이 아니라 주인의식을 갖고 일을 했다고 볼 수 있다.

유비는 공명을 얻음으로써 국가 통치에 절대적으로 필요한 명사와 지식인층의 협조를 얻을 수 있는 통로를 마련했다. 당시는 전란과 혼란의 시기였지만 명사와 지식인들의 영향력을 무시할 수 없었다. 이들이 천하의 여론을 형성하고 그 여론에 따라 인재들이 움직였다. 나라 간 전쟁 중에도 지식인 명사들은 서로 편지도 주고받고 내왕도 하였다.

공명이 유비를 위해 가장 먼저 착수한 것은 좋은 인재들을 모으는 일이었다. 유비의 신하들은 크게 세 부류로 나눌 수 있는데 첫 번째가 유비를 처음부터 따라다닌 창업 그룹, 두 번째가 형주에서 모인 전문가 명사 그룹, 세 번째가 촉나라에 들어간 후 참가한 익주 그룹이다. 첫 번째는 관우·장비·조자룡·미축·간옹·손건 등 정과 의리로 뭉친 사람들로서 가신과 다름없었다.

형주에서 처음으로 명사와 지식인들이 참여하는데 이들은 후에 익주에도 같이 들어가 촉나라 정권의 핵심이 된다. 형주 그룹은 공명이 대표격이고 방통龐統·장완蔣琬·위연魏延·마량馬良 형제·이적伊籍 등이 있다. 이들이 참여하는 덴 공명의 역할이 컸다. 방통은 공명과 쌍벽을 이루는 준재로서 익주 점령을 건의하고 주도한다. 그러나 익주 작전 중 유비가 결단을 주저하는 바람에 승기를 놓치고 적의 화살을 맞아 36세로 요절하고 만다. 계략에 능하고 결단력도 있어 요절하지 않았으면 유비를 위해 더 많은 일을 했을 것이다. 마량은 형주의 명문 출신으로 그의 다섯 형제가 모두 뛰어났다. 막내가 읍참마속泣斬馬謖으로 유명한 마속으로 머리가 좋아 공명이 특히 총애했다.

유비는 사람을 보는 것이 공명과 약간 달랐지만 대부분 공명에게 그냥 맡겨 두었다. 유비의 위대한 점이다. 공명은 학자 출신이고 빈틈없는 이론가여서 그런 타입을 좋아했다. 그러나 나라를 경영하려면 다양한 인재가 필요하다. 그 다양한 인재들을 모으는 덴 유비가 큰 역할을 했다. 유비의 후덕하고 큰 인품에 반하여 개성 있는 사람들이 모여든 것이다. 유비와 공명이 서로의 취약점을 잘 보완했다 할 수 있다.

후에 촉한의 선봉장으로 큰 공을 세우는 위연이 투항해 왔을 때 공명이 뒷머리에 반골反骨이 있어 장차 배반할 것이라며 죽이려는 것을 유비가 살려 잘 포용해 썼다. 유비는 많은 인재들이 모여드는 큰 나무와 같은 존재였다. 유비는 한 가지 재주만 있으면 다른 것은 별문제 삼지 않았다. 유비가 죽고 나서 공명이 인사 전권을 행사했을 때 공정하기는 했지만 다양한 인재를 모으는 덴 성공하지 못했다. 물이 너무 맑으면 고기가 안 모이는 것과 같다. 촉한이 천하통일에 실패한 것은 이 때문이라는 주장도 있다.

익주 그룹으로는 법정法正 · 허정許靖 · 유파劉巴 · 황권黃權 · 동화董和 · 이엄李嚴 · 왕평王平 등이 있다. 익주의 주인인 유장 밑에서 벼슬을 한 명문들이 많다. 유비는 다소 이질적인 이 세 그룹을 잘 견제하고 조화시키면서 나라를 통솔해간다.

유비가 유장을 쫓아내고 익주를 점령하는 과정을 보면 유비의 깊은 속과 뱃심, 그릇이 그대로 드러난다. 당시 익주 지방은 유장이 통치하고 있었는데 사람은 착했으나 큰 인물은 아니었다. 유장은 조조의 침공에 대비하기 위해 친척인 유비에게 도움을 청한다. 그때 유비 진영에선 익주 점령 계획을 은밀히 진행시키고 있었다. 유장의 부하 중에서도 유비 측에 내응하는 사람이 많았다. 대표적인 사람이 법정이다. 법정은 담대하고 계략에 능했다. 이 난세에 유장으로선 익주를 지키지 못하니 차라리 유비가 주인이 되어야 한다고 작정하고 익주의 갖가지 정보를 주며 유비를 도왔다. 유비 진영의 방통도 적극적이었다. 유비는 유장의

원조 요청을 받아들이는 형식으로 군대를 이끌고 양자강을 따라 익주로 들어간다. 공명·관우·장비·조자룡 등은 형주에 남고 방통과 위연 등이 따라간다.

유비가 익주에 들어오는 데 대해 유장 진영에서도 반대가 많았다. 잘못하면 호랑이를 끌어들이는 결과가 된다는 것이다. 그러나 유장은 유비를 믿어 의심치 않았다. 익주에 들어가서도 유비는 바로 야심을 드러내지 않았다. 명분을 살리려고 한동안 뜸을 들인다. 그러다가 야심을 드러내 유장의 군사와 충돌하였다. 그 소동 속에 군사 방통이 전사한다. 곤경에 빠진 유비가 형주에 구원을 요청하자 공명이 장비·조자룡 등과 함께 급히 달려와 유비를 구하고 성도를 포위한다. 이때 신하들이 결사 항전을 주장하자 유장은 우리 집안이 2대에 걸쳐 익주를 다스렸지만 백성들을 편하게 해주지 못하고 전쟁으로 고통을 주었다며 깨끗이 항복해 버린다. 성안엔 3만 명의 병사와 2년 치의 식량이 남아 있었다 한다. 유장은 난세에 나라를 지킬 만한 인물은 아니었지만 선량한 군주였다고 할 수 있다. 유장의 항복을 받은 유비는 "내가 이렇게 하려고 한 것은 아닌데 시세가 어쩔 수 없었다"고 말하곤 잘 대접해 형주에 가서 살게 한다.

그 뒤 익주를 요리하는 유비의 솜씨를 보면 영웅의 그릇이 그대로 드러난다. 먼저 점령군 행세를 하지 않고 민심을 안정시키려 노력한다. 자기의 고집을 부리지 않고 참모들의 의견을 최대한 존중한다. 유비가 익주에 들어오는 것에 반대한 사람들을 적극 포용하여 끌어들이고 유장 밑에서 일하던 중신들을 그대로 유임시켜 썼다. 대부분 유비에게 승복했지만 일부 거부한 사람도 있었다. 곧고 강직한 명사 지식인들이었다. 학자로 이름 높은 유파와 저명한 장군인 황권이 대표적이었다. 유비는 부하들이 이들을 손볼까 봐 만약 유파와 황권을 해치는 자가 있으면 엄벌한다고 경고하고는 직접 찾아가 같이 일하기를 청했다. 서슬이 시퍼런 점령군 사령관이 그렇게 하기는 매우 어려운 일이다. 두 사람은 유비의 정성에 놀라 두말없이 나와서 유비를 극진하게 섬겼다.

　유장 밑에서 촉군태수蜀郡太守를 하던 허정이라는 사람이 있었다. 이름이 높은 데 비해 실질이 별로 없었다. 그래서 처음엔 쓰지 않으려 한다. 그때 익주 사정에 밝은 법정이 와서 "허정은 실력도 별로 없고 처신도 바르지 못합니다. 그러나 이름은 높이 나 있습니다. 세상에 그런 사람은 많습니다. 그러나 집집마다 다니며 허정이 어떤 사람인지를 설명할 수도 없는 일입니다. 만약 허정을 등용하지 않으면 유 장군은 현명한 인재를 쓰지 않는다는 세평을 들을 것입니다. 웬만하면 쓰는 게 어떻습니까" 하고 권한다. 그 말을 듣고 유비는 허정을 괜찮은 자리에 등용한다. 이렇듯 유비는 자기 생각과 다르더라도 밑에서 권하면 들었다.

　유비는 협객 출신으로서 감각적으로 사람을 보고 두루 감싸안는 타입이었다. 타고난 지식인인 공명은 매우 까다롭게 사람을 가려 썼다. 유파에 대해서도 두 사람의 생각은 약간 달랐다. 유비는 형주에 있을 때부터 콧대 높은 지식인인 유파를 못마땅하게 생각하고 있었다. 또 유파도 협객 출신인 유비보다 지식인인 조조를 높이 평가했다. 그러나 공명은 같은 지식인으로서 유파를 존경하고 좋아했다. 익주를 점령한 후 유비는 공명의 건의에 따라 유파를 중용하여 나중엔 상서령尙書令까지 시킨다. 상서령은 행정을 총괄하는 요직으로 유비가 총애했던 법정이 맡았던 자리다. 유파는 유비의 의형제인 장비를 무식하다고 깔시하여 유비가 몹시 화를 낸 적도 있었다. 유비는 유파와 기질적으로 맞지 않았지만 정권 안정을 위해서라면 개인적인 감정을 접을 줄 알았다. 그

후 유파는 유비 정권에서 일하면서 처신을 깨끗이 하였고 유비가 한중왕漢中王과 황제가 되었을 때 하늘에 올리는 제문祭文과 중요한 외교문서들을 직접 썼다. 유비는 다른 인사도 대부분 공명에게 맡겼다. 2인자에게 힘을 실어 준 것이다.

익주를 점령하는 데 제일 공신은 법정이었다. 그래서 법정을 촉군 태수로 임용하고 큰 권한을 주었다. 이때는 법정이 큰 총애를 받았다. 공명은 한 걸음 물러나 기다릴 줄 알았다. 법정이 권력을 쥐자 다소 횡포를 부렸다. 옛날 은혜를 입었던 사람은 파격적으로 봐주고 유감이 있는 사람에겐 철저히 보복했다. 누가 공명에게 와서 법정을 좀 견제하라고 말했다. 그러자 공명은 "옛날 우리 주공이 형주에 있을 때 북쪽은 조조, 동쪽은 손권이 노리고 있고 집안엔 손권의 여동생인 부인이 버티고 있어 늘 불안하게 지냈다. 그러다가 법정의 도움으로 익주를 얻어 이제 겨우 한숨 돌리게 되었는데 법정이 좀 마음대로 한들 어떻게 말리겠느냐"며 타일러 보낸다. 이 말을 전해들은 법정은 깨달은 바 있어 행동을 조심했다고 한다.

법정은 공명과는 성격이 많이 달랐는데 유비는 이 두 사람을 용도에 맞게 잘 썼고 공명도 법정의 의견을 존중해 팀플레이를 잘했다. 법정은 개성이 강했지만 전략안戰略眼이 뛰어나 후에 유비를 도와 한중 지방을 뺏는 큰 공을 세우게 된다. 그러나 법정도 45세로 요절하고 만다. 유비가 근거지를 마련해 본격적으로 국가 경영과 천하통일에 나서려 할 때 죽은 것이다. 법정이 죽었을 때 유비는 매우 슬퍼하며 며칠을 통곡했다고 한다. 만약 법정이 좀더 살았다면 더욱 전략적이고 기발한 계책을 내놓았을 것이고 유비나 촉한의 모습은 좀 달라졌을지 모른다.

법정은 유비에게 직언을 잘했고 유비도 다소 어려워하며 받아들였다.

방통도 유비에게 할 말은 하는 타입이었다. 친근하고 공손한 공명과는 약간 달랐다. 방통과 법정이라는 두 거물 참모가 요절한 후 유비는 공명에게 더 의존하게 되었고 공명의 짐도 그만큼 무거워진다. 형주에서 시작된 촉한의 2인3각 경영이 익주를 점령한 후에도 더 큰 스케일로 전개되는 것이다.

19 유비의 영광과 내리막의 시작
절정기 맞고 방심하다 한순간에 기울어

유비가 익주에 이어 한중까지 점령하고 한중왕이 됐을 때가 그의 절정기라 볼 수 있다. 이때 유비는 좋은 신하들도 많고 기백도 넘쳤다. 한중 땅을 뺏는 과정에서 유비는 법정을 참모로, 장비·조자룡·황충·위연 등을 맹장으로 거느리고 전투를 진두지휘했다. 공명은 성도에서 후방 업무를 총괄했다. 유비는 한중 싸움 때 조조의 부하 장수들을 보고 "조조가 직접 오면 모를까 너희로선 턱도 없다"며 호통을 치기도 했다. 조조가 대군을 이끌고 급하게 달려왔지만 유비는 정면승부 끝에 그를 물리쳤다. 유비가 조조와 맞붙어 통쾌한 승리를 거둔 것은 이때가 처음이었다. 이 승리로 유비는 오랜 조조 콤플렉스에서 벗어날 수 있었다. 그러나 그것이 불행의 씨앗이 된다. 콤플렉스도 나쁘지만 지나친 자신감은 더 큰 화를 부른다. 유비는 한중을 뺏었으나 더 나아가 위나라의 전략 요충인 장안까지 진출할 여력은 없었다. 그것이 당시 촉한의 한계였다.

이때 조조는 한나라 승상에서 위공魏公을 거쳐 위왕魏王이 돼 있었다. 한중에서 승리한 후 유비도 한중왕에 오른다. 유비의 부하들은 유비에게 황제가 되라고 권했으나 유비가 극구 고사하는 바람에 일단 한중왕이 된 것이다. 유비가 늘 본받으려 했던 한고조 유방도 한중왕을 거쳐 황제가 되었다. 유비가 처음 한중왕이 되는 것을 사양하자 제갈공명은 "천하의 재주 있고 덕망 있는 인사들이 목숨을 걸고 주인을 섬기는 것은 현명한 주인을 따라 공명을 세우려는 것입니다. 주공이 명분 때문에 끝까지 거절하신다면 그동안 주공을 따라다닌 뭇사람들이 희망을 잃고 뿔뿔이 흩어질까 두렵습니다"라고 강청하다시피 한다. 부하들도 유비가 왕이나 황제가 되어야 신분이 올라가고 부귀영화를 누릴 수 있다. 오늘날 기업에서 스톡옵션을 받고 나중에 기업이 잘되어 큰 부富를 얻는 것과 마찬가지다.

유비는 어쩔 수 없이 승낙하고 면양沔陽에서 정식 왕위에 올랐다. 유비가 59세 때의 일이다. 지금도 한중 부근 면현勉縣 구주포舊州鋪에 가면 유비의 즉위 장소가 있다. 높이 2미터 정도의 돌비석이 있을 뿐 별다른 유적이 없다. 청나라 말기에 세운 것이라 한다.

유비가 한중왕이 되면서 외아들 유선은 세자가 되고 제갈공명·법정 등 모든 신하들이 각기 상응한 벼슬을 받는다. 그늘에서 오랜 고생 끝에 햇볕이 쨍하고 뜬 것이다. 이때 유비는 대대적인 논공행상을 하면서 절묘한 인사를 한다. 새로 얻은 한중 땅을 다스리고 북방 전선의 방어를 책임질 한중 태수 자리에 위연을 발탁한다. 워낙 요직이라 다들 유비의 의형제인 장비에게 돌아갈 것으로 예상했으나 의외의 인사였다. 위연은 용감하기는 했으나 직선적이어서 공명 등 다른 신하들과 사이가 좋지 않았는데 유비는 위연의 행동력을 높이 평가한 것이다. 임명장을

한중왕 설단처 유비가 한중왕에 올랐던 곳. 지금은 구석진 골목 안에 담장으로 둘러싸인 집과 비석이 하나 있을 뿐이다.

주먼서 유비는 위나라 군사가 쳐들어오면 어떻게 하겠냐고 묻는다. 위연이 "조조가 직접 오면 주공이 원군을 끌고 올 때까지 버티고 조조의 부하가 10만 명쯤 군사를 끌고 오면 그냥 초전에서 박살내 버리겠다"고 대답하자 유비는 만족했다 한다. 과연 위연은 유비의 기대에 어긋나지 않게 그 임무를 잘 수행했다. 유비는 위연 같은 돌출형도 알아보고 잘 쓴 것이다. 그러나 유비가 죽고 나선 위연의 처지가 어렵게 되어 결국 불행한 종말을 맞는다. 나중에 공명은 1차 북벌에 나섰을 때 중요한 전선 사령관에 노련한 위연 대신 학자형의 젊은 마속을 발탁했다가 큰 낭패를 보았다. 공명은 합리적 인사를 했지만 유비의 동물적 감각엔 못 미친 것이다.

유비는 촉나라의 장군 중 가장 뛰어난 다섯 무장에게 5호대장五虎大將의 호칭을 준다. '다섯 사람의 호랑이 같은 장군'이란 뜻이다. 즉 관우·장비·조자룡·마초·황충 등이다. 5호대장이 정식 관직은 아니다. 『삼국지』정사를 보면 관우를 전장군, 장비를 우장군, 마초를 좌장군, 황충을 후장군에 임명하고 조자룡은 빠진 것으로 되어 있다. 이상하게도 조자룡은 벼슬에서 늘 뒤로 밀렸다.

유비는 조자룡을 관우·장비에 버금가게 믿고 좋아했다. 조자룡은 일찍이 유비의 호위대장을 맡았고 큰아들 유선의 목숨을 두 번이나 구하는 등 공로도 많았지만 벼슬이나 작위爵位는 후하게 주지 않았다. 조자룡은 강직한 군인이어서 행동이 근엄하고 묵묵히 맡은 바 일을 다했다. 그래서 유비는 궁중의 기강 잡는 일을 조자룡에게 맡기기도 했다. 조자룡이 벼슬에서 자꾸 뒤처진 것이 유비가 조자룡을 믿고 양보하게 한 것인지 조자룡의 강직한 성품 때문인지 잘 알 수 없다. 조자룡은 관우·장비에 비해 덜 알려진 편이지만 실제 활약은 대단했다. 어려운 고비마다 조자룡이 나서 뒷수습을 했고 항상 정도를 걸었다. 유비에게 충성했지만 바른 말도 많이 했다. 그래서 후세 사가史家들은 조자룡을 참된 군인, 진정한 충신으로 평가한다. 성도에 있는 무후사에 가보면 무신상의 맨 앞에 조자룡을 모셔 놓았다. 따로 모셔 놓은 관우·장비 다음으로는 조자룡을 첫손에 꼽은 것이다.

유비가 한중왕이 된 후 가장 명예로운 네 자리의 장군을 정하면서 관우·장비는 무공으로 보나 실력으로 보나 선두에 넣을 수밖에 없었을 것이다. 마초는 신참이었지만 대대로 명문에다 서북방 이민족에 대한 영향력이 커서 특별히 배려한 것으로 보인다. 그다음 남은 한 자리를 늦게 참여했지만 익주 정벌과 한중 전투에서 큰 공을 세운 노장 황충에게 줌으로써 형주 출신에 대한 지역 안배도 한 것으로 보인다. 당시 유비 군사 중엔 형주 출신이 많았다. 조자룡이 다소 섭섭해 하겠지만 잘

이야기하면 양해할 것으로 보았는지 모른다. 이 인사안을 두고 제갈공명이 걱정을 한다. 조자룡을 빼고 황충을 넣으면 한중 싸움에서 황충의 활약을 직접 본 장비는 괜찮겠지만 관우가 가만있을 리 없다는 것이다. 유비가 그 문제는 자기에게 맡기라면서 인사를 강행한다.

비시費詩가 임명장을 갖고 형주로 가서 관우를 만난다. 과연 관우는 노장 황충과 동렬에 앉을 수 없다고 새 벼슬을 받지 않는다. 그동안 같이 고생한 조자룡의 탈락에 대한 배려도 있었을 것이다. 비시가 관우를 달랜다. "장군은 한중왕(유비)의 의형제로 같은 몸이라 할 수 있는데 벼슬의 높고 낮음이 어찌 문제가 됩니까. 옛날 한고조 유방이 황제로 취임했을 때 한신韓信이나 진평陳平같이 늦게 참여한 사람들을 더 우대해도 측근들이 불평했단 소리를 듣지 못했습니다. 장군이 한중왕의 입장을 잘 헤아리지 않고 벼슬을 거절하신다면 얼마나 섭섭해 하시겠습니까" 하고 설득한다. 유비에겐 절대적으로 심복하던 관우는 "정말 선생의 가르침이 없었다면 큰 실수를 할 뻔했습니다" 하고 두말 않고 벼슬을 받는다. 유비가 인사를 강행한 것은 관우의 이런 성격을 잘 알고 있었기 때문일지도 모른다.

관우는 자존심이 강한 대신 순수한 면도 있었다. 관우는 마초가 유비 진영에 처음 참가했을 때 공명에게 편지를 보내 마초가 어떤 사람인지를 물으면서 그 무용이 대단하다 하니 서천西川으로 가서 한번 겨뤄보고 싶다고 말한다. 현명한 공명은 관우의 의도를 즉각 알아차리고 답신을 보낸다. 즉 마초가 뛰어난 호걸이기는 하나 장비와 겨룰 만한 정도지 천하무쌍天下無雙의 관우 장군과는 비교도 안 된다고 적어 보냈다. 그 편지를 받은 관우는 대단히 만족해 하며 부하들에게 그 편지를 돌려 보였다고 한다. 공명이 유비 밑에서 2인자로 그토록 장수한 것은 이런 예민한 감각과 기민한 대처가 있었기 때문일 것이다. 당시 유비가 큰 가슴으로 포석을 하면 공명은 두루두루 살펴 치밀하게 챙기는 역할을 했던 것이다.

유비가 한중을 빼앗고 동료들이 큰 공을 세우자 관우도 슬슬 위나라에 대한 공세를 준비한다. 그때까지 형주의 관우는 어디까지나 방어에 주력했다. 당시 촉나라의 병력으론 한중과 형주 양쪽에서 싸움을 벌일 여력이 없었다. 한중 쪽의 전선이 어느 정도 안정되자 군사도 증원받을 수 있었을 것이고 형주 쪽의 사기를 위해 전쟁과 승리가 필요했을 것이다. 관우는 군사들을 동원해 양양 북쪽의 위나라 조인이 지키는 번성樊城을 공격한다. 처음 관우의 공격은 눈부신 성공을 거둔다. 위나라 대장 우금于禁을 사로잡고 방덕龐德의 목을 벤다. 위나라 요충지 번성은 함락 직전까지 간다. 그 기세가 어찌나 맹렬했던지 위나라에선 수도를 허창에서 다른 곳으로 옮겨 잠시 예봉을 피할 생각마저 한다. 이때 관우의 명성은 천하를 울리고 하늘을 찌를 듯했다. 이때가 관우, 더 나아가 촉나라의 최전성기였다.

나라 기업이나 절정 뒤가 항상 위험한 법이다. 개인도 마찬가지다. 그 위험을 피하려면 절정에 달했을 때 긴장을 풀지 말고 더 조심해야 한다. 또 바닥을 다져야 한다. 그러나 욱일승천의 기세에서 그러기가 쉽지 않다. 절정기의 영광에 취하다 보면 어느새 나락의 위험이 바싹 다가와 있는 것이다.

사실 관우의 빛나는 승리 밑엔 허점이 많았다. 무엇보다 오나라 손권과의 동맹 관계가 삐걱대고 있었다. 형주를 둘러싼 영토 분쟁 때문이었다. 관우는 유능하고 용감한 장군이었지만 전략적 안목과 개인 성격엔 문제가 있었다. 공명이 관우에게 형주를 맡기고 익주로 들어갈 때 큰

지침을 주었다. 즉 동쪽으로 오나라와 잘 사귀면서 북쪽의 조조에 대항하라는 것이었다.

관우도 오나라에 신경을 많이 쓰기는 했다. 그래서 북쪽으로 번성을 공략하러 가면서 형주와 공안성에 병력을 남겨 두어 만약의 사태에 대비했다. 그러나 서전에서 너무 크게 이기자 경계심이 풀어져 버렸다. 관우의 성격도 문제였다. 손권이 자신의 아들을 관우의 딸과 짝지어 주자고 정략결혼을 제의했을 때 관우가 한마디로 거절해 버린다. 그것도 그냥 거절한 것이 아니라 "호랑이의 딸을 어떻게 개의 자식에게 줄 수 있느냐"고 말하면서 혼담을 가져온 제갈근을 혼내서 보낸다. 제갈근은 공명의 친형으로 점잖고 촉나라에 호의적인 인물이었다. 사실대로 이야기를 들은 손권은 크게 노한다. 관우의 치명적인 실수였다.

또 관우가 출정하기 전 형주성을 미방麋芳, 공안성을 부사인傅士仁에게 맡겼는데 평소 이 두 사람은 관우에게 괄시를 당하여 속으로 원한을 품고 있었다. 관우가 10년간 형주 사령관을 지내면서 오만해졌던 것이다. 관우 같은 막강한 권력을 가진 사람이 빠지기 쉬운 함정이다. 유비도 관우를 함부로 대하지 못했으니 공명도 견제가 어려웠다. 기업에서도 대개 이런 경우 큰 사고가 난다. 관우는 출정하기 전 미방과 부사인이 조그만 실수를 하고 군량을 제대로 보급하지 못하자 형주로 돌아가면 가만두지 않겠다고 경고까지 한다. 두 사람은 더욱 떨게 됐다. 관우로선 발밑에 화약을 묻어 둔 격이었다. 의심하면 쓰지 말고 쓰면 의심하지 말라고 했는데 인사의 기본 원리를 무시한 것이다.

더 근본적인 실책은 눈앞의 승리에 도취하여 국제 정세의 변화를 눈치채지 못한 것이다. 관우가 승승장구하자 위나라에서 교묘한 외교전을 편다. 위나라는 오나라 손권에게 형주의 지배권을 인정할 테니 관우의 배후를 치라고 한다. 손권은 이 제안을 받아들여 관우를 기습할 계획을 세운다. 이 사실을 관우나 촉나라는 새까맣게 몰랐다. 손권은 형주 작전을 노련한 장군인 여몽呂蒙에게 맡긴다. 친유비파인 노숙이 죽어 병권兵權이 형주수복파인 여몽에게 넘어간 것도 관우와 촉한의 불행이었다. 여몽은 기습작전을 펴 형주를 전광석화처럼 점령해 버린다.

관우는 처음엔 오나라의 배신과 기습을 믿지 않으려 한다. 그것이 사실로 판명되자 관우는 필사적으로 탈출을 시도하지만 사방에 깔린 오나라 군사들에게 사로잡히고 만다. 손권은 관우를 항복시켜 부하로 만들고자 하지만 영원한 유비 사람인 관우가 들을 턱이 없었다. 관우는 같이 잡힌 양아들 관평關平과 함께 장렬히 죽음을 맞는다. 유비를 따라 전장을 누빈 지 40여 년, 의형제이며 주공인 유비가 이제 확실한 기반을 잡아 천하통일의 첫발을 내디디려 할 때 어이없게도 죽은 것이다.

관우의 죽음으로 인하여 유비의 촉한은 천하의 요충인 형주 땅을 잃고 변방의 지방 정권으로 전락한다. 유비의 천하통일 계획도 치명타를 입는다. 관우 개인으로서도 그토록 짧은 기간에 영광의 절정에서 참담한 나락으로 떨어져 버린 것이다.

20 유비의 마지막 고집과 파국의 시작
균형감각 잃고 명분 없는 전쟁 강행

관우의 죽음은 촉한은 물론 오나라와 위나라에도 큰 영향을 미쳤다. 관우가 10여 년간 통치하던 형주 땅은 천하의 배꼽과 같은 요지로서 삼국 세력의 균형축均衡軸이었는데 그 땅이 송두리째 오나라에 넘어갔으니 국제 질서에도 큰 변화가 생긴 것이다. 가장 타격을 받은 사람은 역시 촉한의 유비였다. 국가적 타격은 말할 것도 없고 개인적으로도 엄청난 충격이었다. 관우가 우호 관계에 있던 오나라의 기습을 받아 형주를 빼앗긴 데다 아들과 함께 참수당했다는 것이 더 통한이었다.

관우가 오나라에 잡히기 직전 가장 가까운 곳에 있던 유봉劉封과 맹달孟達에게 구원군을 요청했으나 깨끗이 거절당했다. 유봉은 유비의 양자로 관우의 조카뻘이었다. 둘 다 관할지가 안정되지 않아 군대를 다른 데로 뺄 수 없다는 명분이었지만 평소 뻣뻣했던 관우의 태도에도 상당한 이유가 있었을 것이다. 구원군을 요청하러 갔던 특사는 할 수 없이 성도까지 갔는데 그 소식을 듣자마자 유비는 스스로 관우를 구하러 가겠다고 출동 준비를 시킨다. 그러나 얼마 안 있어 관우의 전사 소식이 전해지고 유비는 혼절하고 만다.

유비는 사흘 동안 식음을 전폐하고 통곡했다 한다. 제갈공명 이하 신하들도 할 말을 잃었다. 공명은 관우를 형주에 너무 오래 둔 걸 후회했으나 이미 엎질러진 물이었다. 유비는 온 나라에 상복을 입게 하고 관우의 장례를 몸소 치렀다. 그리고 관우의 원수를 갚겠다고 단단히 맹세했다.

유비는 오나라 손권을 비롯해 관우를 배신한 부사인·미방, 또 구원군을 안 보낸 유봉·맹달 등을 용서할 수가 없었다. 당장 오나라 정벌 군사를 일으키려는 것을 공명 등 신하들이 극구 말린다. 사실 당시 촉한으로서는 오나라에 군대를 보낼 여력이 없었다. 유비는 참을 수밖에 없었지만 가슴속 응어리는 풀리지 않았다. 유비의 분노를 짐작한 맹달은 도저히 살아남을 가망이 없다고 보고 위나라로 도망간다. 위나라에선 전략적으로 맹달을 후대한다. 유봉은 같이 가자는 맹달의 권유를 뿌리치고 그대로 남았다가 성도에 불려가 자살하게 된다. 아무리 양자이지만 관우를 잃은 유비의 분노를 달랠 길이 없었던 것이다.

다른 해석도 있다. 유봉은 용맹이 뛰어나 장차 유비의 적자嫡子 유선과 분쟁이 일어날 소지가 있으므로 미리 없앴다는 것이다. 유봉을 죽이고 맹달을 망명시킨 것은 후에 유비와 촉나라에 큰 부담이 된다. 사실 관우를 비명에 보내고 나서 유비는 사람이 다소 바뀐다. 균형 감각을 잃고 무리한 고집을 부리게 된 것이다.

손권으로서도 관우를 죽이고 그토록 바랐던 형주를 차지했지만 후환이 두려웠다. 대책회의 끝에 위나라에 책임을 슬쩍 미루기로 한다. 그래서 관우의 수급을 위나라 조조에게 보냈다. 어디까지나 조조의 뜻에

의해 관우를 죽인 것으로 하기 위해서다. 이 속셈을 조조가 짐작 못할 턱이 없었다. 조조는 원래 관우를 좋아한 데다 촉나라에 대한 배려도 있어 관우의 몸을 좋은 나무로 깎아 붙이고 예를 갖춰 정중히 묻어 주었다. 제후諸侯 대우로 치러진 장례식엔 조조가 직접 참석했다.

지금도 낙양성 남문 밖엔 관림關林이라 하여 웅장한 관우의 사당과 묘가 있다. 수령 300년이 넘는 800그루의 측백나무가 빽빽이 하늘을 뒤덮고 있다. 유비에 대한 빛나는 충절과 장렬한 죽음 때문에 관우는 거의 신으로 대접받고 있다. 역대 왕조에서도 황제에 대한 충성심을 고양시키기 위해 관우를 정책적으로 높이 받들어 왔다. 처음 관우가 죽었을 땐 제후 대우였지만 그 후 왕이 되고 황제가 되고 이제는 신의 지위에까지 올랐다. 중국에선 문성文聖으로 공자孔子, 무성武聖으로는 관우를 치기까지 한다. 그래서 무덤도 공자는 공림孔林, 관우는 관림關林으로 불리는 것이다.

관림에 가보면 계절별로 큰 제사를 드리고 참배객이 끊이지 않는다. 정부 당국에서도 관우의 인기를 잘 알아 제사 등에 세심한 신경을 쓴다. 특히 민간에서 인기가 높아 관우 사당엔 누워서 책을 보는 관우의 전신상이 있다. 관우가 늘 앉아서 책을 보니 피곤할 것이라며 민간에서 돈을 모아 만든 것이라 한다. 소설『삼국지』는 사실이 7할, 허구가 3할이라고 하는데 3할의 대부분이 관우와 공명에 관한 내용이다. 두 사람을 신격화시킨 것이다.

손권도 관우의 머리는 낙양의 조조에게 보냈지만 촉한에 대한 대비책으로 근처 당양에 관우의 무덤을 만들고 정중히 제사를 지내주었다. 지금도 남아 있는 당양의 관릉關陵은 낙양의 관림처럼 웅장하다. 안에 들어가면 여러 채의 사당이 있어 참배객들이 큰 향을 피워 놓고 소원을

당양 관릉 당양에 있는 머리 없는 관우의 묘 입구. 관우의 머리는 낙양 관림에 모셔져 있고 고향인 운성에도 혼을 모신 관제묘가 있다.

빈다. 머리 없는 관우의 묘는 제일 안쪽에 있는데 조그만 산처럼 봉분을 만들어 놓고 그 위에 큰 나무들을 심어 놓았다. 관릉도 참배객이 끊이지 않는다.

관우는 중국의 민간신앙으로 자리 잡은 지 오래다. 관우의 묘는 세 군데나 있다. 목은 낙양의 관림에, 몸뚱이는 당양의 관릉에 있고 혼은 관우의 고향인 산서성山西省 운성運城 부근 해현解縣에 있는 관제묘關帝廟에 모셔져 있다. 해현은 소금의 집산지인데 옛날엔 소금이 전매품이어서 전국 조직망을 갖고 장사를 했다. 물론 암거래도 많았다. 해현 상인들은 중국 각지로 나가 장사를 하면서 고향의 위대한 인물인 관우의 초상을 걸어 놓고 수호신으로 삼았다. 관우가 무예도 높고 신의를 중히 여겼기 때문이다.

오늘날엔 관우가 재신財神으로 불리기도 한다. 금전에는 결백했던 관우에겐 의외의 칭호라 할 수 있지만 큰돈을 모으려면 관우처럼 신의를 생명과 같이 중하게 여기고 장사하란 뜻으로 해석되고 있다. 우리나라에도 서울 동대문 밖에 관우 사당이 있는데 임진왜란 때 명나라 군인들이 가져와 모신 것이 시초라 한다.

관우가 죽은 해에 오나라 여몽도 뒤따르듯 죽고 이듬해 초엔 평생 관우를 그토록 자기 사람으로 만들고자 했던 조조도 숨을 거두었다. 그동안 유비는 관우의 원수 갚기를 벼르고 별렀으나 주위의 만류와 촉한의 국력 때문에 참을 수밖에 없었다.

조조 뒤를 이은 조비가 드디어 한실을 없애고 스스로 황제가 된다. 한나라의 정통 계승자임을 자처하는 유비도 가만히 있을 수 없었다. 몇 번 사양하다 촉한의 황제가 된다. 유비가 61세 때의 일이다. 가난한 시골 출신의 한 협객이 40여 년의 간난艱難 끝에 드디어 최고의 지위까지 올라간 것이다. 유선이 황태자, 공명은 승상이 되고 다른 신하들도 각각 높은 벼슬을 받았다. 공명과는 다른 계보로 유비의 각별한 신임을 받았던 명군사名軍師 법정과 백전노장 황충은 그 전해에 병으로 죽었다.

황제가 되자 유비는 오나라를 쳐서 관우의 원수를 갚을 생각부터 한다. 정 많은 유비는 스스로는 황제가 되어 부귀영화를 누리면서 관우의 원수를 그대로 두는 것은 말이 안 된다고 생각한다. 그러나 주위에선 여전히 말린다. 오나라보다 위나라를 치는 것이 먼저라는 것이다. 사실이 그랬다. 위나라 조비가 한실을 빼앗고 황제가 되었으니 그쪽을 먼저 쳐서 한실을 부흥하는 것이 도리에 맞다. 측근들은 군비를 강화하고 군사들을 훈련시켜 위나라부터 먼저 없애자고 권했다. 유비도 마지못해 그렇게 하기로 마음을 정한다.

이때 막내 동생인 장비가 나타나 불을 질렀다. 장비는 당시 파서巴西

지방을 맡아 다스리고 있어 성도엔 자주 오기가 어려웠는데 모처럼 온 장비는 유비의 바짓가랑이를 잡고 통곡했다. "형님이 황제가 되셨는데 관우 형의 원수는 갚지 않고 무얼 하십니까. 우리 같이 죽기로 약속하지 않았습니까" 하고 재촉한다. 유비가 "나도 그러고 싶지만 다른 사람들이 자꾸 말린다"고 하자 격정적인 장비는 "다른 놈들이 우리 형제의 약속을 어떻게 압니까. 만약 형님이 안 가시면 저 혼자라도 가서 원수 손권과 싸우다 죽겠습니다" 하고 소리를 지른다. 이 대목에 이르러 유비도 결심을 한다. 장비에게 관우의 원수를 갚으러 갈 테니 군사를 모아 강주江州(오늘날의 중경)로 오라 하고 오나라를 징벌하기 위한 총동원령을 내린다. 유비로선 천하통일을 위해선 전략적 요지인 형주를 꼭 되찾아야 한다는 것과 거느린 군사 중에 형주 출신이 많아 그들의 고향을 수복해야 한다는 점도 작용했을 것이다. 이에 대해 촉나라에선 반대가 많았다. 그러나 유비는 일단 결심했으니 두말하지 말라고 못을 박는다.

이때 학자 진복秦宓이 나서서 반대하다 옥에 갇힌다. 강직한 조자룡이 다시 나선다. 관우 장군의 원수를 갚는 것은 사적인 일이고 위나라를 쳐서 한실을 부흥시키는 것은 공적인 일이므로 오나라보다 위나라를 먼저 쳐야 한다는 것이다. 위나라를 정복하면 오나라는 스스로 와서 항복할 것이라며 우리가 오나라와 싸우면 위나라만 좋아질 것이라고 눈물겹게 간한다. 백번 옳은 말이었지만 유비는 그 말을 들으려 하지 않는다.

조자룡 정도 되니까 그런 충언을 용감히 할 수 있었을 것이다. 충언이란 대개 입에 쓴 것이므로 윗사람이 좋아하지 않는다. 자리는 물론 잘못하면 목숨을 내놓아야 한다. 그래서 한 가지 충언을 하려면 열 가지 공을 세운 다음에 하라는 말이 있다. 조자룡으로 말하자면 그동안의 공적이나 유비에 대한 충성심에서 아무도 시비를 걸 수가 없었다. 유비

도 조자룡의 충언을 잠자코 들었지만 따를 마음은 없었다. 그래서 그를 원정군에서 빼고 후방군 사령관에 임명한다. 그리고 스스로 총사령관이 되어 정벌군을 지휘하겠다고 선언한다.

이때 유능한 장군 황권이 유비에게 "폐하께서 직접 지휘할 게 아니라 제가 선봉이 되어 오나라로 쳐들어갈 것이니 폐하께선 후군을 거느리고 오십시오"라고 권한다. 그러나 유비는 마구잡이로 앞장서 원수를 갚으러 가겠다고 고집한다. 그리고 황권도 장강 북쪽의 군사령관으로 임명하여 오나라와의 싸움에선 빼버렸다. 이미 유비는 냉철한 판단을 할 형편이 아니었다. 이때 가장 고심했던 사람이 제갈공명이었을 것이다. 승상으로서 당연히 유비를 말려야 하지만 유비와 관우의 관계, 또 유비의 원통한 심정을 잘 알았기 때문에 강하게 반대를 못했지 않나 짐작된다.

기업 경영에서도 그런 일이 많다. 위대한 창업자가 마지막 고집을 부리고 그 심정을 잘 아는 2인자가 그걸 막지 못할 때 큰 비극이 일어나는 것이다. 이 복수전이 실패한 후에 공명이 "만약 법정이 살아 있었다면 이 참화를 막을 수 있었을 터인데" 하고 크게 탄식하는 장면이 있다. 법정이었다면 유비를 더 강력히 말렸을지 모른다. 유비는 법정을 좀 어려워 했다. 공명은 너무 친숙하고 가족 같은 사이여서 유비가 덜 어려워했다. 공명도 유비의 입장을 너무 잘 헤아렸는지 모른다.

사실 위대한 경영자도 말년에 가면 너무 자신 과잉이 되어 균형감각을 잃는 일이 많다. 평생 불가능한 일을 천재적 노력으로 가능하게 해왔기 때문에 무슨 일이든 할 수 있다고 생각하는 것이다. 만약 조직 내에 효과적인 견제 장치나 경영자가 어려워 하는 사람이 있으면 작은 비극으로 끝날 수 있으나 그렇지 않으면 개인은 물론 조직이 파국을 맞게 된다.

　20세기의 가장 위대한 경영자인 헨리 포드도 말년에 정치에 개입한 데다 낡은 경영 방식을 고집하고 사람을 잘못 써서 포드 자동차를 엉망으로 만들어 놓았다. 일본 최고의 경영자로 존경받고 있는 마쓰시타 전기의 마쓰시타 고노스케松下幸之助도 말년에 정당을 창당하여 정치에 참여하려는 것을 사내는 물론 일본 재계에서 강력히 말려 겨우 단념시킨 적이 있다. 그 대신 새로운 정치인을 체계적으로 양성할 마쓰시타정경숙松下政經塾을 만드는 것으로 타협을 보았다. 소니도 컬럼비아 영화사를 인수하여 큰 손해를 봤는데 이때도 모리타 회장의 희망이 많이 작용했다 한다.

　특히 위대한 창업주는 법적으로 절대적인 지위는 물론 빛나는 카리스마를 갖추어 아무도 반대를 못하게 된다. 그것이 새 사업을 일으키는 데 도움이 되기도 하지만 만약 지도 노선이 잘못되면 조직을 매우 어렵게 만든다.

　어쨌든 촉한의 유비는 오나라 정벌군을 발진시켰고 본인 스스로 선봉에 섰다. 100만 대군이라 선전했지만 당시 촉나라의 국력으로 보아 5만 정도가 아니었을까 추측된다. 삼국 중 가장 국토가 좁고 인구도 적던 촉나라로선 국력을 총동원한 것으로 보인다. 강력한 위나라를 북쪽에 둔 채 대군을 이끌고 오나라와의 싸움에 나서는 것은 어느 모로 보나 사리에 맞지 않았다. 그러나 복수심에 불타는 유비에게는 그런 국가 전략이 보이지 않았다. 결국 마지막 고집을 부려 대군을 이끌고 기세등등하게 출발하는데 이때 유비와 촉한의 대비극이 시작되었던 것이다.

21 유비, 공명에게 모든 것을 맡기다
치명적 패배 후 사심 없는 최선의 포석

유비의 오나라 정벌은 어차피 무리였다. 국력을 총동원하여 5만여 명의 군사를 모았지만 무엇보다 좋은 지휘관과 참모가 부족했다. 경험이 풍부한 관우·황충 등은 이미 세상을 떠났고 법정이나 방통 같은 뛰어난 참모를 대신할 후계자가 없었다. 촉나라가 변방에 떨어져 있었기 때문인지 인재 선발 시스템이 잘못되었는지 창업 1세대를 이을 신진기예의 후계 세대가 모자랐다. 철두철미 능력주의로 나간 조조보다 인정이 많은 유비는 인재의 세대교체에 신경을 덜 썼는지 모른다. 창업 세대가 요직을 꽉 잡고 있으면 아무래도 신진들이 크기 어렵다.

유비는 오나라 정벌에 나서면서도 북쪽에서 호시탐탐 노리고 있는 위나라에 대한 대비도 해야 했기 때문에 마초·조자룡·위연 등 백전노장들을 후방에 남겨두지 않을 수 없었다. 무엇보다 공명이 참전하지 않았다. 공명이 오나라 정벌에 소극적이기도 했지만 유비가 없는 성도에서 나랏일을 총괄할 사람이 없었기 때문이다. 제갈공명에게 일이 너무 집중됐다. 제갈공명이 너무 출중한 탓도 있지만 유비가 적당히 권력을 나누어 일을 배분하지 못한 데도 이유가 있을 것이다. 그래서 유비는 난세의 통 큰 보스지만 안정기의 뛰어난 경영자 자질에선 조조보다 한 수 아래라는 평가를 받는 것이다.

유비가 항상 본받으려 했던 한고조 유방은 인재를 골고루 잘 썼다. 세 사람의 뛰어난 인재, 즉 소하蕭何·장량張良·한신韓信을 각기 특장特長에 맞춰 잘 부렸다. 소하는 승상으로서 나라 안을 빈틈없이 다스리고 군수, 병력 등을 책임지고 조달하여 유방이 전선에서 안심하고 싸울 수 있도록 했다. 장량은 항상 유방 곁에 있으면서 시의적절한 전략과 전술을 내놓았다. 그 위에 진평陳平이라는 파격적 참모가 있어 장량의 부족한 점을 보완했다. 한신은 뛰어난 전선지휘관으로 전장에서 많은 군사를 수족같이 부려 유방의 승리에 결정적으로 기여했다. 유방은 이 세 사람에게 각기 알맞은 역할을 맡기고 대소고처大所高處에서 지휘하면서 최후의 승리를 거두었다. 그렇게 할 수 있는 것이 바로 위대한 CEO의 능력이다.

후에 유방이 한나라를 세우고 나서 창업 공신들을 무자비하게 제거하는데 한신도 숙청 대상이 된다. 한신이 잡혀와 연금 상태에 있을 때의 일이다. 어느 날 유방과 한신이 이야기를 나누면서 장수란 각기 그릇이 있어 거느릴 수 있는 병력이 다르다는 말이 나왔다. 유방이 한신에게 묻는다. "나는 어느 정도의 군사를 거느릴 수 있는가." "한 10만 명쯤 될 것입니다." "한신 당신은 어느 정도 거느릴 수 있는가." "저는 신축자재하여 많으면 많을수록 좋습니다." "그러면 왜 당신이 나의 수하였고 지금은 나에게 잡혀 있는가." "저는 병사를 잘 쓰지만 폐하는 장수를 잘 쓰는 장將의 장將이기 때문입니다."

유비도 장將의 장將 감이지만 천하의 영걸 세 사람을 수족같이 부린 유방은 못 따라간 것이다. 그래서 유방이 천하를 통일해 한나라를 세운 데 비해 유비는 공명 한 사람에게 너무 의존하다 지방정권으로 끝났는지 모른다. 삼성 창업자 이병철 회장도 "경영자도 그릇이 다르다. 상무 그릇이 있고, 전무 그릇이 있고, 사장 그릇이 있다. 상무 때 잘하다가도 전무, 부사장이 되어 잘못하는 경우가 많다. 좋은 사장이 되기는 매우 어렵다. 좋은 사장이 되려면 노력도 필요하지만 타고난 덕성도 갖추어야 한다"는 말을 늘 했다. 확실히 같은 임원이라도 위로 갈수록 그릇이 중요하며 그래서 위대한 경영자는 타고난다는 말이 있다.

유비가 막 떠나려 할 즈음 또 하나의 비보가 날아들었다. 동정군東征軍의 선봉 노릇을 해야 할 장비가 부하들에게 암살당한 것이다. 장비는 임지인 파서巴西로 돌아가 1만여 명의 군사들을 거느리고 강주江州(오늘날의 중경)에서 유비와 합류하기로 했는데 급한 마음에 너무 성질을 부리다가 부하들에게 암살당한 것이다. 장비는 관우의 원수를 갚으러 갈 때 모든 군사들에게 입힐 흰 군복을 사흘 안으로 준비하라고 명령한다. 실행 불가능한 명령이었다. 부하 장수가 어렵다고 하자 명령 불복종으로 심한 매질을 하고 기일에 못 대면 때려죽이겠다고 선언한다. 부하 장수는 어차피 죽을 바엔 살 궁리를 찾아야겠다고 생각해 밤중에 술에 취해 자는 장비의 머리를 베어 오나라로 도망간다.

평소 장비는 술만 마시면 병사들을 매질하고 심하면 때려죽이는 등 행패가 심했다. 전쟁 때는 몰라도 질서가 잡히고 나면 모든 것을 법규와 규정에 따라야 하는데 장비에겐 그런 인식이 없었다. 장비는 타고난 성질이 있는 데다 창업 공신이라는 점, 또 황제의 의형제라는 점 등이 겹쳐 다소 마음대로 굴었지 않나 짐작된다. 유비도 장비의 성질을 잘 알아 "너는 부하들을 심하게 매질하면서 가까이 두고 있으니 큰 탈이 날까 걱정된다. 성질을 죽이고 조심하라"고 여러 번 타일렀다. 그런 개인적인 충고보다 행패가 용납 안 되는 시스템을 만드는 것이 중요한데 인정 많은 유비는 그것을 못한 것 같다.

장비의 죽음 소식이 전해지자 유비는 손권에 대한 적개심을 더욱 불태웠다. 손권 때문에 사랑하는 두 아우가 죽었으니 반드시 복수를 해야 한다는 것이다. 촉나라에서 오나라 땅이 된 형주로 쳐들어가려면 장강을 따라 배로 내려가거나 강 양쪽의 좁은 길을 따라가야 한다. 지금도 중경에서 형주 입구인 의창宜昌까지 가려면 중간에 유명한 세 협곡, 즉 삼협三峽을 지나야 한다. 강 양쪽엔 깎아지른 듯한 험준한 산들이 하늘 높이 솟아 있어 천험의 난관을 이루고 있다. 군데군데 물길이 빨라 오늘날의 현대식 선박으로도 매우 조심해서 가야 한다. 유비군은 일부는 배로, 일부는 산을 넘어 험난한 행군을 한 것으로 보인다. 수송 장비가 보잘것없던 당시에 5만여 명의 군사가 움직이는 것은 보통 일이 아니었을 것이다.

한편 손권은 유비가 쳐내려온다는 소식을 듣고 깜짝 놀란다. 유비가 가만히 있지 않을 줄은 알았지만 북쪽에 강대한 위나라를 두고 군사를 총동원하여 스스로 올 줄은 짐작하지 못했던 것이다. 그래서 유비와 가까운 제갈근을 사절로 보낸다. 유비는 백제성白帝城에서 제갈근을 만난다. 제갈근은 먼저 관우의 죽음에 대해 사과한다. 관우가 죽은 것은 손권의 참뜻이 아니며 평소 관우와 사이가 나빴던 여몽이 저지른 일이라고 변명한다. 그러면서 한나라를 찬탈한 역적 조비를 놔두고 오나라에 쳐들어 오는 것은 도리에 맞지 않는 일이라고 설득한다. 촉나라와 오나라가 싸우면 위나라만 어부지리漁父之利를 취한다면서 손권은 촉나라와

장강의 서능협 중국에서 가장 긴 징강은 형주 부근에 오면 강폭이 좁아져 매우 험난해진다. 유비는 이 길을 통해 오나라로 쳐들어갔다.

잘 지내기를 바란다고 말한다. 백번 옳은 말이었지만 유비는 들을 자세가 아니었다. 손권을 잡아 원수를 갚겠다면서 제갈근을 쫓아 보낸다. 오나라는 젊은 육손陸遜을 총사령관으로 발탁해 비상태세에 들어간다.

서전에서 유비군은 승리를 거두었다. 복수심에 불타는 기세도 있어 오나라 방위선을 가볍게 돌파하여 형주 입구인 효정猇亭에 전선사령부를 설치한다. 유비는 스스로 군사엔 자신이 있다고 생각했기 때문에 부하들의 충고에도 불구하고 앞장서서 전진했다. 평생을 전장에서 살아온 유비는 오나라 손권은 물론 젊은 사령관 육손을 우습게 봤다. 주위에서 육손이 옛날 주유에 못지않은 명장이니 조심해야 한다고 해도 "내가 평생을 전쟁터에서 살았는데 어찌 젖비린내 나는 어린 육손만 못하겠느냐"는 말로 일축했다. 유비가 적벽대전 후 손권을 만나러 경구(현 진강)에 갔을 때 20대 청년이었던 육손을 오나라 궁전에서 만난 적이 있었다. 흔히 나이 많은 사람들은 어릴 때 본 사람은 어리게만 여겨 그 후의 발전을 잘 모르기 쉽다. 그 육손이 명장으로 성장해 있었던 것이다.

유비는 몇 번이나 결전을 유도하면서 싸움을 걸었으나 육손은 전략적 후퇴만 거듭했다. 참모들이 저렇게 후퇴만 하는 것은 무슨 계략이 있는 것 같다고 하자 유비는 "계략은 무슨 계략이냐. 겁이 나서 감히 싸우지 못하는 것"이라고 자신만만했다. 유비는 교만해져 적을 깔보았던 것이다. 유비군의 보급선은 점점 길어져 장강 연안 700리에 걸쳐 40여 채의 진영이 늘어서게 됐다. 거기다 긴장감이 풀리고 자만심이 생긴 것이 더 문제였다.

여름이 되자 촉군은 시원한 숲 속으로 진채를 옮겼다. 촉나라 군대는 길게 배치되어 방어에 취약점을 드러냈다. 주변 참모들이 이 점을 우려하여 유비에게 촉군의 배치 상황을 한번 승상 공명에게 보이는 게 좋겠다고 말했다. 유비는 자기도 병법을 잘 알고 있는데 승상에게 물어 볼 필요가 있느냐고 하다가 주위에서 거듭 권하는 바람에 공명에게 급사를 보냈다. 공명은 급사가 가져온 배치도를 받아보고 크게 놀라 폐하께 이걸 건의한 사람은 당장 목을 쳐야 한다고 말한다. 황제 스스로가 한 일이라고 하자 공명은 이제 촉군은 참패를 면할 길이 없다면서 길게 탄식했다.

과연 육손은 촉군의 허점을 놓치지 않았다. 길게 늘어선 촉군 진영에 일제히 화공 공세를 벌이니 40여 진영이 모두 불길에 휩싸였다. 밤중에 서로 호응할 수가 없어 유비 진영이 유린되고 강 위에 있던 촉나라 배들도 오나라 수군에 의해 전멸했다. 군수 물자나 장비도 모두 불탔다.

기습을 당한 유비는 야밤중에 허둥지둥하다 겨우 목숨만 건져 백제성으로 도망쳤다. 유비가 끌고 간 5만여 명의 군사 중 백제성까지 도망쳐온 사람은 극소수에 불과했다.

이 전쟁이 바로 유명한 이릉夷陵대전인데 유비군은 당분간 재기가 불가능할 정도로 타격을 받았다. 유비는 나이 때문인지 자만심 때문인지 적을 깔보다 치명적인 실수를 범한 것이다. 유비가 전쟁에 지고 나서 "내가 어린 육손에게 패하다니 이것도 하늘이 내린 운수인가" 하며 길게 탄식했다고 한다.

적을 가볍게 보면 반드시 지게 되어 있는데 이것은 기업 경영에서도 자주 보는 사례다. 시대가 달라진 것을 모르고 옛날 생각만 하다 비참한 꼴을 당하는 것이다. 물론 자신이 일으킨 기업을 끝까지 돌본다는 선의에서 나오는 것이지만 노욕老慾은 노해老害가 되기 쉬운 것이다.

패진의 충격이 겹쳐 유비는 몸져 눕는다. 병환은 점점 깊어졌다. 유비는 자신의 병세를 짐작하고 승상 제갈공명과 상서령 이엄李嚴을 백제성으로 불렀다. 공명은 황태자 유선에게 성도를 지키게 하고 이남 유리劉理, 삼남 유영劉永과 함께 급히 갔다. 유비는 공명을 보자 "내가 승상을 만나 제업帝業을 이루었으나 마지막에 승상의 말을 듣지 않다가 이같은 낭패를 당했다. 후회막급이다. 내 목숨도 얼마 남지 않은 것 같으니 마지막 부탁을 하고자 한다. 승상의 재주는 위나라 조비보다 열 배는 되니 나라를 안정시키고 우리가 못 다한 중원 통일도 할 수 있을 것이다. 내 자식이 미흡하니 승상이 잘 지도해 달라"고 당부했다. 그리고 공명을 가까이 오라 하여 등을 어루만지며 "만약 내 자식이 도울 만하면 돕고 그렇지 못하면 승상이 직접 촉한의 주인이 되어 큰일을 이루라"고 말한다. 공명으로선 무시무시한 말을 들은 것이다. 공명은 황망히 유비 앞에 엎드려 변함없는 충성을 거듭 맹세한다. 유비의 그 말이 다른 어떤 말보다도 공명을 감격케 하고 충성을 맹세케 했을 것이다.

공명이 대신 나라를 차지해도 좋다는 말에서 유비의 진심과 그릇됨을 알 수 있다. 창업 동지라 할 수 있는 공명에게 모든 것을 맡기고 부탁한 것이다. 역사상 가장 순수하고 모범적인 군신君臣 관계로 칭송되고 있다. 유비는 두 아들을 불러 공명에게 절하게 하고 "너희 형제는 앞으로 승상을 아버지처럼 모시면서 지도를 받으라"고 당부한다. 이쯤 되면 공명은 유비의 아들들을 위해 죽을 힘을 쏟지 않을 수 없었을 것이다. 지금도 백제성에 가면 유비가 임종에 즈음해 두 아들을 부탁하는 장면이 새겨진 조각상(「유비탁고도劉備託孤圖」)이 있어 뭇사람들을 눈물 짓게 한다.

유비가 공명과 이엄을 같이 부른 것은 당시 형주 세력을 대표한 공명과 익주 세력을 대표한 이엄에게 동시에 아들을 부탁하기 위한 것으로 보인다. 이 두 세력은 촉나라의 양대 인맥으로서 서로 은근히 견제 관계에 있었다. 또 조자룡을 가까이 불러 "자룡은 나와의 옛정을 생각해 아침저녁으로 나의 아들들을 만나 내 말을 어기지 말도록 깨우쳐 주기 바란다"라고 당부했다. 그리고 모든 신하들을 돌아보며 "승상에게 자식들을 부탁하고 아들들에겐 승상을 아버지처럼 섬기라고 했으니 내 뜻을 잘 받들어 주길 바란다"면서 눈을 감았다. 향년 63세, 황제가 된 지 2년 만이었다. 유비는 마지막 고집을 부려 촉나라를 어렵게 했지만 후계구도를 마련하는 데는 통 크고 후덕한 자신의 방식으로 최선을 다한 것이다.

22 유비의 후계자와 제갈공명
애끊는 충성으로 목숨 바쳐 부축하다

劉備　　유비는 임종에 즈음해 황태자 유선에게 유언을 남긴다. 자신을 반성하고 아들을 걱정하는 아버지의 자상함이 가득 배어 있다. "나의 병은 처음엔 단순한 설사로 생각했으나 이젠 합병증까지 생겨 회복이 어렵게 됐다. 인생 50이면 짧다고 할 수 없는데 나는 60을 넘기고도 몇 년 더 살았다. 한도 없고 후회도 없다. 한 가지 마음에 걸리는 것은 너희 어린 형제들이다. 신하들은 황태자의 재능이 뛰어나다 하는데 사실이라면 그보다 다행이 없겠다. 중요한 것은 노력이다. 악행은 아무리 작아도 저질러서는 안 되고 선행은 아무리 작아도 게을리 해서는 안 된다. 사람을 움직이려면 현명하고 덕이 있어야 한다. 나는 덕이 부족했다. 본받아서는 안 될 것이다. 한서漢書·예기禮記·제자백가諸子百家·신자申子·상군서商君書 같은 옛 글을 부지런히 익혀 본받도록 하라. 더욱 노력해 힘쓰길 간곡히 당부한다." 유비다운 제왕학帝王學의 전수다.

　　유비는 자신의 사후 최강의 권력자가 될 공명을 견제하기보다 아예 유선과 공명의 공동 경영 쪽으로 가닥을 잡았다. 공명이 결코 아들을 배신하지 않을 것을 믿고 나라를 대신 차지해도 좋다고까지 말한다. 전폭적인 신임이다. 그것이 오히려 공명을 더 감격케 해 끝까지 충성을 바치게 한다. 유비의 부드러우면서도 위대한 리더십이다. 또 가장 현명한 판단이기도 했다. 유비의 후계자는 다소 모자랐지만 후계 구도는 나름대로 성공적이었다. 영명한 군주의 자질을 갖췄다고 볼 수 없는 유선이 유비 사후 40년간 황제 자리를 지키면서 나라를 보전했다. 공명을 아버지처럼 모시고 모든 것을 상의하라는 유비의 간곡한 당부를 충실히 지킨 덕분이다. 나이가 들어서도 결코 황제의 실권을 행사하려 하지 않았다. 유비가 시킨 대로 자신의 분수에 맞게 행동한 것이다.

기업에서도 비슷한 일이 일어난다. 기업이 영속하려면 후계 구도가 좋아야 하는데 대부분의 창업주가 그 준비에 소홀하다. 아무리 빈틈없이 시스템을 마련해도 후계자가 제멋대로 하면 소용이 없다. 젊어서 기업을 계승하면 처음엔 원로들의 의견을 잘 따르다가도 나이가 들면 스스로의 포부를 펴보고 싶어 한다. 2세의 측근들이 그것을 은근히 부추긴다. "제2의 창업", "개혁 원년" 같은 구호가 나붙고 대대적인 2세 띄우기 캠페인이 벌어진다. 그런 젊은 도전이 성공하는 경우도 있지만 실패하는 경우가 더 많다. 2세들은 대개 창업주 1세를 뛰어넘어 자신의 능력을 증명하려 한다. 그래서 거창한 새 사업을 일으킨다. 외환위기 이후 수많은 기업이 무너졌는데 그중에는 2세들의 과욕에 의한 것들이 많았다. 젊은 2세들은 기업 경영의 복잡성과 인과 관계를 너무 쉽게 생각하는 경향이 있다. 성공의 길이 빤히 보이는 것 같지만 잘 안 되는 것이 기업 경영이다.

2세들이 특히 실패하는 것은 인간관계다. 2세들은 대부분 창업주가

성공해서 권위도 갖추고 황제 노릇을 하던 모습에 익숙하여 그 흉내를 내려 한다. 사람과 시대가 바뀐 것을 모르기 쉽다. 창업주 1세는 그렇게 되기까지 갖은 간난을 다 겪고 성공해 살아남은 사람들이다. 그만큼 카리스마도 있다. 그들은 사업할 땐 냉정하지만 속이 깊고 인정도 있다. 마음의 기미機微를 잘 알아 사람을 잘 부린다. 그런 능력은 쉽게 배울 수 있는 것이 아니다. 젊은 2세는 금전적 대우와 효율성으로 사람을 부리려 하기 때문에 사람들을 심복시키기가 어렵다. 유능한 인재들이 심복하고 몸과 마음을 바쳐 일하지 않으면 기업이 발전할 수 없다.

외환위기 후 도산한 기업 중에는 기업 내부의 인간관계 때문에 망하거나 낭패를 본 기업이 많다. 사람을 내보낼 때도 창업 1세들은 훨씬 노련하다. 결정을 하는 것은 창업주이지만 그것을 실행하는 악역은 다른 사람이 한다. 마지막 인사를 받을 때는 정말 안타깝고 서운한 모습을 보인다. 그리고 실제로 인간적인 정을 베풀기도 한다. 어쩔 수 없는 대세라 생각하고 창업주와 회사를 원망하지 않도록 하는 것이다. 젊은 2세는 이런 인간적 배려에 서툴다. 자존심을 못 세워 줄 뿐 아니라 가슴에 상처를 주는 행동까지 한다. 그것도 대부분 모르고 한다. 그래서 가슴에 한을 품고 회사를 떠나게 되고 더러는 보복까지 하는 것이다.

정사 『삼국지』에서 진수는 유비를 다음과 같이 평했다. "유비는 넓은 식견과 포용력을 갖추고 의지가 굳었다. 좋은 인재에겐 허리를 굽혀 가르침을 받았다. 한고조 유방의 풍모를 닮은 영웅의 그릇이었다. 죽음을 앞두고 아들과 나라를 제갈공명에게 맡겼는데 한 점의 사심도 없었다. 가히 군신 관계의 모범이라 할 수 있다. 그러나 조조보다 권모술수가 뛰어나지 못했고 따라서 영토가 협소했다. 수많은 어려움에도 불구하고 결코 좌절하지 않았으며 끝까지 조조의 신하가 되지 않았다. 자신의 안락보다 대의를 생각했기 때문이다."

CEO로서 유비의 자질을 보면 확실한 비전을 갖고 불굴의 의지를 갖추었다는 것이 큰 장점이다. 그야말로 맨주먹으로 그 정도까지 이룬 업적을 볼 때 유비는 통 크고 훌륭한 경영자였다고 하지 않을 수 없다.

제갈공명은 유비의 영구를 성도로 옮긴다. 촉나라 사람들은 어버이를 잃은 자식같이 슬퍼했다. 유비는 그만큼 백성들의 사랑을 받았다. 유비의 묘 혜릉은 성도 무후사 안에 있다. 무후사는 공명이 무향후武鄕侯를 지냈기 때문에 붙여진 이름인데 그 안엔 유비의 능과 사당이 있고 뒤편에 따로 공명의 사당이 있다. 유비와 공명은 살아서도 '물과 고기'와 같이 붙어 지냈고 죽어서도 한 울타리 안에서 사이좋게 지내는 것이다.

무후사에는 유비와 공명을 기리는 참배객들이 1년 내내 끊이지 않는다. 그들은 이상적인 군신 관계에 감탄과 부러움을 함께 보낸다. 유비와 공명은 서민들에게 큰 인기가 있어 1960년대 후반 문화대혁명 때도 홍위병들이 차마 손대지 못했다 한다. 유비의 묘는 매우 검소한 편이다. 형주에서 죽은 감甘 부인과 익주에 들어가 얻은 오吳 부인이 합장되어 있다.

황태자 유선이 바로 제위帝位에 오르자 공명은 승상에다 익주목益州牧 사례교위司隷校尉를 겸해 촉나라의 문무전권을 쥐게 된다. 유비가 살아 있을 땐 외교와 국방은 유비가, 나머지 행정 전반은 공명이 맡았는데 이젠 공명이 모든 것을 다 챙겨야 했다. 공명의 힘겨운 역정이 시작된 것이다.

공명이 가장 먼저 해야 할 일은 남방의 반란을 진압하는 일과 오나라와의 국교를 다시 여는 일이었다. 촉나라가 오나라에 패하고 유비가 죽은 틈을 타 남쪽 지방에서 반란이 일어났다. 진압군을 남방에 보내기

출사표 무후사 입구에 돌로 새긴 출사표. 송나라 충신 악비의 필체로 전해지고 있다.(앞에 선 사람은 필자)

위해선 오나라의 양해가 불가피했다. 공명은 유능한 외교관 등지鄧芝를 오나라에 보내 국교 정상화에 성공한다. 그 뒤 공명은 대군을 지휘해 남방 정벌에 나선다. 이 작전의 성공으로 공명의 위신이 크게 높아졌고 이릉대전의 패배로 땅에 떨어졌던 촉나라 군사들의 사기도 크게 올랐다. 또 풍요한 남방을 평정하여 촉나라의 경제적 기반을 크게 확충할 수 있었다.

이렇게 국방력을 강화하고 경제를 튼튼히 한 다음 강대국 위나라를 정벌하는 일에 착수했다. 공명인들 국력 차이를 몰랐을 리가 없다. 그러나 가만히 있다가는 약소국 촉나라가 버티기 어려우니 차라리 적극 공세로 나간 것 같다. 또 유비 없는 촉나라를 이끌고 가기 위해선 긴장과 분발이 필요하기도 했다. 이 과정에서 2인자 공명의 고뇌가 곳곳에서 나온다. 오너 아닌 전문경영인의 한계다. 오너 겸 창업자 2세가 따로 있는 이상 결정적 순간엔 약해진다. 성실한 공명은 전문경영자의 분수를 철저히 지켰다.

공명이 북벌에 나서면서 2세 황제 유선에게 올린 출사표出師表를 보면 공명의 애절한 심정이 잘 드러난다. 출사표는 공명의 굳은 충성심을 나타내는 것이기도 하지만 철없는 유선을 타이르는 충언이기도 하다. 공명은 자신이 출정하고 난 뒤 국사를 상의해야 할 사람들을 추천하고 황제로서의 근무 태도와 마음가짐을 간곡히 건의했다. 간신을 멀리할 것과 충신을 가까이 두어 충언을 잘 듣도록 당부했다. 그중에 궁중과 정부의 의견이 달라서는 안 된다는 점과 신상필벌信賞必罰을 특히 강조했다.

공명의 출사표를 보고 울지 않는 사람은 충신이 아니라는 말이 있다. 성도 무후사에 가면 송나라 충신 악비岳飛가 힘찬 필체로 쓴 출사표가 돌에 새겨져 있어 사람들을 숙연케 한다. 악비는 출사표를 울면서 썼다고 하는데 줏대 없는 황제 밑에서 강적 금나라와 어려운 전쟁을 해야 했던 자신의 처지와 겹쳐져 더 슬펐는지 모른다.

공명은 유선의 그릇과 역량 때문에 무척 답답했을 것이다. 촉나라가 건곤일척의 대결을 벌인 위나라 조조의 후계자들에 비해선 많이 떨어진다고 할 수밖에 없다. 조조의 아들인 위나라 문제文帝 조비나 그 아들 명제는 어린 나이에도 결정적일 땐 뛰어난 자질을 보이면서 대세를 주도했다. 그러나 유선에겐 그런 황제다움이 없었다. 태평성대라면 착한 황제가 될 수 있겠지만 난세의 황제로선 아무래도 미흡했다. 유선은 환관의 말에 현혹되어 국정을 문란하게 하기도 하고 심지어 전장에 나가 있는 공명을 소환하기도 했다. 공명은 전장을 떠날 형편이 아니었지만 황제의 소환에 응하지 않으면 대역죄가 되므로 눈물을 머금고 후퇴하기도 했다.

광원 명월협 고잔도 가파른 절벽 옆에 붙은 3단 구조의 좁은 길. 공명의 군사들은 이 길을 통해 한중 전장터로 갔다.

ⓒ권태균

그래도 유일한 위안은 유선이 공명을 신임하고 끝까지 권한을 맡긴 점이다. 이런 유선 밑에서 나라를 꾸려가려니 공명은 과로사過勞死하지 않을 수 없었을 것이다. 부하가 "승상께서 모든 일을 다 하려 노심초사 하시니 건강이 걱정됩니다. 일을 나누어 맡기시는 게 좋겠습니다" 하고 건의하자 공명은 "나도 그렇게 하고 싶으나 선주先主의 간곡한 유명遺命을 받은 터에 주군이 모든 것을 맡기시니 하나라도 소홀히 할 수가 없다"라고 실토했다 한다.

공명이 오장원에서 마지막으로 위나라 사마의와 대치할 때의 일이다. 그땐 아무리 싸움터라도 군 사절使節들은 오갔다. 촉나라 군사軍使가 위나라 진영에 갔을 때 사마의가 무심한 듯 묻는다. "승상은 안녕하신가.

제갈량 묘 정군산 기슭에 있는 제갈량의 묘(뒤쪽 봉분)와 묘비.(왼쪽 큰 것은 명나라 때, 작은 것은 청나라 때 세운 것)

요즘 어떻게 지내시는가." "아침부터 밤늦게까지 일하시면서 식사는 조금밖에 하지 않으시니 걱정입니다." "왜 그렇게 바쁘신가." "어버이같이 군사들을 대하시어 태형 20대 이상은 직접 챙기십니다" 하고 말해 버렸다. 군사가 돌아간 후 사마의는 "공명이 일은 많고 먹는 것은 적으니 오래 살지 못하겠구나" 하고 기뻐했다 한다. 촉나라 군사는 자기도 모르는 사이에 공명의 건강에 대한 촉나라 최고 기밀을 실토했던 것이다.

그 뒤 사마의는 공명이 아무리 도발해도 응하지 않고 공명의 수명이 다하기를 기다려 결국 최후의 승리를 거둔다. 공명도 천하의 기재奇才였지만 사마의도 그에 버금가는 준걸俊傑이었던 것이다. 유비나 공명이 불행했던 것은 조조나 사마의 같은 천하의 강적을 만난 점이라 할 수 있다. 그것도 하늘의 뜻이라고 할 수밖에 없다.

유약한 황제 밑에 힘 있는 신하가 있으면 말이 많게 마련이다. 2세

황제 주변에선 공명 경계론이 많이 나왔었다. 공명에게도 왕이 되라는 부추김이 있었다. 그러나 공명의 충성심이 한결같고 유선도 유비의 간곡한 당부가 있었는지라 큰 문제는 없었다. 공명이 죽자 부하 한 사람이 "강대한 병력을 가진 권신權臣이 이제 없어졌으니 폐하의 근심을 덜었다"고 아첨 섞인 말을 했다. 그 말을 듣고 유선은 크게 화를 내며 당장 그 사람을 잡아다가 처형했다. 우유부단한 유선으로서는 대단한 결심이었는데 그만큼 공명에게 의지했다는 뜻이 된다. 또 촉나라가 모두 공명 인맥인데 그 말을 듣고 가만히 있었다간 앞으로의 나라 통치가 어렵다고 생각했을지 모른다.

공명의 후임은 역시 공명이 추천한 장완蔣琬과 비의費禕가 연이어 맡았다. 군사는 애제자인 강유姜維가 맡아 북벌사업을 계속 이어갔다. 공명은 가도 공명의 인맥이 촉나라를 계속 다스린 것이다.

공명은 전문경영자의 한계를 실감하며 죽을 고생을 하다 생애를 마감했다 할 수 있다. 유비와의 첫 인연 때문에 공명은 뻔히 알면서도 가시밭길을 가지 않을 수 없었다. 그래서 후세 사람들은 공명의 고달픈 운명에 눈물지으면서 위대한 경영자 유비의 통 큰 사후 포석에 더욱 감탄하는 것이다.

제3부 孫權 손권 편

손권은 영특한 3대로서 수성에 성공한 명CEO라 할 수 있다. 통 크고 신중한 성격으로 물려받은 인적 자원을 잘 관리했을 뿐 아니라 좋은 사람을 많이 초빙하고 키웠다. 또 강동江東 명문들을 잘 포용하여 그들의 적극적인 협조를 받았다. 실사구시實事求是적 성격에다 생각이 유연했다. 원칙 때문에 손해 보는 일을 하지 않았다. 실리를 위해서라면 체면에 별로 구애받지 않고 신축자재하게 행동한 것이다. 특히 외교 감각이 탁월하여 당시 물고 물리는 삼국 관계에서 항상 최선의 선택을 했다. 어찌 보면 손권은 오나라의 3대째 CEO로서는 가장 이상형이라고도 할 수 있다.

23 수성守成의 명CEO 손권
실리 외교와 인재 관리로 발전적 수성에 성공

『삼국지』의 세 주인공 조조·유비·손권 중 오나라 손권만 창업주 오너가 아니다. 2세지만 3대째다. 오나라는 손권의 아버지인 손견이 창업을 하고 2대인 손책이 기반을 넓힌 다음 3대째인 손권 대에 이르러 명실상부한 나라의 틀을 갖추었다. 2세지만 물려받은 가업을 잘 발전시켜 위나라·촉나라와 더불어 천하를 삼분한 것이다. 가히 수성의 명인名人이라 할 수 있다.

기업은 3대를 넘기가 어렵고 나라도 3대째가 가장 고비라는 말이 있다. 3대쯤 되면 초창기의 힘찬 에너지가 소진되어 기득권층이 발호하고 조직 피로가 발생한다. 한번 대대적인 개혁을 해 조직이나 사람을 재정비할 필요가 있다. 참신한 기풍을 일으키고 에너지를 재충전해야 무사안일과 경직화에서 빠져나와 재도약을 기할 수 있는 것이다.

1대는 창업자이기 때문에 에너지가 넘치고 2대째는 고군분투하는 창업주 1대를 보았기 때문에 긴장을 풀지 않지만 3대쯤 가면 좋고 쉬운

것만 찾게 된다. 측근들도 마찬가지다. 그래서 기업이나 나라가 융성하려면 뛰어난 3대가 나와야 한다는 말이 나오는 것이다.

창업도 힘들지만 수성도 그에 못지않게 어렵다. 손권은 영특한 3대로서 수성에 성공한 명CEO라 할 수 있다. 통 크고 신중한 성격으로 물려받은 인적 자원을 잘 관리했을 뿐 아니라 좋은 사람을 많이 초빙하고 키웠다. 또 강동江東 명문들을 잘 포용하여 그들의 적극적인 협조를 받았다. 실사구시實事求是적 성격에다 생각이 유연했다. 원칙 때문에 손해 보는 일을 하지 않았다. 실리를 위해서라면 체면에 별로 구애받지 않고 신축자재하게 행동한 것이다. 특히 외교 감각이 탁월하여 당시 물고 물리는 삼국 관계에서 항상 최선의 선택을 했다. 어찌 보면 손권은 오나라의 3대째 CEO로서는 가장 이상형이라고도 할 수 있다.

오나라의 창업주이며 손권의 아버지인 손견은 양자강 하류이 오군吳郡 지방의 하급관리 집안에서 태어나 순전히 무용武勇 하나로 기반을 닦았다. 처음엔 역대 명문이었던 원술의 부장으로 들어가 여러 전장을 누비며 명성을 얻었다. 매우 용감해서 여러 제후들이 반동탁 군을 일으켰을 땐 선봉에 서서 싸우고 낙양성에도 맨 처음 입성했다. 그러나 확고한 기반을 닦기도 전에 전장에서 형주목 유표의 부하 황조黃祖에게 기습을 당해 죽었다. 37세 때였다.

부하들은 뿔뿔이 흩어지고 큰아들 손책은 원술 밑에 몸을 의탁했다. 손책은 영특한 데다 무용이 뛰어났다. 원술은 일찍부터 손책을 좋아하여 "손책 같은 아들이 있었으면 한이 없겠다"는 말을 자주 했다고 한다. 그러나 욕심 많고 그릇이 작은 원술 밑에 오래 있을 생각이 없었던 손책은 18세 때에 뛰쳐나와 아버지의 기반인 오나라로 가서 자립한다. 손책이 오나라에서 깃발을 세우자 아버지 손견의 부하들이 달려와 돕는다. 황개黃蓋 · 정보程普 · 한당韓當 등이다.

　손책이 오나라로 들어가 영토를 넓히는 과정에서 지방 토호 세력들과 많이 싸워야 했다. 손책은 무력으로 이들을 차례로 정복한다. 손책은 타고난 영걸이어서 많은 인재들이 모여든다. 대표적인 인물이 양주揚州 명문의 대표 주유周瑜와 북쪽에서 온 명사 장소張昭인데 이 두 사람은 오나라의 2대 창업 공신이다.

　당시 장강 남쪽의 오나라는 아직 미개 지역으로 토호들이 세력을 부리고 있었다. 4대 토호인 주朱 · 고顧 · 육陸 · 장張씨들은 갑자기 떠오른 손책 집안을 약간 우습게 보았다. 손책은 무력으로 그들을 누르면서 주유의 도움으로 겨우 정권을 유지할 수 있었다. 손책은 나라를 안정시키기 위해선 적극적인 공세로 나갈 수밖에 없다고 판단해 중원으로 직접 진출하여 천하쟁패에 나설 생각까지 했다. 조조와 원소가 중원을 두고 건곤일척의 싸움을 벌일 때 비어 있는 허창을 기습하여 천자를 차지할 생각을 한 것이다. 이때 유표에 얹혀 있던 유비도 허창을 기습하자는 계책을 내놓았으니 천하의 영웅들은 비슷한 생각을 하나 보다.

　그러나 손책은 허창으로 쳐들어갈 준비를 하고 있던 중에 자객의 습격을 받아 부상을 입고 끝내 세상을 떠나고 만다. 26세의 젊은 나이였다. 이제 겨우 기반을 잡아 맹렬한 기세로 사세를 확장하려는 판에 오너 겸 CEO가 서거했으니 오나라로선 절체절명의 위기였다. 이때 손권이 등장한다. 19세의 어린 나이로 갑자기 CEO가 된 것이다. 손권은 그동안 형 손책을 따라 종군하기도 하고 여러 회의에도 참석했으나 오너 CEO 자리에 그렇게 빨리 오를 줄은 예상하지 못했다.

　손책은 임종에 즈음해서 손권을 불러 "군사를 거느리고 싸움에 나가 천하를 다투는 데는 네가 나보다 못할지 모르나 좋은 인재를 모아 잘

손권 상 남경의 손권묘 앞에 있는 손권의 전신상. 부근에 명태조 주원장(朱元璋)의 묘가 있다.

쓰면서 나라를 다스리는 데는 내가 너를 따라갈 수 없다. 앞으로 대외적인 일은 주유에게, 대내적인 일은 장소에게 물어 처리하라" 하고, 신하들에게 동생 손권을 부탁하고 눈을 감는다. 졸지에 당한 일이라 손권은 밤낮 없이 울기만 했다. 새 CEO가 정신을 못 차리니 나라가 크게 흔들렸다. 이때 장소가 손권을 타이른다. "언제까지 울기만 하실 겁니까. 이제 나라의 주인이 됐으니 할 일을 챙겨야 합니다" 하고 억지로 갑옷을 입게 하고 군대 사열에 나서게 한다. 본래 영민한 손권이라 의젓하게 사열을 받고 할 일을 조리 있게 챙기니 그제야 사람들이 안도의 한숨을 내쉬었다 한다.

장소는 손권이 CEO의 역할을 잘하도록 밤낮 없이 잔소리를 했다. 엄격한 학자인 그는 연회 석상에서도 도가 지나치면 나무랐다. 손권은 어떤 땐 화를 내다가도 옳은 말이라 끝까지 듣고 참았다. 손권은 신중한 성격이지만 기질은 호방했다. 놀 땐 화끈하게 놀고 사냥도 좋아했다. 그러나 잘못을 알면 즉시 고칠 줄 알았다.

손권은 나중 천자가 될 사람이라 일찍부터 그 싹이 보였다. 어머니가 손책을 잉태했을 땐 달이 가슴으로 들어오는 꿈을 꾸었는데 손권 때는 커다란 해가 들어왔다고 한다. 손권은 눈이 푸르고 보라색 수염에다 각진 턱을 가졌다 하는데 그 특징으로 보아 북방계인 조조나 유비와는 다른 남방계가 아니었나 짐작된다. 손권 집에 찾아온 어느 유명한 역술가가 "이 집 남자들은 모두 귀한 상이지만 수명이 길지 못하겠다"라고 했으나 손권을 보고는 "이 분만은 지극히 귀하게 되고 천수를 누리겠다"라고 말했다 한다.

손권은 『삼국지』의 세 영걸 중 가장 나이가 어린데 조조보다 27세, 유비보다 21세가 적다. 아들뻘이지만 노련한 조조·유비 두 사람을 상

대로 한 치 양보 없는 명승부를 펼쳤다. 손권은 19세에 집권해 71세에 서거하기까지 50년 넘게 CEO 노릇을 했다.

손권은 젊은 나이로 엉겁결에 CEO 자리에 앉았지만 CEO가 어떻게 해야 하는지에 대해선 타고난 자질을 보였다. 손권은 열네다섯 살 때부터 형 손책을 따라다니며 군대 생활을 했다. 그때 손권은 용돈을 많이 쓰겠다고 경리 참모 여범呂範을 졸랐다. 여범은 그럴 때마다 손책에게 보고하고 한 푼도 더 주지 않아 손권은 원망을 많이 했다. 손권이 더 높은 직책에 올라갔을 때 공금을 사사로이 많이 썼다. 손책이 가끔 순시를 와서 장부를 검사해보곤 했는데 그때마다 경리 참모 주곡周谷이 계산을 맞춰놓아 야단을 피할 수 있었다. 손권은 그 당시엔 주곡에게 감사했다. 그러나 손권이 오나라의 CEO가 됐을 때 여범을 강직하고 충성스럽다고 중용하고 주곡은 장부를 속일 수 있다고 하여 쓰지 않았다. 그러기가 몹시 어려운 일이지만 손권은 공과 사를 확실히 구분해 일을 처리한 것이다.

손권이 CEO가 되자 가장 먼저 착수한 것은 손책의 급서에 따른 국내의 동요를 진정시키면서 좋은 인재를 끌어들이는 일이었다. 신중한 손권의 인품이 그 일에 알맞았다. 당시 오나라에서 손권 집안의 권위는 확고하지 못했다. 손씨와 오나라 토호들 간의 연립정부 형태로 나라의 안정을 유지하고 있었다. 창업주 겸 CEO인 조조나 유비와는 입장이 달랐다.

손권은 명문 출신에다 무력을 쥐고 있는 주유의 도움을 많이 받았다. 주유는 대대로 높은 벼슬을 한 집안 출신이고 인물도 뛰어나서 강동 사람들의 신망이 높았다. 손책과 친한 친구면서 동서 간이기도 했다. 뛰어난 무장으로서 거느린 군사도 많았다. 손책이 죽고 나서 주유가 독립하지 않고 손권을 받든 것은 큰 행운이었다. 주유를 수하에 안을 정도로 손권의 그릇이 컸다고도 볼 수 있다.

손권은 주유를 매우 정중하게 대하고 주유는 좋은 인물을 많이 추천한다. 주유의 추천이 있었기에 강동의 많은 인재들이 젊은 손권 밑에 모여들었을 것이다. 대표적인 인물이 노숙이다. 노숙이 마음을 정하지 못하는 것을 보고 주유는 "이제는 신하가 주인을 정하는 세상이다. 손권이 비록 나이가 어리고 경험이 없으나 그릇이 크고 영민하여 함께 대사를 도모할 만하다"고 적극 권해 노숙을 끌어들였다. 노숙은 탁월한 외교관이자 행정가로 손권의 기반 확장에 크게 기여한다. 현실적인 전략가로서 손권에게 국가 전략과 외교 방향을 적절하게 조언했다.

손권을 처음 만났을 때 "이제 한실 부흥은 현실적으로 어렵습니다. 북쪽은 이미 조조가 확고한 기반을 잡았으니 쉽게 무너뜨릴 수가 없습니다. 주군은 강동 지방을 기반으로 우선 집안의 원수인 황조를 토벌하고 유표의 형주를 빼앗아 장강 일대를 장악해야 합니다. 그다음 익주를 차지한 후 제위帝位에 올라 천하를 도모해야 합니다"라고 말한다. 나중 오나라 장군 주유나 감녕도 같은 제의를 한다. 제갈공명이 융중 초당에서 유비에게 말한 천하삼분지계天下三分之計와 같은 맥락이다.

적벽대전 때 노숙은 항복파가 대세를 이루는 중에 항전론抗戰論을 주장해 오나라를 지키는 데 결정적 기여를 했다. 노숙은 촉나라 유비나 공명과도 신뢰가 두터워 촉·오 동맹을 유지하는 데 핵심 역할을 했다. 결정적인 순간마다 노숙이 등장해 손권이 바른 판단을 내리도록 도운 것이다.

주유가 노숙을 천거하기는 했으나 두 사람의 성향과 전략은 조금씩 달랐다. 주유는 적극적이고 책략에도 능한 대신 노숙은 신중하고 정통

노숙 손권의 큰 신뢰를 받았던 오나라의 전략가. 촉과 연합, 위나라에 대항하는 데 중심 역할을 했다. (적벽대전기념관)

적이었다. 그래서 유비에 대해서도 주유는 강적이 되기 전에 일찍 싹을 자르자는 입장이었으나 노숙은 강적 조조를 견제하기 위해 유비를 이용하자는 입장이었다. 손권은 이 두 사람을 적절히 조화시키면서 활용한다. 어떤 땐 주유의 건의를, 어떤 땐 노숙의 건의를 들어 CEO로서 최선의 선택을 한다. 손권은 원칙에 얽매이지 않았기 때문에 선택의 폭도 컸다. 주유와 노숙은 생각이 약간 달랐으나 서로 신뢰하고 존중했다. 주유가 죽을 때 후임으로 노숙을 추천했고 손권도 그대로 받아들였다.

손권이 노숙 다음으로 중용한 인물이 제갈근이다. 제갈근은 공명의 형으로 성실한 성품에 심지가 굳었다. 공명과 형제간의 우애도 아주 좋아 서신 왕래도 자주 하고 공명이 결혼해 오랫동안 아이가 없을 때 둘째 아들을 양자로 보내기도 했다. 유비의 신뢰도 두터워 오나라와 촉나라 사이에 어려운 일이 생길 때마다 제갈근이 나서서 해결하곤 했다. 동생이 촉나라의 막강한 승상이어서 더러는 시샘을 받기도 하고 입장이 곤란할 때도 있었지만 원만한 인품과 타고난 성실성으로 평생 손권에게 중용되었다.

유비가 관우의 복수전을 위해 오나라로 쳐들어갈 때 손권은 제갈근을 유비에게 사절로 보낸다. 그땐 유비가 서전에서 승리해 오나라가 매우 위험할 때였다. 제갈근이 사절로 가게 되자 동생이 승상으로 있는 촉나라에 가면 돌아오지 않을 것이라는 말들이 나왔다. 이때 손권은 "제갈근은 절대 그럴 사람이 아니다. 내가 제갈근을 배반 못하듯 제갈근도 나를 배반하지 않을 것"이라고 잘라 말해 여러 말들을 잠재워 버렸다. 젊은 손권의 리더십이 돋보이는 장면이다.

그런 결정적 순간에 리더십을 보이지 않으면 사람들이 따르지 않는다. 사람들은 중상모략을 당해 어려움에 닥쳤을 때 CEO가 사리판단을 잘못해 같이 의심한다든지 불투명한 태도를 보이면 깊은 상처를 입게 된다. 한번 마음이 떠나면 종전 같은 충성이나 정신적인 유대는 기대할 수 없다. 이렇게 해서 CEO는 인망과 권위를 잃게 되는 것이다. 좋을 때나 어려울 때나 변함없는 신임을 보여 주어야 마음과 충성심을 잡을 수 있다. 그런 점에서 손권은 매우 출중했다.

손권은 인물 욕심이 많았다. 제갈공명이 유비의 사절로 오나라에 왔을 때 손권이 탐을 많이 냈다. 그래서 제갈근에게 공명을 붙잡아 같이 있도록 하라고 지시했다. 제갈근은 어려운 일인 것은 알았으나 손권의 지시라 조심스럽게 말을 꺼냈다. 공명은 오히려 제갈근에게 유비가 더 인자하고 큰 인물이니 같이 촉나라에 가자고 권하는 것이 아닌가. 제갈근은 손권에게 와서 "동생이 오나라에 남지 않는 것은 제가 유비에게

가지 않는 것과 꼭 같습니다" 하고 복명했다. 이 말을 듣고 손권은 더 이상 권하지 않고 일이 있을 때마다 제갈근을 감싸 주었다.

공명과 가까운 노숙이 왜 손권을 섬길 생각이 없느냐고 묻자 공명은 "오나라 군주는 큰 그릇으로서 저를 중용하기는 할 것이나 제가 마음껏 일하게 해주지는 못할 것입니다"라고 답했다 한다. 모든 것을 믿고 맡기는 유비와 비교한 것이다.

손권은 노숙과 제갈근뿐만 아니라 여몽呂蒙·육손陸遜 등 장차 오나라를 이끌고 나갈 기둥들을 발탁해 키웠다. 좋은 사람을 정성을 다해 모셔 오는 것도 중요하지만 잠재력 있는 사람을 골라 잘 키우는 것도 CEO의 중요한 몫이다. 그런 점에서 손권은 위대한 경영자라 할 수 있다.

24 적벽대전을 준비하다
두루 듣고 숙고 후 결행, 모두 승복시켜 에너지 결집

손권은 승계 작업이 어느 정도 끝나자 영토 확장에 착수했다. 가장 급한 것이 이웃인 형주를 쳐서 집안의 원수를 갚는 일이었다. 당시 형주는 유표가 다스리고 있었고 오나라와의 접경인 하구夏口엔 유표의 부장 황조가 주둔하고 있었다. 황조는 바로 손권의 아버지 손견을 죽인 원수였다. 새로 취임한 손권이 내외에 위신을 세우기 위해서도 황조를 징벌할 필요가 있었다. 또 장강 북쪽으로 영토를 넓히려면 유표와의 충돌이 불가피했다.

황조 토벌을 논의할 때 장소 같은 사람은 반대했다. 상중喪中에 전쟁은 좋지 않고 지금은 집안을 다질 때라는 것이다. 그러나 주유는 빨리 원수를 갚아 새 군주의 위엄을 보여야 한다고 주장했다. 문관 대표인 장소는 항상 신중한 안전책을, 무관 대표인 주유는 적극적 공세를 선호했다. 손권은 두 사람의 의견을 다 잘 듣고 결단을 내리곤 했다.

이때 형주 지역 사령관 여몽으로부터 연락이 왔다. 황조의 부하로 있

던 감녕이 투항해 왔다는 것이다. 손권은 "이것은 하늘이 나에게 준 기회"라면서 즉시 출동할 것을 명했다. 손권은 생각은 깊이 하지만 결단과 행동이 빨랐다. CEO로서 큰 장점이다. 위나라 조조도 마찬가지다. 조조도 관도대전 때 원소의 참모 허유가 투항해 온 것을 기회로 삼아 통쾌한 역전승을 거두었다. 반면 유비는 결단과 행동이 다소 늦어 손해 볼 때가 많았다. 당시 속고 속이는 난전 중에 어느 것이 진짜인지는 알기가 무척 어렵다. 그것을 잘 판단하는 것이 CEO의 안목이다.

손권의 기민한 판단에 의해 오나라는 황조를 사로잡고 큰 승리를 거둔다. 이때 감녕이 눈부신 활약을 한다. 이 승리로 인해 손권의 위신이 크게 올라가고 전투 지휘에 자신도 붙었다. 또 감녕이란 큰 인재를 얻었다. 전투가 끝난 후 감녕이 포로가 된 적장 한 명을 자신의 은인이라며 살려 줄 것을 간곡히 호소하자 손권은 선뜻 들어준다. 감녕은 크게 감읍해 평생 충성을 맹서한다. 그 뒤 감녕은 싸움터에서 몇 번이나 손권의 목숨을 구하고 큰 공을 세운다.

손권은 유용한 인재를 자기 사람으로 만드는 데 천부적 소질을 보여 준다. 나중 유수구濡須口에서 위나라와 싸울 때였다. 손권이 사령관으로 주태周泰를 임명했는데 그가 병졸 출신이라 장군들이 잘 승복하려 하지 않았다. 당시 오나라에선 명문 집안이 위세를 부리고 벼슬도 세습하는 것이 보통이었다. 손권은 주태의 위신을 높여 줄 필요가 있다고 판단했다. 그래서 주태의 사령부로 찾아가 큰 주연을 베풀었다. 한창 주연이 무르익을 무렵 손권은 주태의 윗옷을 벗어 보라고 했다. 온몸이 상처투성이였다.

손권은 그 상처의 유래를 물었다. 주태가 일일이 어느 어느 전투에서 입은 것이라고 설명했다. 손권의 형인 손책 때부터 치른 여러 전투에서 입은 상처였다. 손권은 상처 하나하나마다 술잔을 내리고 나중엔 주태를 끌어안으면서 "이 모든 상처가 우리 손씨 가문을 위하여 입은 것이 아니냐. 내 평생 어찌 장군을 잊을 수 있겠는가" 하고 눈물을 흘렸다. 그 광경을 보고 참석자들이 모두 감격한 것은 말할 것도 없고 그 뒤부터 감히 누구도 주태에게 불손하게 굴 생각을 못했다. 이런 일은 연극 같지만 조직과 사람을 다스리는 데는 필요한 절차다. 그런 것을 자연스럽게 할 수 있어야 명CEO인 것이다.

손권이 한창 세력을 확장하고 있을 때 조조는 강적 원소를 깨트리고 중원의 패자가 되었으나 아직 평정하지 못한 지역이 많았다. 북쪽 지방은 원소의 잔당들이, 서북 서량 지역은 마초와 한수가, 형주는 유표가 다스리고 있었다. 조조는 북쪽 지방의 평정에 정신이 없어 남쪽인 장강 지역을 돌아볼 여유가 없었다. 이 틈을 이용하여 손권이 자기의 세력권을 넓혀간 것이다. 손권은 조조가 언젠가는 쳐내려올 것으로 보고 함대를 증강하고 수군들의 훈련을 서둘렀다. 2년여에 걸쳐 원소의 잔당들을 소탕한 조조는 관심을 남쪽으로 돌려 장강 중부의 요지인 형주 땅을 노렸다.

형주 북쪽은 유비가 유표의 객장으로 지내며 지키고 있었다. 유비도 조조의 남침에 대비해 군사 제갈공명과 더불어 군사를 모으고 방어 태세를 강화했다. 몇 번의 국경 분쟁에서 위나라 군사들이 유비군에게 깨지자 조조는 직접 대군을 거느리고 쳐내려왔다. 마침 그때 형주목 유표가 노환으로 죽어 둘째 아들 유종이 그 뒤를 이었다. 유약한 유종은 신하들의 의견에 따라 깨끗이 항복하고 만다. 졸지에 설 자리를 잃은 유비는 남쪽으로 도망가지만 뒤쫓아온 조조군에게 참혹하게 깨진다. 유비와 공명은 겨우 목숨만 부지해 유표의 큰아들 유기劉琦가 지키고 있던

강하江夏로 도망갔다. 조조는 형주를 차지하기 위해선 큰 전투를 치를 것으로 예상했으나 유종의 항복으로 무혈입성하다시피 했다. 항복 당시 형주엔 10만여 명의 군사와 7,000여 척의 전함이 있었다 한다.

형주를 차지한 조조는 이참에 손권의 강동 땅까지 평정하여 천하통일을 이룰 생각을 했다. 형주 정세가 긴박하게 돌아가자 손권은 장강을 거슬러 올라와 시상柴桑에 진을 치고 사태를 관망하고 있었다. 먼저 노숙을 형주로 보내 정세를 파악하게 했다. 노숙은 오갈 데 없는 유비를 만나 오나라 손권에게 의탁할 것을 권했다. 노숙은 유비가 형주 사람들에게 인망이 있고 또 따르는 무리들이 많으므로 이들을 모아 조조군에게 대항한다는 전략이었다. 유비와 제갈공명은 이 절체절명絶體絶命의 순간 손권군에게 한 줄기 희망을 걸었다. 그래서 공명은 노숙과 같이 손권을 만나러 간다. 손권을 설득해 조조와 싸우게 하고 그 기회를 이용해 유비가 자립할 발판을 마련한다는 전략이었다.

이때 오나라에선 국책을 정하기 위한 논의가 한창이었다. 형주를 차지한 조조가 최후통첩을 보내 왔기 때문이다. 조조는 형주를 차지한 여세에 80만 대군을 자랑하며 손권에게 항복을 권했다. 장소 등 문관들은 저항하지 말고 항복하자는 입장이었다. 그러면 오나라는 위나라의 속국屬國이 되지만 나라와 백성들은 보전할 수 있다는 것이다. 또 저항해 봤자 도저히 이길 수 없다는 현실론을 내세웠다. 오나라가 믿었던 것은 장강과 막강한 수군인데 조조가 형주를 차지해 많은 군함과 기지, 또 훈련된 수군을 거두었으므로 승산이 없다는 것이다. 그러나 무관들은 어떻게 일으킨 오나라인데 한번 싸워 보지도 못하고 항복하느냐며 결사 항전을 주장했다. 조조에게 한번 항복하면 오나라의 독립성은 무너지고 영원히 위나라에 매여 살게 된다는 것이다. 그 틈에 끼어 손권은 고심에 고심을 거듭했다. 까딱 잘못하면 물려받은 강동의 기업을 몽땅 날릴 판이었다. 이때 손권의 나이 27세. 오나라의 CEO가 된 지 8년 만이다.

CEO의 결단은 아무도 대행해 줄 수가 없다. 참모들의 의견은 듣되 최종 결단은 CEO가 내려야 한다. CEO는 고독할 수밖에 없다. 정말 기업의 명운이 걸렸을 땐 잠을 잘 수도, 밥을 먹을 수도 없다 한다. 참모들도 마찬가지겠지만 CEO가 받는 압박감에 비교할 수는 없을 것이다. 그래서 피오줌을 싸는 고민을 해봐야 진짜 CEO가 된다는 말이 있다. 그 살벌한 긴장 속에 바른 결단을 내리려면 정신적으로나 육체적으로 강해야 한다. 타고난 자질도 있지만 평소의 부단한 담금질이 있어야 하는 것이다.

참모들이 여러 의견을 내놓지만 어느 것이 옳은지는 알기가 어렵다. 그렇다고 다수결로 할 수도 없다. 기업 경영에서 모두가 찬성하는 프로젝트를 시작하면 절대로 안 된다는 말이 있다. 많은 사람들이 찬성할 땐 이미 비즈니스 기회가 없다는 뜻이다. 그러나 반대가 많으면 위험이 그만큼 높다. 많은 반대에도 불구하고 한 줄기 희망을 보고 결단을 내리고 그것을 성공시켜야 위대한 CEO가 되는 것이다.

당시 오나라에선 항복하자는 편이 다수였다. 안전하기 때문이다. 손권은 젊은 혈기도 있어 조조 밑에 들어가기는 싫었으나 신하들의 반대를 누르고 전쟁을 강행할 권위나 힘이 없었다. 막상 싸우려 해도 승산도 없어 보였다. 그러나 3대째 이어온 오나라를 그냥 조조에게 바치는 것도 자존심이 허락지 않았다. 손권은 고민을 거듭하여 눈에 띄게 초췌해졌다. 손권의 어머니가 보다 못해 "무슨 걱정거리가 있어 잠도 못 자고 음식도 못 드느냐"고 묻는다. 손권이 사정을 이야기한즉 "너희 형 손책이 죽을 때 바깥일은 주유에게 물어보라 하지 않았느냐"고 일러준

다. 마침 주유는 파양호鄱陽湖에서 수군을 조련하고 있다가 위급한 소식을 듣고 달려오고 있었다. 그 무렵 형주로 정세를 알아보러 갔던 노숙이 공명과 함께 돌아왔다. 다시 국방회의가 열렸으나 여전히 결론이 나지 않았다.

손권이 회의 도중 내실에서 잠시 쉬고 있을 때 노숙이 혼자 들어왔다. 형주 정세를 간단히 보고하고는 "항복을 주장하는 사람들은 자신과 가족의 안전만을 도모하지 주공을 생각하지 않고 있습니다. 만약 조조에게 항복해도 우리 신하들은 고향에 기반이 있어 높은 벼슬을 받고 지금과 같은 부귀를 누릴 수 있을 것입니다. 그러나 주공은 이제까지 나라의 주인이셨는데 조조에게 항복하면 어떻게 될 것 같습니까" 하고 손권의 가장 아픈 곳을 건드린다. 손권도 놀란 듯 "나도 싸우고 싶으나 모두가 반대하니 고민이오" 하고 본심을 털어 놓는다. 노숙은 손권과 공명의 회담을 주선했다.

공명은 손권을 만나 조조가 80만 대군이라지만 실은 군심軍心이 불안하다는 것, 아직 형주 백성들이 심복하지 않고 있다는 것 등을 설명하고 오나라의 막강한 수군과 장강의 험난함을 이용하면 승산이 있다는 것을 역설했다. 또 유비가 동원할 수 있는 군사도 2만여 명이나 있다고 설명했다. 손권에겐 솔깃한 말이었다. 그다음 날 공명은 오나라 신하들과 토론을 벌여 그들을 설득시키고 특히 주유를 충동질하여 결사항전을 하도록 만들었다. 공명은 외교가로서 발군의 실력을 보인 것이다. 항복하기 싫었던 손권은 어느 정도 승산이 서자 마음속으로 결심을 하고 마지막 회의를 소집했다. 이 자리에서 막강한 실력자 주유가 앞장서 항전을 주장하고 나서는 데다 3대를 이어온 오나라가 한번 싸우지도 않고 항복하는 것이 말이 되느냐는 명분론이 겹쳐 점차 항전론으로 기울기 시작했다.

　주유는 전략적으로 첫째, 조조가 후방에 마초·한수 같은 잠재 적들이 버티고 있는데 너무 멀리 남정南征을 왔고, 둘째, 물에 약한 북쪽 군사들이 장강을 낀 오나라와 수전을 하려 하고 있으며, 셋째, 겨울엔 말을 먹일 풀이 없는 데다, 넷째, 북쪽 군사들은 남쪽의 물과 기후가 맞지 않아 전염병이 많이 생길 것이므로 비록 군사가 많다 해도 힘을 쓸 수 없다고 역설하고, "나에게 5만의 군사만 주면 조조군을 깨끗이 깨뜨리겠다"고 장담했다.

　말없이 듣고 있던 손권이 마지막 결단을 내리기 위해 일어섰다. "이제 결심은 섰다. 조조는 한나라를 찬탈하려는 역적이다. 조조가 무서워한 것은 원소, 원술, 여포, 유표 그리고 나였는데 모두 죽고 나만 남았다. 내가 기필코 역적 조조를 토벌하겠다"고 서두를 떼고는 차고 있던 칼을 빼 눈앞의 탁자를 내리치면서 "앞으로 항복을 말하는 자는 이 탁자같이 될 것이다"라고 못을 박는다. 그리고 주유를 총사령관으로 임명하고 "지금 당장 5만 명의 군사를 모으기는 어려우나 우선 3만 명을 줄 테니 즉각 출동하라. 내가 나머지 군사를 모아 뒤따라가겠다. 가서 조조군과 싸워 보고 여의치 않으면 나를 기다려라. 그땐 내가 직접 조조와 자웅雌雄을 결決하겠다"고 선언했다. 이렇게 되니 어느 누구도 다른 말을 할 수 없었다. 오나라가 거국일치擧國一致 조조와 한판 결전을 벌이기로 합의한 것이다.

　손권이 다양한 의견을 들어 결론을 도출해가는 의사결정 과정이나 여러 변수를 감안해 결단을 내리고 그것을 최종 국책으로 공표하는 타이밍과 형식이 정말 절묘하다. 모두가 납득하고 승복하게 하면서 자신의 뜻을 관철한 것이다. 그 합리성과 정통성, 또 분위기 때문에 모두 긴

장하고 분발하지 않을 수 없게 만들었다. 멋진 회의를 통해 힘찬 에너지를 모으는 것은 뛰어난 CEO만이 할 수 있다. 손권은 그때 이미 적벽대전에서 승리할 수 있는 기백과 에너지를 불붙였다고 볼 수 있다.

25 적벽대전의 승리와 전후 처리
젊은 패기의 통쾌한 승리, 정치적 기반 크게 높아져

 적벽대전은 오나라와 손권에 있어서는 절체절명의 위기였다. 위나라 조조 측에서 본다면 승리는 곧 천하통일을 의미하지만 패배해도 나라의 존망이 걸린 문제는 아니었다. 당시 조조의 위나라와 손권의 오나라는 압도적인 국력 차가 있었다. 조조는 이미 나라의 기반이 단단하고 정권도 확고했지만 손권은 여전히 불안한 상태였다. 만약 손권이 패배한다면 오나라는 그냥 와해될 형편이었다. 손권이 싸우지 않고 항복했어도 오나라는 온전하지 못했을 것이다.

양쪽의 병력 수를 보더라도 천양지차天壤之差였다. 조조군은 80만 대군이라고 선전하고 있었지만 20만 정도였을 것으로 추정된다. 조조가 북쪽에서 거느리고 온 군사가 기병을 중심으로 약 15만 명, 항복한 형주군이 수군을 중심으로 5만 명 정도였다. 형주군은 조조군에 편입된 지 얼마 안 되어 완전히 믿을 수는 없었다. 오나라 손권군은 모두 끌어모으면 5만 명은 될 것이나 바로 동원할 수 있는 병력은 3만 명 정도

였다.

제갈공명이 손권과 회담할 때 유비군이 2만 명이 넘는다고 큰소리쳤지만 실은 그보다 훨씬 적었을 것이다. 외교전에서 유리한 고지를 점하기 위해 보유 병력을 약간 과장했을 가능성이 크다. 유비가 조조에게 급하게 쫓겨 패잔병 신세로 유표의 장남 유기가 지키고 있던 강하에 도착했기 때문이다. 그 뒤 조조군에 가담하기 싫어한 형주 군사들이 합류했으나 많지는 않았을 것으로 보인다. 유비군을 2만 명으로 봐도 오나라 3만 명과 합쳐 5만 명밖에 안 되어 조조군 20만 명과 상대가 안 된다. 그러나 오·촉 연합군엔 장강의 험난함과 훈련된 수군이 있었고 싸움에 지면 죽는다는 비장한 위기감이 있었다.

조조는 천자를 업고 있다는 명분이 있었지만 멀리 원정 왔다는 것, 또 주력인 북쪽 기병들이 수전에 미숙하고 풍토병에 약하다는 취약점이 있었다. 사실 조조 군사들은 급하게 진격하느라 지쳐 있었고 고온다습한 낯선 기후 때문에 고생하고 있었다. 오나라 총사령관 주유는 조조군의 약점을 정확히 꿰뚫어 보고 수군에 의한 단기 결전으로 결판을 내고자 했다. 주유는 유비 병력을 대단하게 보지 않았다. 주유가 오나라 함대를 이끌고 장강을 거슬러 올라와 유비와 처음 만났을 때 유비가 오나라 군사가 적은 것을 걱정하자 "염려하실 것 없습니다. 장군은 제가 어떻게 조조를 깨뜨리는지 구경이나 하십시오" 하고 장담한 것을 봐도 알 수 있다. 유비는 아무래도 안심이 안 되어 만약의 경우 도망갈 수 있게 병력을 배치했다 한다.

장강을 끼고 북쪽 오림烏林 부근엔 조조군이, 남쪽 적벽엔 주유군이 진을 치고 대치했다. 먼 북쪽에서 온 조조군은 물에 익숙지 않고 갑자기 병사들이 몰리는 바람에 전염병이 번졌다. 음식도 맞지 않아 사기가 떨어졌다. 병사들이 뱃멀미로 고생했기 때문에 배를 10여 척씩 쇠사슬로 묶어 흔들리지 않도록 했다. 적벽은 낮은 구릉인데 강 건너 북쪽 오림 일대가 다 내려다보인다. 한번은 주유가 부하 장군들과 적벽에 올라 강 건너편을 보니 위나라 병영이 끝없이 이어져 있고 병력도 엄청났다. 옆에 있던 노장 황개가 조조 진영을 자세히 살피더니 "적은 병력이 많고 우리는 적으니 단기 결전으로 끝내야 합니다. 적의 함선이 모두 쇠사슬로 묶여 있으니 불로 공격하는 것이 좋겠습니다" 하고 건의했다. 주유도 동의했다.

지금도 무한武漢에서 자동차로 약 두 시간 거리인 포기시蒲圻市 적벽에 가보면 익강정翼江亭이란 조그만 정자가 있다. 주유가 황개와 화공책을 협의하고 후에 전투 지휘도 했다는 곳이다.

겨울철 장강에는 보통 북에서 남으로 바람이 불지만 1년에 며칠씩은 드물게 동남풍이 분다 한다. 그 며칠 사이에 주유는 조조군을 화공책으로 기습하여 배를 불태우고 대승리를 거둔다. 배가 모두 쇠사슬로 묶여 있어 한번 불이 붙자 걷잡을 수가 없었다. 조조는 허둥지둥 배에서 탈출하여 죽을 고생을 하며 조인이 지키는 강릉江陵으로 도망간다. 소설 『삼국지』에선 이 장면을 매우 극적으로 묘사하고 있다. 『삼국지』의 클라이맥스로 모두 감격하고 손에 땀을 쥔다. 조조군이 배를 묶게끔 방통이 연환계連環計를 쓰고 황개가 고육계苦肉計로 조조에게 거짓 항복을 하는 등의 극적인 장면이 많다. 특히 공명이 하늘에 빌어 동남풍을 불게 하고 안개 낀 밤에 조조군의 영채에 다가가 화살을 10만 개나 얻어오는 등 신출귀몰한 활약을 한다.

적벽 부근엔 공명이 동남풍을 빌었다는 배풍대拜風臺를 비롯한 적벽대전의 유적들이 많다. 모두 소설을 형상화해 후대에 만든 것이다. 적벽

상상의 적벽 전장터 손권과 유비 연합군이 조조의 대군을 화공책으로 격파한 전장터. 적벽이란 글씨는 오나라 사령관 주유가 쓴 것이라 한다.

이란 말은 조조군의 선박이 타면서 그 화염으로 남쪽 벽이 벌겋게 물들었다는 데서 유래했다 한다. 지금 적벽 바위에 있는 '적벽'이란 붉은 글씨는 주유가 승전 후 직접 쓴 것이라 전해지고 있다.

손권군의 완벽한 승리로 끝난 적벽대전의 제일 공로자는 역시 총지휘관인 주유였다. 그래서 부근엔 주유의 큰 동상이 장강을 등지고 서 있다. 동상은 최근에 화강암으로 만든 것으로 아주 젊은 얼굴이다. 적벽대전 때 손권은 군 지휘권을 주유에게 맡기고 일체 간섭을 안 했다. 보급선을 이끌고 뒤따라와 "주周 장군이 큰 공을 세우는 것을 지켜보고 있겠다"는 통지만 보냈다. 나라의 존망이 걸린 전쟁에서 그렇게 통 크게 하기가 쉽지 않지만 손권은 늘 그렇게 했다. 나중 관우를 사로잡는

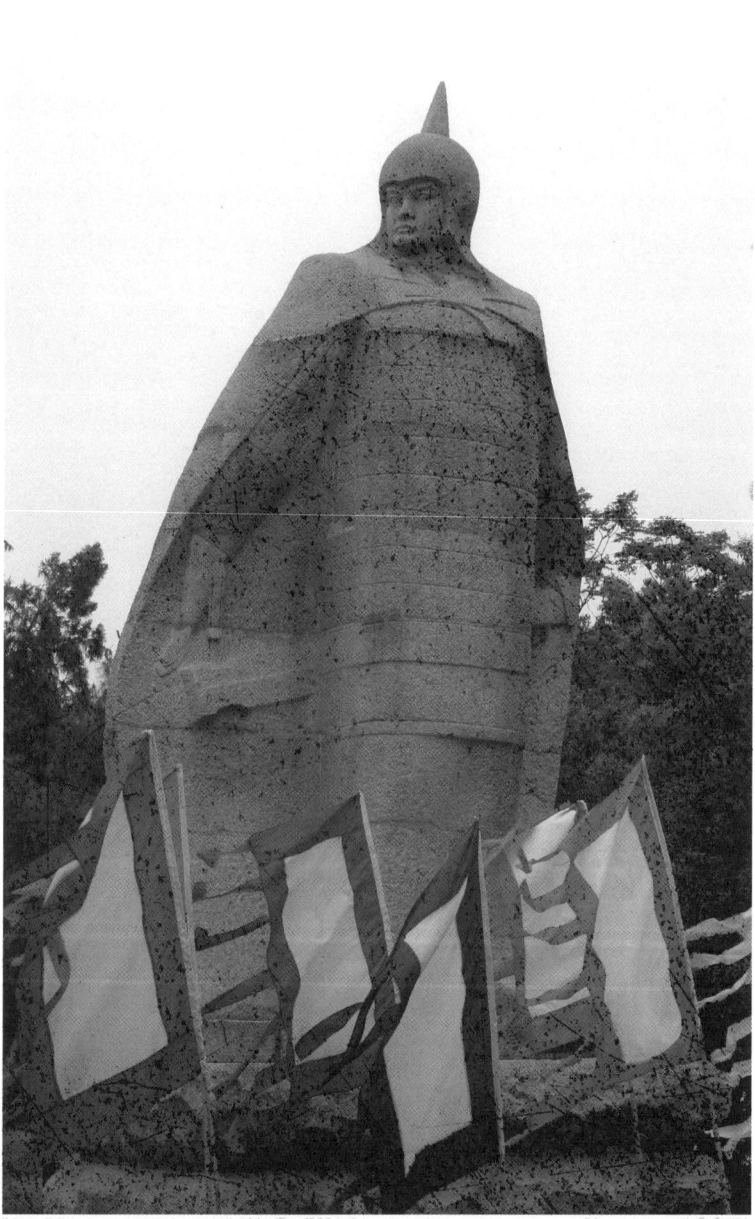

ⓒ권태균

주유 상 적벽대전 전장터에 있는 주유의 전신상. 젊은 얼굴로 장강을 등지고 서 있다.

형주 탈환전이나 유비의 대군을 격파한 이릉대전에서도 현지 사령관에게 맡겨 결국 승리했다.

적벽대전 때 최고사령관 손권이 27세, 전투사령관 주유가 33세, 수석참모 노숙이 37세, 여몽이 31세였고, 조조가 54세, 유비가 48세, 공명이 28세였으니 결국 젊은 패기가 이긴 것이라 볼 수 있다. 나이가 들면 생각이 너무 많아 모험을 할 수가 없다. 나이 많은 장소가 자꾸 항복론을 편 것을 보아도 알 수 있다. 경영자도 보통 나이가 들면 신중해져 모험을 피하게 된다. 무리한 모험도 위험하지만 너무 신중하게만 했다간 기업은 기회를 놓치게 된다. 젊은 손권이 젊은 신하들의 적극론을 받아들여 큰 성공을 거둔 것이다.

소설 『삼국지』에선 조조가 회복 불능의 타격을 받은 것으로 되어 있으나 정사는 조금 다르다. 조조군이 패배한 것은 화공책에 의해 완벽하게 깨진 것이 아니라 전염병과 본국 정세에 대한 불안 때문에 조조가 스스로 선단에 불을 지르고 퇴각했다는 것이다. 적벽대전에서 죽은 병사는 대부분 항복한 형주 수군이고 조조가 데려온 북쪽의 기마군단은 대부분 무사히 귀환했다 한다.

적벽대전 후 조조는 강릉으로 일단 피신했다가 강릉을 조인에게 맡기고 양양으로 해서 허창으로 귀환한다. 오림에서 도망갈 때도 습지와 겨울 추위, 비바람 때문에 고생은 했지만 소설에서처럼 제갈공명의 귀신 같은 작전에 걸려 혼비백산한 것이 아니라 질서 있게 후퇴했다는 것이다. 기마군단을 무사히 귀환시키기 위해 병사들이 진흙탕을 메우고 길을 내느라 많이 희생됐다. 강릉으로 가는 길은 매우 험한데 조조는 쫓겨 가면서 "유비는 정말 군사적 안목이 없다. 만약 유비가 미리 불을 놓았다면 우리가 어떻게 무사할 수 있었겠느냐"는 말을 했다고 한다.

조조는 적벽대전에서 패하여 강동 정벌과 천하통일엔 실패했지만 형주 북쪽을 점령하여 늘 불안하던 남쪽 국경을 안정시키는 성과를 거두었다. 무엇보다도 눈에 가시 같던 유비를 형주 북쪽에서 쫓아낸 것이 통쾌했을 것이다.

손권은 많은 반대를 무릅쓰고 조조와의 결전을 결단해 통쾌한 승리를 거둠으로써 권위와 위신을 크게 높일 수 있었다. 손권은 전쟁 전에도 신하들의 신뢰를 받았지만 훌륭한 전쟁 지휘를 통해 더욱 존경을 받게 됐다. 국내의 통일과 정치적 안정도 이룩했다. 손권은 전후 처리에서도 정치력을 발휘했다. 수훈을 세운 주유·노숙·황개 등을 크게 포상한 것은 말할 것도 없고 항복을 주장했던 장소 등도 내치지 않았다. 여전히 원로로서의 자문 역할을 하도록 했다. 생각은 달라도 다 같이 나라를 위한 마음이라는 것이다. 손권은 부하의 장점을 주로 보고 단점은 적게 보려 했다. 그래서 신하가 잘한 것은 많이 칭찬했지만 불만스럽거나 섭섭한 것은 가슴 깊이 묻어 두었다. 그래서 모두가 손권으로부터 신뢰받는다고 믿게 했다. CEO로서 큰 능력이고 뛰어난 용인술이다.

손권이 젊은 나이로 CEO의 자리를 굳힌 것은 막강한 주유를 자기 사람으로 만든 것이 결정적 요인이다. 주유는 명문 출신으로 강동에서의 영향력이나 군사력에서 손권이 함부로 할 수 없는 실력자였다. 나이도 손권보다 6세나 많았다. 손권과 강동의 주인 자리를 다투었다면 누가 이길지 알 수 없는 상대였다. 손권의 형 손책이 죽을 때 장소에게 "나중 손권이 시원치 않거든 당신이 대신하라"는 말을 은근히 했다. 근엄한 학자인 장소는 그 말을 들어도 손권의 자리를 뺏지 않으리라고 생각했을 것이다. 그러나 주유에겐 그런 말을 하지 않았다. 그 주유를 손권은 정성을 다해 대접해 충실한 신하로 만든 것이다.

적벽대전 중에 조조가 주유를 회유하려 사람을 보내자 주유는 "대장부로 태어나서 자기를 알아주는 주인을 만났으면 밖으로는 군신의 의리로 받들고 안으로는 부모형제의 정으로 맺어 화복禍福과 생사生死를 같이해야 하거늘 무슨 다른 생각을 하겠는가" 하고 한마디로 끊어 버린다. 그만큼 손권에게는 남자가 남자에게 반하는 매력이 있었던 것이다.

적벽대전 후 주유는 뒤처리에 바빠 노숙이 먼저 귀환했는데 손권이 마중을 나갔다. 노숙은 수석참모로서 주유를 도와 적벽대전을 승리로 이끄는 데 큰 기여를 했다. 손권이 "내가 문 앞까지 나가 말에서 내려 당신을 마중했는데 이만하면 당신의 공로에 대한 대접이 되겠는가" 하고 물었다. 노숙은 "아직 미흡합니다. 앞으로 주군께서 천하를 통일하고 제업帝業을 이룬 다음 저의 이름이 역사에 길이 남게 되어야 제대로 대접받는 것입니다" 하고 대답해 같이 크게 웃었다 한다. 그만큼 손권은 신하들과 큰 뜻을 같이하고 사랑과 신뢰를 받았던 것이다.

적벽대전의 가장 큰 승자는 손권이지만 유비도 적지 않은 몫을 챙겼다. 승리의 배당금이다. 적벽대전 후 주유는 조인이 지키고 있던 강릉성을 빼앗아 형주 중부를 장악한다. 유비는 공명의 계책에 따라 주유와 조인이 강릉성에서 공방전을 벌이는 틈을 타고 재빨리 장강 남쪽 유표의 옛 땅인 무릉武陵·영릉零陵·계양桂陽·장사長沙를 점령한다. 주유로선 기분 좋은 일은 아니었지만 양해할 수밖에 없었다. 나중에 손권은 유비가 차지한 장강 이남 땅을 유비의 영토로 인정하고 강릉 건너편의 땅을 떼어준다. 유비는 그 땅을 공안公安이라 이름 짓고 임시 도읍으로 삼는다. 유비로선 정말 오랜만에 자기 영토와 도읍이 생긴 것이다.

유비는 무엇보다도 형주성이 탐났다. 그러나 그것을 빼앗을 만한 실력은 없었다. 주유에게 몇 번 청을 넣었으나 통하지 않았다. 그래서 손권에게 직접 호소하기로 했다. 유비는 유표의 옛 사람들이 자기 밑에 몰려와 자기의 영토로는 이들을 다 먹여 살릴 수가 없으니 다른 땅을 얻을 때까지만 형주성을 빌려 달라는 명분을 내세웠다. 이때 손권과 유비는 처남 매제 사이가 되어 있었다. 적벽대전 다음해에 손권은 유비를 자기 편으로 확실히 끌어들이기 위해 누이동생을 상처한 유비의 부인으로 보낸 것이다. 그때 유비의 나이는 50세가 다 되었고 손권의 누이는 20세 정도였으니 전형적인 정략결혼이었다.

　유비는 장가간 그 다음해 손권과 정상회담을 하기 위해 당시 오나라 도읍지 진강으로 직접 찾아간다. 이때 오나라 제2의 실력자 주유는 "유비는 결코 남의 밑에 있을 사람이 아니니 이참에 없애든지 오나라에 억류시켜 후환을 없애야 한다"고 강력히 주장했다. 심지어 미인계를 써서 유비의 혼을 빼놓자고 건의하기도 했다. 그러나 유비와 가까운 노숙이 아직은 오나라의 힘이 미약하니 조조에게 대항하기 위해선 어쨌든 유비와 손을 잡아야 한다고 역설했다. 적벽대전에 패해 조조가 본국으로 돌아가기는 했으나 언제 다시 쳐들어 올지 몰랐다. 손권도 오나라의 실력과 한계를 잘 알았다. 그러나 형주를 유비에게 주기도 아까웠다. 그래서 손권은 고민에 고민을 거듭한다. 공교롭게도 마침 그즈음에 주유가 급병으로 죽는다. 35세로 한창 일할 때였다.

　주유는 후임으로 노숙을 천거하여 노숙이 오나라의 군사령관이 된다. 친유비파인 노숙이 병권兵權을 장악하자 유비에겐 매우 유리한 환경이 됐다. 그래서 유비는 형주를 빌리는 데 성공한다. 만약 손권이 일찍 주유 편을 들었거나 주유가 그때 죽지 않았다면 그 후의 유비나 촉나라는 없었을지도 모른다. 그것도 다 하늘의 뜻이고 유비의 행운이다. 그래서 일은 사람이 도모하지만 성사는 하늘에 달렸다는 말이 있는 것이다.

26 형주쟁탈전
냉철한 계산 위에 최선의 선택,
유비 견제하며 조조에 대항

주유의 죽음은 손권과 오나라의 명운을 크게 바꿔 놓았다. 손권뿐 아니라 유비·조조에게도 큰 영향을 미쳤다. 당시 오나라의 2인자였던 주유가 좀 더 살았다면 『삼국지』의 판도가 크게 달라졌을 것이다.

유비는 형주를 얻음으로써 제갈공명이 구상했던 천하삼분지계天下三分之計의 첫 포석을 할 수 있었다. 또 위·오·촉나라가 솥발같이 서는 삼국정립三國鼎立 판도가 만들어지기도 했다.

형주는 손권에게도 매우 중요한 땅이었다. 장강 북쪽으로 영토를 넓히려면 전략적 요충인 형주를 꼭 차지해야 했다. 유비로서도 오랜 유랑 끝에 처음으로 얻은 근거지 형주를 결코 내줄 수 없었다. 이렇게 형주를 둘러싼 이해가 전혀 달랐기 때문에 언젠가는 충돌이 불가피했다. 그러나 북쪽에서 호시탐탐 노리고 있는 조조 때문에 동맹 관계가 겨우 유지되고 있었다. 손권은 매제가 된 유비의 청탁을 거절할 수가 없어 형주를 빌려 주기는 했지만 속으론 입속에 있는 음식을 뺏긴 것처럼 불쾌해 했다 한다. 이때만 해도 손권은 유비를 객장 정도로밖에 생각하지 않았다. 그런 유비가 계속 욕심을 부리자 손권은 화가 많이 난다.

　주유는 죽기 전에 형주를 건너뛰어 익주를 정벌할 계획을 세운다. 익주의 주인 유장은 유약하므로 장강을 이용하여 익주로 쳐들어가 오나라 땅으로 만들자는 계획이었다. 그래서 손권은 유비에게 같이 익주를 정벌하여 영토를 나누자고 제의한다. 이때 유비는 익주를 혼자 차지할 속셈이 있던 터라 손권의 제의를 정중히 거절한다. 거절 명분이 유비답다. 즉 익주의 주인 유장은 자신과 같은 한나라의 황족으로 동생뻘인데 익주를 치면 천하 사람들이 이 유비를 어떻게 생각하겠느냐면서 만약 손권이 익주를 친다면 천하가 부끄러워 자신은 산 속에 숨을 수밖에 없다고까지 말한다. 그러면서 손권의 군사가 장강 북쪽으로 가는 것을 막는다.

　주유는 익주 정벌에 매우 적극적이었다. 주유는 손권 곁에 있는 노숙이 친유비파이기 때문에 손권이 자꾸 유비 편을 든다고 생각하고 진강으로 손권을 직접 찾아가 설득한다. 즉 손권의 사촌형인 손유孫瑜 장군과 함께 장강을 거슬러 올라가 익주를 먼저 점령하고 뒤이어 한중도 공략하겠다는 계획을 제시했다. 당시 오나라의 수군 실력이면 유비의 방해쯤은 돌파할 수 있었다. 익주 지방을 평정한 다음 조조와 원수 관계에 있는 서량西涼 지방의 마초馬超·한수韓遂와 우호 관계를 맺어 조조 포위망을 형성하고 돌아오겠다고 말했다. 손유 장군은 한중 방면에서, 주유 자신은 손권과 함께 형주 방면에서 군사를 일으켜 동서 양쪽에서 위나라로 쳐들어가면 천하를 평정할 수 있다고 역설했다. 매우 적극적이고 스케일이 큰 전략이었다. 속으로 야심만만하던 손권도 주유의 전

락에 찬성한다.

주유가 손권의 허락을 얻어 본격적인 준비를 하기 위해 형주로 돌아오는 도중에 파구巴丘(현 호남성 악양시)에서 갑자기 병을 얻어 병석에 눕는다. 그동안 손권을 보좌하여 오나라의 기둥 노릇을 하느라 동분서주한 것이 무리가 됐는지도 모른다. 특히 건곤일척의 적벽대전을 치르고 뒤처리를 하느라 매우 고생이 심했다. 적벽대전 후 조조는 강릉성에 동생뻘인 조인을 남겨 두고 갔는데 조인도 천하 명장이어서 1년여의 혈전 끝에 겨우 강릉성을 뺏을 수 있었다. 그 공방전에서 주유는 큰 부상을 입었다. 또 주유는 유비를 견제하느라 많은 신경을 써야 했다. 손권이 주유의 적극책을 듣지 않고 노숙의 말을 많이 듣는 것에도 속이 상했을 것이다. 그래서 손권과 직접 담판해 자신의 주장을 관철시키고 익주 정벌이라는 웅대한 계획을 막 실천하려는 판에 급병을 얻은 것이다.

소설 『삼국지』에선 제갈공명이 귀신 같은 솜씨로 주유를 골탕 먹이는 장면이 많이 나온다. 직선적인 성격의 무장 주유는 노회한 유비와 천하의 기재奇才 공명 때문에 고생을 많이 한다. 『삼국지』엔 주유가 친유비파인 노숙에게 여우 같은 공명에게 속지 말라고 다그치는 장면이 몇 번이나 나온다. 노숙은 주유가 손권에게 천거한 인물이고 둘이 매우 친하기는 했으나 정치적 견해는 약간 달랐다. 유비나 공명으로서도 주유가 몹시 거슬렸을 것이다. 손권과 노숙은 유비에게 잘해 주려 하는데 자꾸 주유가 방해하기 때문이다.

당시만 해도 주유의 세력과 실력이 워낙 커서 손권도 마음대로 하기 어려웠다. 손권 정권의 안정을 위해선 주유의 뒷받침이 꼭 필요했다. 주유는 손권을 깍듯이 모셨지만 손권은 주유를 신하로서만 대하지 않았다. 나이 많은 형으로서, 또 공동경영자로서 정중히 대했다. 어떤 기록을 보면 유비가 진강에서 손권과 정상회담을 할 때 "주유 장군은 문무 지략이 뛰어나고 인망도 출중하니 남의 밑에 오래 있을 것 같지 않다" 는 말을 했다고 한다. 평소 매우 신중한 유비가 과연 그런 말을 했을까 하는 의문은 있지만 당시 손권과 주유의 세력 관계를 나타내는 것이라 볼 수 있다.

손권은 주유를 신뢰하기는 했으나 신하가 너무 강력하면 군주는 걱정을 하게 마련이다. 통치권이 위협받는 사태가 되면 냉혹하지 않은 군주는 없다. 손권도 그런 면에서는 냉혹해서 나중에 주유 못지않은 공을 세운 육손을 죽음으로 몰고 간다. 주유가 일찍 죽는 바람에 좋은 관계로 끝났지만 좀 더 살았다면 어떤 사태가 벌어졌을지 알 수 없다.

주유는 병석에 누워 손권에게 간곡한 유언장을 쓴다. 주군을 오래 모시지 못함을 사죄하고 자신의 후임으로 노숙을 천거한다. 주유는 노숙이 자신과는 달리 신중한 수성론자이지만 현실감이 뛰어나고 충성심이 있으니 적임이라고 본 것이다. 자신이 세상을 뜬 후 적극적인 공세를 펴기보다 있는 것을 잘 지키는 것이 옳다고 보았는지도 모른다. 주유가 죽으면서 하늘을 우러러보고 "어찌 주유를 세상에 내놓고 다시 공명을 내셨나이까" 하고 외쳤다는 애달픈 장면은 늘 공명에게 당한 주유의 울분이라 볼 수 있다.

주유가 파구에서 죽자 손권은 대성통곡을 하면서 "이제 누구를 의지해 나라를 다스릴꼬" 하고 한탄했다 한다. 오나라에서 주유는 실력도 있었을 뿐 아니라 인기도 높았다. 명문 출신으로 잘생긴 데다가 인망도 있어 오나라 장군들의 존경을 받고 있었다. 오나라엔 초대 손견 때부터 활약한 나이 든 공신들이 많았다. 그 대표격인 정보程普는 주유가 어리다고 처음엔 고분고분하지 않았지만 적벽대전 때의 탁월한 지휘 능력을

보고는 찾아가 사과하고 승복했다 한다. 정보는 "주유 장군은 잘 익은 술과 같아서 같이 있으면 어느새 그 향기에 취하게 된다"면서 앞장서서 따랐다. 그 주유가 죽었으니 오나라에선 모두 애통해하며 엄숙하게 국장으로 장례를 치렀다.

이때 주유의 영구를 오나라로 운반해 간 사람이 방통이다. 방통은 주유가 남군태수南郡太守로 형주를 다스릴 때 그 밑에 참모로 있었다. 방통은 노숙의 추천으로 손권을 만나기까지 했으나 중용되진 못했다. 태도가 뻣뻣한 데다가 용모가 추해 손권의 눈 밖에 났다. 더 결정적인 것은 손권이 "배운 학문이 주유 장군과 비교해서 어떠냐"고 묻자 "주유와는 근본적으로 다르다"고 답해 주유를 제일로 치고 존경하던 손권의 심기를 건드린 것이다. 이때는 이미 오나라의 참모들과 관료 조직이 정비되어 코드가 다른 외부인이 들어갈 틈이 없었던 것이다. 방통은 나중에 유비와 만났을 때도 괄시를 당했다. 그러나 유비는 방통을 다시 불러 중용했고 이후 공명 버금가게 큰 활약을 한다. 손권으로서는 매우 아까운 인재를 놓친 것이다.

시상에서 거행된 주유의 장례식엔 공명이 직접 참석했다. 공명에게 유감이 많은 주유의 부하들이 해칠까 봐 주위에서 많이 말렸지만 공명은 고집을 부려 참석했다. 주유의 영전에서 공명이 어떻게나 애절하게 조사弔辭를 읽고 슬퍼하는지 참석한 오나라 장군들도 같이 눈물을 흘렸다고 한다. 그리고 "두 사람 사이가 나쁜 줄 알았더니 공명은 안 그런데 주유 장군이 속이 좁아 그렇게 됐구나" 하고 수군거렸다 한다. 공명이 벌인 조문 외교의 빛나는 성과라 할 수 있다. 공명은 주유가 죽으니 안도하기도 하면서 좋은 라이벌이 없어져 섭섭하기도 한 착잡한 심경이었을 것이다.

손권으로서도 주유의 죽음은 큰 타격이었지만 주유 사후에 절대적인 통치권을 행사하게 된다. 주유가 죽고 친유비파인 노숙이 병권을 쥐게 됨으로써 손권은 형주를 유비에게 빌려 주고 조조에게 공동 대항하는 전략을 펴게 된다. 이때가 1차 형주 분할인데 형주군의 동쪽 끝인 강하와 장사군 북쪽은 오나라가 점거하여 군사를 주둔시켰다. 형주를 빌려주기는 하지만 장강 동쪽으로 가는 전략적 요충을 점거해 유비군의 목덜미를 잡은 것이다.

유비는 오나라와의 우호 관계가 확실해진 것을 기회로 안심하고 익주 정벌에 나선다. 2년여의 고전 끝에 드디어 유장을 몰아내고 익주 전체를 차지하게 된다. 처음 유비가 익주 정벌에 나섰다는 소식을 들은 손권은 매우 화를 냈다. 같이 정벌하자는 손권의 제의를 거절해 놓고 혼자 갔기 때문이다. 유비가 익주를 차지했다고 하자 손권은 빌려 준 형주를 돌려달라고 요구한다. 그러나 유비는 앞으로 서량 지방을 공략할 계획인데 서량을 차지하면 형주를 돌려주겠다고 한다. 형주를 돌려줄 마음이 없었던 것이다.

이 말을 듣고 손권은 매우 화를 내면서 비상수단을 생각한다. 손권이 유비에게 형주를 빌려 주도록 건의했던 노숙의 입장도 매우 곤란해졌다. 손권은 유비와 사이가 안 좋은 여몽에게 영릉·장사·계양을 접수하도록 명령한다. 세 곳에 파견된 오나라 관리가 촉나라 형주 사령관 관우에게 쫓겨 오자 손권은 무력에 의한 점령을 결심한다. 4만 명의 대군을 동원하는 한편 손권이 육구陸口까지 직접 나와 군사를 지휘한다. 이 소식을 듣고 유비도 놀라 역시 3만 명을 거느리고 장강을 내려와 공안에 주둔한다. 두 나라 사이에 언제 전쟁이 터질지 모르는 일촉즉발의 순간이었다. 북쪽에 공동의 적인 위나라가 노리고 있다는 것을 잘 알았

지만 손권은 유비가 너무 배은망덕背恩忘德하다고 생각하여 응징키로 한 것이다. 또 신하들 보기에도 그렇게 하지 않을 수 없었다. 만약 주유가 살아 있었다면 곧바로 전쟁으로 갔을지 모르나 노숙이 병권을 쥐고 있었기 때문에 바로 무력충돌로 들어가지는 않았다. 한창 두 나라가 신경전을 벌이고 있을 때 조조가 한중으로 쳐들어온다는 소식이 들어왔다. 다급해진 유비는 손권에게 화의를 요청했다. 둘 다 전쟁을 하면 안 된다는 걸 알면서도 벌인 무력시위라 타협도 빨랐다.

이때 노숙이 다시 나선다. 노숙은 유비 측의 형주 사령관 관우에게 단독 회담을 제의한다. 군사들을 백 보 밖으로 물리친 채 칼 한 자루씩만 차고 육구에서 만난 두 사람은 마지막 타협을 시도한다. 소설『삼국지』에선 이 장면을 매우 극적으로 그리고 있는데 관우가 소수의 측근들만 데리고 오나라 진영으로 건너가 노숙을 준열히 타이른 후 유유히 돌아오는 것으로 되어 있다. 그러나 사실 이때 노숙은 관우에게 촉나라의 염치없음을 큰소리로 공박했다고 한다. 전후 사정을 잘 아는 관우는 묵묵히 들을 수밖에 없었을 것이다. 그동안 노숙이 유비를 위해 얼마나 애썼으며 지금도 친유비파인 것을 잘 알고 있었기 때문이다. 노숙이 관우에게 큰소리를 낸 것은 유비에게 너무 관대하다고 불만이 많은 오나라 장군들, 나아가 손권에게 들어가라고 일부러 그랬다는 것이다.

노숙이 큰소리를 친 것은 다 생각이 있어서였다. 노숙은 형주 분할안을 가지고 나왔는데 그것은 유비에게 유리한 것이었다. 노숙의 주도로 체결된 2차 형주 분할안을 보면 형주 남부를 남북으로 흐르는 상수湘水를 경계로 동쪽은 오나라가, 서쪽은 촉나라가 갖는다는 것이다. 손권이 대군을 동원해서 얻은 것은 장사 남부와 계양뿐이었다. 노숙은 어떻든 유비를 달래 조조에게 대항하는 연합전선을 펴야 한다는 생각이었다.

손권은 이러한 노숙의 구상이 다소 불만스러웠지만 양해했다. 현실적인 손권은 유비가 괘씸해도 그렇게 할 수밖에 없다고 생각한 것이다.

　손권은 결코 감정 때문에 나라에 손해나는 일을 하지 않았다. 그 점은 손권이 오히려 유비보다 냉철했다. 유비는 정에 따라 많이 움직였다. 손권은 유비와 신경전을 많이 벌이고 전쟁도 하지만 항상 현실적 계산 위에서 행동했다. 조조와의 분쟁에서도 마찬가지였다. CEO로서 손권의 뛰어난 점이다. 나이는 20여 년이나 어리지만 외교에 있어선 훨씬 노련함을 보인 것이다.

27 손권의 유연한 처신
버거운 원로 달래며 부려, 옳은 쓴소리엔 깨끗이 승복

『삼국지』의 세 영웅 조조·유비·손권의 관계를 보면 조조와 유비는 서로 용납할 수 없는 사이고 손권이 그 가운데에서 유연한 줄타기를 하고 있다.

조조와 유비는 애증 관계가 심했다. 청년 시절부터 둘은 잘 알았고 또 그릇이 됨을 서로 인정했다. 조조가 일찍 기반을 잡아 어려웠던 유비를 많이 도와주었고 유비를 자기 사람으로 만들려고 애도 썼다. 유비는 조조의 보호를 받다가도 안면을 바꾸어 기습 공격을 하기도 하고 조조의 적 편에 가담하기도 했다. 조조는 유비를 배은망덕이라고 괘씸하게 생각해 끝까지 없애려 한다.

나중에 유비가 촉나라를 차지한 후 한중을 놓고 조조와 싸울 때 전장에서 마주 선다. 이때 조조는 채찍을 들어 유비를 가리키며 "은혜도 의리도 다 저버리고 조정까지 배반하는 역적놈"이라고 욕을 한다. 이에 대해 유비는 "나는 바로 대한大漢의 종친으로 역적을 토벌하고 있다.

너는 스스로 왕이 되어 천자 노릇을 하고 있으니 반역이 아니고 무엇이냐"고 되받는다. 조조와 유비는 평화 공존이 불가능한 사이였던 것이다.

손권에 대해선 조조는 개인적인 감정이 없었다. 오히려 호의적이었다. 조조와 손권이 유수구濡須口에서 처음으로 맞부딪쳤을 때 손권의 위풍당당한 모습을 멀리서 보고 "아들을 낳으려면 손권 같은 아들을 낳아야 한다. 손권에 비하면 유표의 아들들은 개돼지나 다름없다"고 감탄한 적이 있다. 유표의 아들들이 물려받은 형주를 제대로 간직하지 못하고 스스로 무너진 데 비해 손견의 아들인 손권이 자신과 당당히 맞서는 것을 평가한 것이다.

조조는 정찰을 나갔다가 손권과 바로 부딪쳤는데 손권은 놀라는 기색도 없이 채찍으로 조조를 가리키며 "승상, 중원을 차지하고 앉아 부귀가 극에 달했는데 무슨 욕심이 그렇게 많아 나의 강남을 침범해 오셨소이까" 하고 힐문했다. 조조가 "네가 신하가 되어 황실을 잘 받들지 않기 때문에 천자의 명을 받들어 특별히 토벌하러 왔다"고 하자 손권은 "당신이 천자를 끼고 천하를 호령하는 줄 어찌 모르겠소. 나는 한漢 황실을 받들지 않는 것이 아니라 당신을 토벌하고 나라를 바로 잡으려는 것이오" 하고 응수한다. 조조와 유비의 가시 돋친 대꾸보다 부드럽다.

이 싸움도 결국 교착 상태에 들어가게 되는데 손권은 조조에게 "나와 승상은 같은 한나라의 신하인데 승상은 백성을 편안하게 할 생각은 않고 쓸데없는 전쟁을 일으켜 백성들을 못 살게 구오. 이제 봄이 와 강물이 차오르고 있으니 이쯤에서 물러가는 것이 좋을 것이오" 하는 내용의 편지를 보냈다. 추신追伸으로 "당신이 죽지 않아서 내가 편할 날이 없소" 하는 글을 덧붙였다. 이 편지를 보고 조조는 "손권이 나를 가볍게 보지 못하는구나" 하고 만족해 하며 군사들을 물렸다.

조조는 일찍부터 오나라 손권의 집안을 달래려는 정책을 썼다. 대표적인 것이 정략결혼인데 손권의 조카를 며느리로 맞기도 하고 손책의 동생과 자신의 조카를 짝 지워 주기도 했다. 미움과 원한으로 뭉친 조조와 유비의 관계와는 달랐던 것이다.

이 싸움을 전후해 조조와 손권은 유수구 일대에서 몇 번을 싸웠으나 어느 쪽도 결정적인 승리를 거두지 못했다. 두 나라 다 상대방에게 치명적 타격을 줄 정도의 국력을 갖지 못했던 것이다. 위나라 측에서 보면 서부 전선에서 장안을 노리는 촉나라 유비군의 동향에도 신경을 써야 했기 때문에 동부 전선의 오나라와의 싸움에 전력을 집중할 수가 없었다. 몇 차례 싸움에서 손권 측에서는 감녕이, 조조 측에서는 장요가 눈부신 활약을 했는데 둘 다 적으로부터 항복해 온 장수였다. 조조도 인재를 포용해 잘 쓰지만 손권도 그에 못지않게 용인술用人術이 뛰어났던 것이다.

손권은 유비에게 배신감을 많이 느꼈지만 조조라는 강적이 있기 때문에 유비와의 연대가 불가피했다. 조조와 유비는 영원히 풀릴 수 없는 적대 관계였고 그 사이에서 손권은 은근히 어부지리를 취했던 것이다. 기본 전략은 유비와 제휴해서 조조에게 대항하는 것이지만 편의에 따라선 조조와 화해하고 유비를 공격하기도 했다. 손권은 조조와 싸울 땐 싸우지만 형세가 불리하면 조조에게 항복해 신하를 자처하기도 했다. 그만큼 처신이 유연했다.

세 사람은 마치 고스톱을 치는 것과 같아서 한 사람이 완승하는 것을 두 사람이 연대해 막으면서 자신은 이기려 하는 식이었다. 나중에 손권이 형주를 빼앗기 위해 조조와 손잡고 촉나라의 관우와 싸울 때도 조조군은 관우군을 은근히 살려 보내 동맹군인 손권군과 싸우게 만든다. 손권군이 일방적으로 이기는 것을 바라지 않았던 것이다. 또 이릉대전 땐 손권군이 유비군에 압승해 유비를 백제성까지 몰아붙이고도 마지막 숨통은 끊지 않는다. 촉나라를 괴멸시켜 버리면 위나라가 안심하고 오나라로 쳐들어 올까 봐서다.

손권은 외교뿐만 아니라 나라를 다스리는 데도 매우 유연했다. 손권은 성격이 활달해 일을 잘 저질렀지만 신하들이 충고를 하면 잘 받아들이는 장점을 지녔다. CEO로서 매우 중요한 덕목이다. 부친 손견과 형 손책이 닦아 놓은 기반을 물려받은 손권은 버거운 신하들이 많았다. 갑자기 기업을 물려받은 재벌 2세와 비슷한 처지였다. 창업자 오너인 조조·유비와는 달랐다. 조조와 유비는 창업하고 키운 과정에서 닦은 카리스마가 대단해 신하들을 승복시킬 수 있었다. 그만큼 경륜과 실력이 있었던 것이다. 젊은 손권은 경험과 카리스마가 부족했다. 그러나 손권은 물려받은 신하들을 잘 구슬리며 자신의 뜻을 관철해 나가는 데 거의 천재적 자질을 보였다.

기업에서도 그런 일이 자주 일어난다. 젊을 때 기업을 물려받으면 버거운 원로들이 많다. 젊은 오너는 처음엔 이들의 말을 경청하다가도 곧 싫증을 내게 된다. 나이 많은 사람들은 보수적이고 신중하다. 그러나 젊은 2세는 1세의 콤플렉스에서 벗어나 자기의 실적을 올리고 싶어한다. 그 과정에서 갈등과 충돌이 일어난다. 성미 급한 젊은 2세는 잔소리꾼들을 정리해 버린다. 그것을 부추기는 세력이 있게 마련이다. 그것이 성공할 수도 있지만 실패할 확률이 더 크다. 구세대들을 정리하는 과정에서 내부 혼란이 생기고 임직원들의 마음에 상처를 주기 때문이다. 매우 전략적이고 기술적으로 해야 하는데 그것이 쉽지 않다.

기업이 잘 나갈 땐 CEO가 다소 서툴러도 큰 문제가 안 되나 어려움

에 처했을 땐 결정적 실패로 연결되기 쉽다. 위기일수록 조직 내의 의사소통이 잘되고 컨센서스가 이루어져야 하는데 그것이 어렵기 때문이다. 외환위기 후 많은 젊은 2세들이 기업과 더불어 쓰러졌는데 평소 임직원들의 마음 관리에 서툴렀던 것도 큰 원인이다. 오너 CEO가 임직원들을 머슴으로 생각하면 임직원들 스스로가 머슴으로 의식하고 행동하게 된다. 머슴들만으로는 결코 기업을 유지·발전시킬 수가 없다. 이 머슴들이 자존심에 상처를 입을 땐 보복을 생각하게 된다.

손권이 훌륭한 점은 아버지와 형님이 남긴 구신舊臣들을 잘 다루었다는 점이다. 잔소리가 심한 그들을 갑갑해 하면서도 성질을 죽여가며 그들을 대우하고 또 활용한다. 대표적인 원로가 장소와 장굉張紘·고옹顧雍이다. 장소는 손권보다 26세나 많다. 북쪽 명문 출신의 학자로 근엄한 성격의 외곬이었다. 손권의 형인 손책이 죽을 때도 그랬지만 몇 년 뒤 손권의 모친이 운명할 때도 장소에게 "아들을 잘 부탁한다"는 간곡한 당부를 했다. 효성이 지극했던 손권은 장소에겐 늘 조심했다. 그래서 적벽대전 때 장소가 항복론을 주장했음에도 불구하고 불문에 부쳤고 적벽대전 승리 후에도 장소를 여전히 중용했다.

장소는 손권의 사생활에 대해서도 잔소리가 심했다. 사냥이나 술자리를 즐기는 손권에게 "좋은 주군이 되려면 노는 것을 삼가야 한다"라고 충고했다. 근엄한 선생님 같았다. 손권뿐 아니라 오나라 사람들이 모두 장소를 어려워했다. 손권은 나이가 50세가 넘고 주군이 된 지 30년이 넘어도 장소가 잔소리를 하니 견딜 수가 없었다. 한번은 손권이 매우 화가 나서 칼자루에 손을 대며 "오나라 사람들이 궁중에 들어오면 나를 받들어 모셔도 궁을 나가면 당신을 더 무서워한다. 당신은 신하들 앞에서 내 체면을 생각지 않고 함부로 군다. 나도 가끔 내 인내의 끈이

장소 오나라의 원로대신 장소. 손권은 원로들을 참고 달래며 중용했다.(적벽대전기념관)

끊어질까 두려울 때가 있다"며 겁을 주었다. 장소는 황급히 엎드리며 "저도 이러기를 좋아하지 않지만 주군의 모친이 돌아가시면서 간곡히 당부한 것을 잊을 수가 없어서……" 하고 흐느껴 울었다. 이 말을 듣고 효심 깊은 손권은 칼을 거두고 같이 울었다 한다. 그 뒤로도 장소는 여전히 잔소리를 했다. 손권은 장소를 끝까지 좋아하지는 않았지만 내치지 않았다.

오나라에서 처음으로 승상丞相 자리를 만들 때였다. 모두가 초대 승상엔 오나라의 최고 원로인 장소가 임명될 것으로 생각했다. 그러나 손권은 "요즘같이 어려울 때엔 승상은 책무가 너무 무겁다. 장공張公 같은 원로를 예우하는 자리가 아니다" 하며 무명의 손소孫邵를 임명했다. 손권은 장소를 승상에 앉히기 싫었던 것이다. 3년 후 손소가 죽자 중신들은 다시 장소를 추천했다. 이때 손권은 "장공은 너무 강직하고 고집이 세서 사람들을 잘 다독이고 여러 의견을 조정하는 것이 어려울지 모른다"는 핑계를 대고 고옹을 대신 임명했다. 손권 자신도 훗날 "장공과 이야기할 땐 나도 늘 긴장해 허튼 소리를 할 수 없었다"라고 술회했다. 그러면서도 손권은 장소가 81세로 죽을 때까지 36년간 곁에 두고 썼다. 악연惡緣이라면 악연인데 손권의 위대한 인내가 없었으면 불가능한 일이다.

장소와 비슷한 원로가 장굉이었다. 대학자인 장굉은 한때 조조 밑에서도 일했는데 손책 때 오나라로 와서 끝까지 충성을 다했다. 조조 밑에 있었던 전력 때문에 모함도 더러 받았지만 손권이 끝까지 감싸고 신임했다. 손권이 장굉을 얼마나 신임했는지는 장굉의 건의에 따라 도읍을 경구京口(지금의 진강)에서 건업建業(지금의 남경)으로 옮긴 것을 보면 알 수 있다. 장굉은 60세로 죽으면서 손권에게 마지막 편지를 썼는데 그 내용은 "군주로서 널리 현인을 구하고 간언을 받아들이며 일시적인 감정을 절제하지 않으면 안 된다"는 것이었다. 손권은 이 편지를 보고 감사의 눈물을 흘렸다 한다.

손권이 장소 대신 승상으로 임명한 고옹도 근엄하고 고지식한 사람이었다. 평소 매우 과묵하고 술을 싫어했다. 연회 때 고옹은 술잔엔 손도 안 대고 사방을 둘러보기만 했다. 손권도 술자리에 고옹이 있으면 흥이 깨진다고 말할 정도였다. 집에서도 일체 말을 안 해 가족들도 고옹이 고위직에 있는 줄 잘 몰랐다 한다. 그래도 손권은 고옹을 신임하고 중용했다. 고옹이 장소보다 다소 편했던 것은 신하들 앞에서 드러내 놓고 손권을 반대하거나 충고하지 않았다는 점이다. 손권의 체면은 살려 준 것이다.

손권은 중요한 문제를 결정할 때 비서관을 고옹에게 보내 의견을 물었다. 만약 고옹이 그 문제에 찬성일 땐 구체적 방안에 대해 의견도 내고 음식도 대접했다. 그러나 반대 의견일 때는 묵묵히 아무 말도 안하니 일찍 물러나올 수밖에 없었다. 손권은 비서관이 음식 대접을 받았다고 하면 당초 안대로 시행하고, 그냥 왔다고 하면 다시 한번 재고했다 한다. 승상으로서 고옹은 매우 유능해 의견 조정이나 인재 발탁에 탁월한 재능을 보였다. 고옹은 묵묵히 일하면서 잘된 것은 모두 손권의 공으로 돌리고 잘못된 것은 자신이 책임졌는데 그렇다고 손권의 비위를 맞추거나 아첨하지는 않았다. 고옹이 승상으로 19년을 지내고 76세로 죽었을 때 손권은 소복을 입고 장례에 참석해 충신의 죽음을 슬퍼했다 한다. 그런 고옹을 승상으로 발탁해 쓴 손권의 용인술이 대단하다 할 것이다.

28 손권, 지모로써 형주를 무혈 점령
뛰어난 전략가 여몽 키워 기습작전으로 형주 탈환

손권은 유비가 빌려간 형주를 돌려 줄 생각을 않자 무력으로 뺏어올 궁리를 한다. 적벽대전 후 손권은 유비에게 형주를 빌려 주어 위나라 조조의 위협에 대한 방파제로 삼으려 했던 것인데, 유비는 형주와 익주를 기반으로 천하를 차지하겠다는 딴생각을 하고 있었다. 두 사람의 속셈이 다르니 평화적 타결이 어려웠다. 마침 그때 조조가 위나라에서 형주 북쪽을 칠 테니 오나라는 형주 남쪽을 뺏어 차지하라고 제의한다. 그리고 위나라와 오나라가 불가침조약을 맺자는 것이다.

이 제의를 받은 오나라 내부에서 의견이 갈렸다. 장소 같은 원로는 조조와 잘 지내자는 입장인 데 비해 제갈근은 유비와 연합해 조조에 대항하자는 입장이었다. 이때 오나라의 병권은 노숙이 죽은 후 여몽에게 넘어가 있었다. 손권은 형주도 탐났지만 조조가 차지하고 있던 북쪽 서주 땅도 차지하고 싶었다. 여몽의 의견을 구한즉 촉나라로부터 형주를 뺏는 것이 더 우선이라는 대답이었다. 손권의 마음이 그쪽으로 기울 때 제갈근이 위나라도 믿을 수가 없으니 형주 사정을 한번 살핀 다음 최종 방침을 정하자고 한다.

당시 촉나라의 형주 방위사령관은 관우였다. 제갈근의 의견은 관우에게 딸이 하나 있으니 손권의 아들과 결혼을 제의해서 성사되면 관우와 힘을 합쳐 조조에게 대항하고 잘 안 되면 조조와 연합하여 관우를 치자는 것이었다. 손권은 이를 허락한다. 그래서 제갈근이 관우에게 가서 혼인 이야기를 꺼냈으나 관우는 한마디로 거절하면서 "범의 딸을 어찌 개의 자식에게 줄 수 있느냐"며 인격적 모독까지 해버린다. 콧대 높은 관우의 큰 실수였다. 당시 관우는 유비의 의형제로 촉나라의 실력자인 데다가 형주 땅에 너무 오래 있어 오만해 있었다. 아무리 훌륭한 사람도 한자리에 너무 오래 있으면 긴장이 풀어져 자만에 빠지기 쉽다. 막강한 자리일수록 더 그렇다. 그래서 위대한 CEO는 아랫사람이 긴장을 풀지 않도록 항상 의표를 찌르는 과감한 인사를 한다. 인사의 결정적 시기를 놓치면 나중에 돌이킬 수 없는 사고가 난다. 그래서 큰 자리의 인사이동일수록 냉철하게 전격적으로 해치워야 한다는 말이 있다.

이 혼인 이야기를 성도의 제갈공명이 전해 듣고 일이 심상치 않게 돌아간다고 생각했다. 관우를 그대로 형주에 두면 오나라와의 관계가 위험해진다고 보고 유비에게 관우를 불러들이고 다른 사람을 보내는 게 어떠냐고 조심스럽게 묻는다. 그러나 관우가 워낙 거물인 데다 후임자도 마땅치 않아 미적거리다가 관우의 승전보가 계속 올라오자 안심하고 만다.

그러나 공명의 우려대로 큰일이 벌어지고 있었다. 혼인 제의에 대한 관우의 반응을 전해들은 손권은 매우 화를 내면서 관우를 징벌할 결심을 한다. 조조와 제휴해 촉나라를 치기로 오나라의 국책을 정한 것이다.

관우는 그것도 모르고 형주 북쪽으로 원정을 나가고 처음엔 혁혁한 전과를 올린다. 조인이 지키던 번성을 포위하고 위나라 군사를 대파하여 중원까지 쳐들어갈 기세를 보인다. 관우의 기세에 놀란 조조가 도읍을 허창에서 옮기려 한 것이 바로 이 무렵이다. 관우의 원정군과 위나라는 결사적으로 싸우게 된다. 이 틈을 노려 손권은 형주 탈환 계획에 착수하여 여몽에게 집행을 맡긴다. 여몽은 손권이 공들여 키운 심복 장수였다. 손권은 물려받은 인재들도 잘 썼지만 스스로도 인재를 잘 키웠다.

여몽은 집이 몹시 가난해 어릴 때부터 자형姉兄을 따라다니며 전장에서 컸다. 용감하고 자질이 뛰어나 적벽대전 때도 주유 밑에서 활약했다. 손권은 여몽의 그릇을 알아보고 총애하며 경력 관리를 시켰다. 여몽은 일찍부터 전쟁터를 전전하느라 학문할 틈이 없었다. 손권이 하루는 여몽을 불러 책을 읽고 공부를 하라고 타일렀다. 여몽이 군무에 바빠 책 읽을 틈이 없다고 하자 손권은 "장군에게 학문을 익혀 박사나 학자가 되라는 것이 아니다. 아무리 무장이라도 용감함만으론 위대한 장수가 될 수 없다. 학문을 알아야만 큰 싸움을 할 수 있고 사람을 거느릴 수 있다. 동서고금의 역사책이나 치국하는 법을 알아야 한다. 장군이 바쁘다고 하지만 나만큼 바쁘겠는가. 나도 바쁜 틈을 내어 옛날의 좋은 책들을 읽으려고 애를 쓴다. 아무쪼록 학문에 힘써 나의 기대에 어긋나지 않도록 하라"고 간곡히 당부한다. 크게 감격한 여몽은 그날부터 발분하여 그야말로 주경야독晝耕夜讀 학문에 정진했다.

몇 년 지나 총사령관 노숙이 여몽의 부대에 시찰을 나왔다. 공식 일정을 마치고 저녁에 환담을 나누는데 여몽의 깊은 지식에 크게 놀란다. 동서고금의 역사를 잘 알고 문리文理가 틔어 있었다. 노숙은 "이제까지 장군을 용감한 무장으로만 보았는데 오늘 당신의 식견에 놀랐다. 옛날의 여몽이 아니구나" 하고 감탄했다. 여몽은 "선비와 헤어지고 사흘 뒤에 보면 눈을 씻고 다시 보아야 한다는 말이 있습니다"고 말했다 한다. 선비란 늘 발전하는 것이니 옛날 생각만 하면 안 된다는 뜻일 것이다.

노숙은 죽으면서 자신의 후임으로 여몽을 추천했다. 두 사람의 전략은 약간 달랐다. 노숙은 정치·외교적 고려까지 해서 유비와의 연대에 주력한 데 비해 여몽은 형주 탈환을 중시했다. 관우도 형주 북쪽으로 군사를 끌고 가면서 오나라에 대한 경계 태세를 늦추지 않았다. 오나라가 호시탐탐 형주를 노리고 있는 것을 잘 알았기 때문이다. 그래서 형주 후방에 상당한 병력을 남겨 두고 갔다. 그리고 형주 북쪽까지 봉화대를 연결하여 긴급사태가 나면 즉각 돌아올 수 있도록 조치해 놓았.

여몽은 관우의 약점을 교묘하게 파고 들어간다. 우선 여몽은 몸이 아프다는 구실로 사직을 청원한다. 관우의 경계심을 없애기 위해서다. 손권은 여몽의 후임에 새파란 육손을 기용한다. 육손은 일찍부터 뛰어난 자질을 보여 손권이 마음먹고 키우고 있었으나 아직은 무명의 젊은 장군에 불과했다. 손권의 형인 손책의 사위로 겉으론 처가 배경으로 출세한 것처럼 보였다. 육손은 사령부가 있는 육구(陸口)로 부임하자마자 관우에게 정중한 인사장과 예물을 보낸다. 관우의 무공을 높이 치켜세운 다음 자신은 어려서 아직 아무것도 모르니 잘 지도편달해 주시기 바란다는 취지로 관우의 자존심을 한껏 높여 주었다. 육손의 편지를 받고 관우는 매우 흡족해 한다. 오나라의 새 사령관은 자기를 알아주는 기특한 사람이라고 생각하면서 버겁던 여몽 대신 무명의 육손이 왔으니 이제 오나라는 걱정할 필요가 없다고 단정해 버린다. 더 나아가 형주 전선 같은 중요한 자리를 육손 같은 어린애에게 맡기는 손권은 사람을 잘 못 쓴다는 생각마저 한다. 어리숙하게 보이면서 상대방의 의표를 찌르

는 전략과 인사를 생각하고 결단하는 것이 바로 손권의 강점이다.

마음을 턱 놓은 관우는 공안과 형주에 남겨 두었던 군사를 빼내 북쪽 전선에 투입한다. 형주 본거지가 텅 비어 버린 것이다. 이 기회를 놓칠세라 여몽은 비밀리에 80여 척의 날랜 함정에 경무장한 정예병을 싣고 장강을 거슬러 올라간다. 이때 손권은 여몽에게 자기의 사촌동생인 손교孫皎 장군과 같이 가면 어떠냐고 묻는다. 여몽은 두 사람이 같이 가면 지휘권에 혼선이 생기니 자기와 손교 장군 중 한 사람을 택해야 한다고 말한다. 손권은 얼른 알아듣고 여몽이 지휘권을 맡되 손교 장군은 후방에서 보급을 챙기라고 명령한다.

지휘권 문제는 기업 경영에 있어서도 매우 중요한 일이다. 흔히 오너나 최고 CEO의 측근이 지휘권과 상관없이 끼어들어 혼선이 빚어지고 경영 실패가 많이 생긴다. 권한과 책임의 소재가 불분명해져 일이 효율적으로 안 되기 때문이다. 또 신상필벌과 기강이 안 잡혀 조직 전체가 이상해지기도 한다. 조직의 책임과 권한을 분명히 했다는 점에서 손권은 CEO의 요체要諦를 터득했다고 할 수 있다.

여몽은 무장시킨 병사들을 배 밑창에 숨게 하고, 배 위에는 장사치로 변장한 수군들이 배를 몰았다. 먼저 선발대가 형주 부근에 가서 봉화대 옆에 배를 댔다. 형주 수군들이 검문을 나오자 자기들은 장강을 무대로 한 장사치인데 폭우 때문에 대피차 정박했다고 변명한다. 그리고는 장사하는 물건이라며 술과 음식 등 선물을 잔뜩 안겨 주었다. 형주 수군들은 의심 없이 정박을 허용한다. 그리고 선물 받은 술로 술타령을 한다.

한밤중이 되자 여몽의 수군들은 일제히 초소를 급습해 모두 점거해 버린다. 눈 깜짝할 사이여서 봉홧불이 올라갈 틈이 없었다. 여몽은 포로로 잡은 형주 수군들을 달래 공안성으로 가서 성문을 열게 하고 기습

여몽 뛰어난 지략으로 관우로부터 형주성을 빼앗은 오나라의 명장.(적벽대전기념관)

점령해 버린다. 공안성을 지키던 부사인傅士仁은 관우에게 찍혀 있던 터라 적극적으로 대항할 생각이 없었다. 순순히 성을 내주었음은 물론 여몽의 지시대로 이웃인 형주성에 항복을 권유하러 갔다. 형주성을 맡고 있던 미방 芳은 처음엔 주저했으나 부사인이 "지금 버텨서 관우 장군이 돌아온다 해도 우리 둘은 죽은 목숨"이라고 설득하자 결국 항복에 동의한다. 이렇게 여몽은 무혈입성하다시피 형주성을 점령해 버린다. 형주성을 점령한 여몽은 회유책을 써서 백성을 안심시킨다. 관우 가족을 비롯한 출전 병사들의 가족을 보호하고 예전대로 식량도 지급했다.

　여몽은 장강 북쪽 촉나라로 가는 길을 봉쇄하면서 관우를 남쪽에서 압박하는 작전을 폈다. 관우의 원정군은 남북 양쪽에서 대군을 맞게 된 것이다. 형주 등 본거지가 오나라에 점거당했다는 소식은 조조 측에서

관우에게 알려준다. 관우로 하여금 번성의 포위를 풀고 오나라와 싸우게 하기 위해서다. 관우는 형주성을 탈환하려 했으나 형주 출신의 부하들이 말을 듣지 않았다. 가족이 무사하다는 소식을 들은 그들은 무더기로 부대를 이탈해 형주로 가버렸다. 순식간에 관우 원정군은 사라져 버렸다. 급한 김에 관우는 조그만 맥성麥城으로 피신하고 구원군을 요청했으나 올 수가 없었다. 관우는 진퇴유곡進退維谷의 고달픈 신세가 됐다. 불과 한 달 사이의 급전직하急轉直下다.

관우는 궁여지책으로 북쪽 촉나라를 바라보고 탈출하다 장향章鄕 부근에서 여몽이 미리 깔아놓은 포위망에 걸려 아들 관평關平과 함께 장렬한 죽음을 맞는다. 문무겸전의 명장으로서 천하가 두려워했던 관우는 58세의 파란 많은 생애를 이렇게 허무하게 끝냈다. 손권으로선 정말 목의 가시 같았던 촉나라 형주 사령관 관우를 교묘하게 제거하고 그토록 바라던 형주 땅을 무혈無血로 차지하게 된 것이다. 이 작전을 꾸미고 실행한 것은 여몽이지만 여몽으로 하여금 그런 큰일을 하도록 만든 것은 역시 손권의 깊은 정세 읽기와 외교력, 또 결단이라 할 수 있을 것이다.

29 손권의 능란한 외교술
유비 복수전 대비 수도 이전, 조조에 아첨하며 신하 자처

손권은 관우를 정벌하고 그토록 바라던 형주를 차지하고 나서 적극적인 민심 수습에 나섰다. 오랜 관리들을 그대로 쓰면서 전란에 시달린 백성을 달래기 위해 그해 세금을 모두 감면했다. 또 번성 싸움에서 관우에게 사로잡혀 강릉옥에 갇혀 있던 위나라 대장 우금于禁과 그 부하들을 석방해 위나라로 돌려보냈다. 그리고 오나라 군사에 대한 대대적인 논공행상을 실시했다. 먼저 여몽을 상좌에 앉히고 "지난날 주유는 조조의 대군을 적벽에서 무찔렀으나 요절하여 노숙이 그 뒤를 이었소. 노숙은 나에게 패업을 이루는 길을 일러 주고 적벽대전 때 많은 사람이 항복하자고 하였으나 단연 항전을 주장해 승리에 큰 공을 세웠소. 그러나 유비에게 형주를 빌려주자고 한 것만은 잘못이오. 그 형주를 이번에 여몽 장군이 꾀로써 되찾으니 노숙보다 나은 점이 있소" 하며 극찬했다. 섭섭한 것은 가슴 깊이 묻어 두고 큰 공에 대해선 확실한 칭찬과 보상을 하는 것이 손권의 특징이었다. 노숙이 살아 있을 땐 형

주 일에 대해서 책망하는 말을 꺼낸 적이 없었다.

손권이 승리에 취해 있을 때 원로 장소가 찾아와 촉나라 유비가 복수하러 올 것이니 대비책을 서둘러야 한다고 말했다. 정신이 번쩍 든 손권은 대책회의 끝에 이번 관우 정벌을 위나라의 책임으로 돌리기로 했다. 그러려면 손권이 위나라에 납작 엎드려야 했다. 손권은 관우의 머리를 낙양에 있는 조조에게 보내면서 깍듯이 신하의 예를 차렸다. 그리고 머리 없는 관우의 시신을 당양에 정중히 묻어 주었다. 관우의 머리를 받은 위나라 조조는 손권의 속셈을 알아차렸으나 향나무로 몸을 깎아 맞추어 낙양성 남문 밖에서 성대한 장례식을 치러 주었다. 유비에 대한 배려도 있었지만 조조 자신이 관우를 좋아했기 때문이다.

관우는 유비에겐 절개를 지키고 충성을 다했으나 요충지 형주를 잃음으로써 유비의 천하 전략엔 큰 차질을 초래했다. 한중과 형주 양쪽에서 중원을 공략하려던 대전략이 무너져버린 것이다. 이때 형주를 잃은 후 유비는 두 번 다시 형주 땅을 밟지 못한다. 조조도 손권과 관우를 싸우게 해 형주 땅을 일부나마 차지하려던 계획이 수포로 돌아갔다. 결국 최대의 실리를 취한 사람은 손권인데 이를 잘 보전하기 위해 눈물겨운 노력을 기울인다.

손권은 유비의 복수전에 대비해 대내적인 준비는 물론 대외적으로 치밀한 외교전을 편다. 양쪽에서 싸우는 부담을 덜기 위해 우선 위나라에 무릎을 꿇고 들어간다. 손권은 조조에게 사신을 보내 신하를 자처하면서 지금 천하가 모두 바라고 있으니 새 왕조를 세워 천자가 되라고 간곡히 청한다. 그러면 손권 자신은 영토를 바치고 항복하겠다는 것이다. 손권은 오나라에 도움이 된다면 자신의 자존심쯤은 문제 삼지 않았다. 철저한 실리주의다. 어떤 땐 조조 편이 되었다가 어떤 땐 유비 편이 되었지만 어느 쪽도 완전히 믿지는 않았다. 국제 정세를 세심히 살펴 어부지리가 되는 방향으로 국책을 펴갔다. 이런 줄타기 외교를 하려면 국내 기반이 튼튼하고 리더십이 확고해야 한다. 손권은 뛰어난 선견력과 평소의 감성 리더십을 통해 신하들의 마음을 사로잡으면서 확고한 신뢰를 얻었다.

　손권은 성격이 활달하고 거친 면이 있었지만 평소 신하들에 대한 배려가 남달랐다. 형주 탈환이 끝난 후 여몽에 대한 대우를 보면 잘 알 수 있다. 손권은 여몽을 남군태수에 봉하고 돈 1억 전과 황금 5백 금을 하사했다. 여몽이 받지 않으려 하자 손권은 사양하지 말도록 명령했다. 그 후 얼마 안 되어 여몽이 병석에 누웠다. 소설 『삼국지』에선 형주 탈환의 논공행상을 하던 날 여몽에게 관우의 혼이 씌어 손권을 야단치며 죽는 것으로 되어 있지만 사실은 병사한 것이다. 젊을 때부터 전장을 떠돈 여몽은 말년에 몸이 좋지 않았는데 대망의 형주 탈환에 마지막 에너지를 다 쏟은 듯 한창 나이에 타계했다.

　여몽이 병이 나자 손권이 누구보다도 안타까워했다. 그때 손권은 공안에 주둔하고 있었는데 여몽을 자기 거처로 불러 정양하게 하고 돈 1,000금을 내걸고 여몽의 병을 고칠 명의를 찾았다. 아침저녁으로 병세를 물어봄은 물론 직접 문병하면 여몽이 신경 쓸까봐 벽에 구멍을 뚫어 놓고 병세를 관찰했다 한다. 여몽이 식욕이 없어 음식을 못 들면 매우 걱정하고 조금이라도 먹으면 그토록 좋아했다. 중도에 여몽의 병이 회복세를 보이자 손권은 대사령大赦令을 내려 축하할 정도였다. 다시 중태에 빠지자 용한 도사道士를 불러 수명 연장을 빌었다. 그런 정성에도 불구하고 여몽은 결국 숨을 거두고 말았다. 손권은 며칠을 통곡하면서 가무음곡을 금하고 식사를 줄였다 한다. 여몽은 죽으면서 손권으로부터

받은 돈과 선물을 모두 봉해서 군자금으로 쓰도록 손권에게 다시 바치고 자신의 장의는 간소하게 하도록 당부했다. 손권은 이 소식을 듣고 더욱 슬퍼했다 한다. 이 같은 군신 간의 아름다운 정의情誼가 오나라를 훌륭히 번성시킨 원동력이 됐을 것이다. 그런 분위기를 만든 것은 역시 명CEO 손권의 능력이다.

조조도 관우의 장례식 후 노환으로 시름시름 앓다가 결국 66세로 생을 마감했다. 조조 사후 큰아들 조비가 그 뒤를 이었는데 바로 위 문제다. 조비는 아버지 조조가 차마 못했던 한나라 찬탈을 단행하여 천자를 내쫓고 스스로 황제가 된다. 이때도 손권은 제일 먼저 축하 사절을 보내 충성을 맹세한다. 촉나라 유비가 아직 준비가 안 되어 가만히 있지만 언젠가는 쳐들어올 것이므로 그때까지는 위나라와 제휴 관계를 유지해야 했던 것이다. 그래서 유능한 사신을 계속 보내 조비의 비위를 맞추면서 국제 정세를 살폈다.

조비가 황제가 되자 대항이라도 하듯 촉나라 유비도 제위에 올랐다. 한나라의 정통 계승자를 자처하는 유비로서는 한나라 황제가 없어졌으니 스스로 황제가 되지 않을 수 없었을 것이다. 그래야 명분에도 맞다.

그러나 손권은 그런 명분에서 자유로웠다. 조비가 손권에게 오왕吳王의 칭호를 주자 일부 신하들은 왕위를 받지 말고 차라리 대장군 구주백九州伯이란 이름을 달고 독립하자고 주장한다. 신하 중엔 왕위를 받으려 한다고 분개하는 사람도 있었다. 그러나 손권은 "그까짓 이름이 무슨 대수냐. 옛날 한고조 유방도 한때 항우로부터 한중왕의 칭호를 받았지만 나중에 항우를 쳐부수고 황제가 되지 않았느냐"면서 오왕 칭호를 받았다. 또 위나라에서 상아, 공작, 물소 뿔 등 남방의 희귀한 물건들을 조공으로 바치라고 요구했을 때도 신하들은 전례가 없던 일이니 거절해야 한다고 주장했으나 손권은 그런 물건들은 나에겐 돌이나 기왓장 같은 하찮은 것들이니 전부 보내주라고 명령했다. 큰 이익을 위해서 작은 수치는 참은 것이다. 조비로선 자신의 즉위에 대항하는 유비보다 신하를 자처하는 손권이 더 좋았을 것이다. 손권이 황제가 된 것은 조비보다 9년, 유비보다 8년이나 뒤다.

손권은 조비의 비위를 맞추면서도 만약의 사태엔 철저히 대비했다. 이때가 손권으로선 매우 위기였다. 촉나라 유비가 쳐들어오는 것은 당장의 문제고 위나라 조비와는 다소 시간이 있으니 어떻게든 시간을 벌어야 한다는 생각이었다. 손권은 유비의 복수전에 대한 대비책으로 도읍을 장강 중류 쪽으로 옮겼다. 건업(현 남경)에서 악주鄂州로 옮기면서 무창武昌이라 불렀다. 유비가 쳐들어오면 장강을 타고 내려올 것이므로 서쪽으로 방위선을 이동한 것이다. 손권은 수도도 기동적으로 옮겼는데 이름이나 명분에 집착하지 않는 손권의 실용주의를 반영하는 것이기도 하다. 처음 회계會稽에서 시작했다가 다음 오군吳郡·경구京口·건업·무창·건업 등으로 필요에 따라 기동적으로 옮겨갔다. 기마민족이 전략적으로 초원을 누비듯 장강을 무대로 근거지를 수시로 옮긴 것이다. 적벽대전 전에는 시상에 주둔해 있었고 형주 탈환 전후엔 공안에 있었다.

손권이 도읍을 옮긴 바로 그해 유비가 5만 명의 군대를 이끌고 오나라로 쳐들어왔다. 바로 유명한 이릉대전이다.

30 이릉대전과 뒷수습
유비 격퇴 후 추격 자제, 다시 촉나라와 연대 탐색

孫權 이때를 대비해 손권이 오랫동안 키워온 인물이 있었다. 바로 육손으로서 손권보다 한 살 아래다. 강동의 명문 집안 출신으로 손권이 집권한 후 정략 차원에서 형 손책의 딸을 시집보내 조카사위로 삼았다. 어릴 때부터 자질이 뛰어나 손권이 마음먹고 키웠다. 형주 탈환전 때도 여몽을 도와 큰 공을 세웠으나 역전의 용사들이 많은 오나라 장군 중에선 서열이 높지 않았다. 손권은 국가 존망의 위기에서 40세의 젊은 육손을 최고사령관으로 발탁한다. 쉽지 않은 결단이다. 적벽대전 땐 주유를 발탁하여 큰 공을 세우게 했고 형주 탈환전 땐 여몽을 발탁하여 숙원을 이루었다. 사람 보는 눈이 탁월하지 않으면 할 수 없는 일들이다.

CEO의 가장 큰 일은 사람을 알아보는 것이다. 사람을 잘 알아보고 알맞게 골라 쓰는 일이야말로 CEO가 할 일이다. 적재적소에 사람을 쓸 생각을 하지 아니하고 혼자 바쁜 CEO가 많은데 그런 기업은 제대로 클 수가 없다. 사람을 알아보는 눈은 타고 나는 것이라 할 수 있다. 훈련을 쌓으면 어느 정도는 되겠지만 한계가 있다. 근본은 마음가짐이다. 겸손한 마음, 사심 없는 마음을 가져야만 사람을 제대로 볼 수 있다. 아랫사람을 의심하거나 경쟁하는 마음, 더 나아가 질투하는 마음을 가져선 눈이 흐려진다. 그러면 인사가 공명정대하지 못하게 되어 충신이 멀어지고 간신이 판을 치게 된다. 조직의 몰락이 시작되는 것이다. 인물을 보는 안목에서 손권은 『삼국지』의 다른 주인공 조조·유비와 마찬가지로 가히 천부적이다. 그런 난세에 사람 보는 눈이 없으면 어찌 한 나라의 주인이 될 수 있겠는가.

손권이 확고한 기반을 잡기 전까지는 소수민족의 반란이 잦았다. 육손이 젊었을 때 반란군을 진압하러 간 적이 있었다. 군사들이 모자라자 육손은 주민들을 강제 징집했다. 현지 지방장관은 주민들의 피해가 크다고 육손에게 항의하는 한편 손권에게도 고발장을 보냈다. 그 뒤 육손이 출세하여 중요한 자리의 후임을 고르면서 바로 그 지방장관을 추천했다. 손권이 "그 지방장관은 당신을 고발한 적이 있는데 그래도 추천하겠느냐"고 하자 육손은 "저는 현지 토벌대장으로서 병사를 급히 모아야 했고 그 지방장관은 그 나름으로 백성을 보호해야 했으니 각기 소임을 다한 것뿐"이라고 답했다 한다. 그 대답을 듣고 손권은 육손이 큰 그릇임을 다시 인식했다.

손권은 육손을 발탁해 힘을 실어 주는 데도 탁월한 재능을 보인다. 중신들이 육손을 추천하게끔 은근히 유도하고 젊은 육손의 위신을 세워 주기 위해 세심한 정지작업을 한다. 우선 육손의 임명식을 성대하게 거행한다. 그 자리에서 손권은 자신의 보검을 풀어 주며 누구든지 명을 어기면 먼저 참斬하고 후에 보고하라 명한다. 출정 장수에게 전폭적인

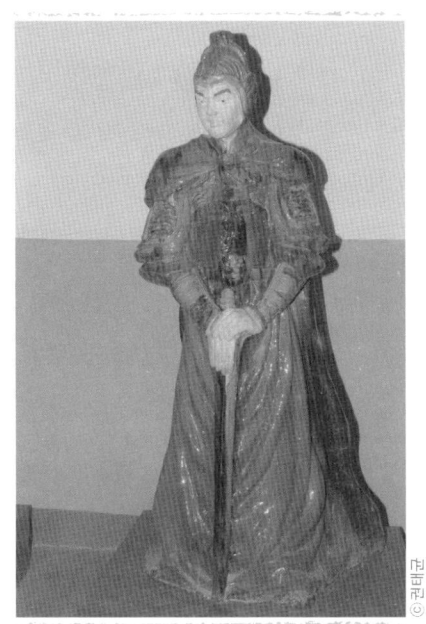

육손 적벽대전기념관의 육손 상. 주유 · 노숙 · 여몽에 이어 오나라의 기둥 역할을 했다.

신뢰와 권한을 주어 소신껏 능력을 발휘하도록 해준 것이다. 과거 적벽대전이나 형주 탈환전 때도 그랬다. 바로 이런 방식 때문에 출정 장군들이 대공을 세우고 위기 때마다 명장들이 잇달아 등장한다.

기업 오너가 전문경영인을 쓸 때도 이런 방식이 필요하다. 사장에게 일을 맡기고도 안심이 안 되어 의구심을 갖거나 간여하게 되면 사장의 힘이 약해져 일이 제대로 되지 않는다. 일하는 방식은 사람마다 다르므로 일단 맡겼으면 믿어야 한다. 오너 중엔 귀가 얇은 사람이 많다. 이들은 측근의 말을 듣고 사장들이 일하는 방식에 대해 중간에 개입한다. 이렇게 되면 사장들의 힘이 빠지고 추진력도 떨어진다. 당연히 일도 되지 않는다. 위대한 경영자는 다소 불만이 있더라도 시간을 두고 기다린다. 그래야 사장들이 자신을 가질 수 있고 그 과정을 통해 유능한 CEO

가 자라는 것이다.

　손권의 전폭적인 지지를 받고도 육손은 전선에서 다소 어려움을 겪는다. 우선 역전의 장군들이 어린 육손을 약간 못 미더워 하는 데다 방어 전략에서 차이가 났기 때문이다. 장군들은 종래 방식대로 유비군과 각개격파 방식으로 싸우기를 원했다. 손권군의 장군 중에는 로열패밀리나 역전의 장군이 많았다. 이들이 처음엔 고분고분하지 않았다. 육손은 어떤 땐 군령을 앞세우고 어떤 땐 몸을 굽혀 그들을 잘 구슬렸다. 뒤에 손권이 장군들의 반항 사실을 알고 왜 나한테 말하지 않았느냐고 묻자 육손은 "모두가 오나라의 충성스런 장군들인데 저하고 생각이 다르다고 주군께 일러 군신 간의 사이를 벌어지게 하겠습니까" 하고 복명했다.

　육손은 다른 장군들과는 전략이 달랐다. 지금 유비군의 사기가 높고 기세등등하니 예봉이 꺾이기를 기다려 승기를 잡고 한번에 주력을 타격하자는 것이었다. 그러기 위해선 대단한 인내가 필요하다. 장강 입구의 방어전에서 오나라가 패배하여 형주의 길목인 효정猇亭·의창宜昌이 점령당했다. 촉나라 군대는 기세 좋게 장강을 따라 진격했다. 육손은 초기에 맞받아치면 오나라군의 손해가 너무 크다고 보고 전략적 후퇴를 거듭했다. 육손은 촉군의 긴장이 풀어지고 보급선이 길어지기를 기다린 것이다. 그동안 장군들이 몇 번이나 결전에 나서자고 했으나 육손은 좀 더 기다리라고 명령했다.

　그보다 조금 앞서 손권의 아우뻘 되는 손환孫桓 장군이 촉군과 싸우다 패배해 의도宜都성에 포위돼 구원을 요청했다. 장군들은 로열패밀리인 손환 장군을 빨리 구하자고 했으나 육손은 내버려 두라고 했다. 손환 장군은 평소 군사들이 믿고 따르는 데다 성안에 양식도 많으니 충분히 버틸 것이라고 말했다. 지금 군사를 나누어 그쪽으로 보내면 전체

전선에 차질이 생긴다는 것이다. 종합 전략으로 유비군을 섬멸하면 이 도성 포위는 저절로 풀린다는 것이 육손의 계산이었다. 육손이 이렇게 신중하게 싸우자 뒤에선 겁쟁이라고 말이 많았다. 그러나 육손은 개의 치 않고 때를 기다렸다. 장군들이 손권에게 직소하기도 했으나 손권은 일체 간여하지 않고 육손에게 맡겨 두었다.

지구전이 되자 촉나라의 병참선이 길어지고 왕성하던 사기도 차츰 떨어졌다. 한여름 더위로 병졸들이 고생하자 유비는 시원한 숲 속에 병영을 세우게 했다. 장강 연안 700리에 걸쳐 40여 채의 촉나라 병영이 늘어선 것이다. 육손은 드디어 때가 왔다고 보았다. 전군에 비상령을 내려 병사들에게 화약과 햇불을 나누어 주고 일제히 기습 공격토록 했다. 40채의 병영 중 한 채 건너씩 20여 채에 불을 질렀다. 그동안 긴장이 풀어져 방심했던 촉나라 군사는 대혼란에 빠져 조직적인 저항을 못한다. 앞뒤 연결이 안 되어 우왕좌왕하다 오나라 군대의 날카로운 공격에 맥없이 무너지고 만다.

주력도 거의 섬멸됐다. 유비군이 타고 온 배와 보급품은 모두 화염에 휩싸였다. 유비조차 허둥지둥 몸만 빠져 일단 마안산馬鞍山으로 피했다가 백제성으로 달아났다. 적벽대전 때도 오나라는 화공작전으로 이겼고 이번 이릉대전도 역시 화공작전으로 성공한 것이다. 물론 의도성의 포위도 풀렸다. 손환은 육손을 보자 "처음 구원 요청을 외면했을 땐 원망도 했으나 이제 보니 장군의 방식대로 우리를 구원해 주었습니다" 하고 감탄했다. 이릉대전의 승리로 오나라는 위기에서 일단 벗어났다.

손권과 육손이 이릉대전에서 승리한 것은 잘 싸운 것도 있지만 유비의 실책에 힘입은 바 크다. 유비가 당초 명분 없는 싸움을 한 데다가 촉군엔 노련한 장수나 참모가 적었다. 제갈공명은 나라를 비울 수가 없어 참전을 못했고 뛰어난 전략가 법정은 이미 작고한 뒤였다. 또 관우와 장비를 잇달아 잃어 믿을 수 있는 장군도 없었다. 유능한 장군 황권이 선봉에 설 테니 뒤에 천천히 오라 해도 유비는 스스로 앞장서겠다고 고집을 부렸다. 오나라의 젊은 육손을 너무 경시한 것이다. 만약 법정이 살아서 유비의 참모 노릇을 했거나 제갈공명이 참전했으면 그토록 참패하지는 않았을 것이다. 그것도 손권이나 육손의 운이라 할 수 있다. 그래도 평생을 전장에서 보낸 백전노장 유비를 완벽하게 속여 깨트린 육손의 전략적 안목과 지휘 능력은 대단하다 할 수 있다. 그 육손을 대담하게 발탁하여 쓴 손권의 안목도 정말 위대한 CEO의 그릇이란 칭송을 들을 만하다.

손권의 리더십은 전쟁 수습 과정에서 더욱 빛난다. 장군들은 승전의 여세를 몰아 아예 촉나라까지 쳐들어가자고 했으나 손권은 육손의 의견을 물은 후 유비를 더 추격하지 말고 속히 돌아와 북쪽 전선을 방비토록 지시한다. 사실 위 문제 조비는 군사들을 오나라 국경선에 집결시키고 전쟁의 추이를 관찰하고 있었다. 두 나라가 싸우다가 지치면 그때 위나라가 개입한다는 전략이었다. 조비는 유비가 700리에 걸쳐 40여 채의 병영을 숲 속에 세웠다는 보고를 받고 "유비가 전쟁을 모른다. 곧 오나라의 승전 소식이 올 것이다"고 말하고 비상대기를 명령했다. 과연 얼마 안 있어 오나라가 대승했다는 소식이 왔다. 전략가 조조의 아들답게 조비도 대단한 전략가였다. 그러나 손권이 군대를 재빨리 철수시켜 북쪽 국경선에 집결시켰다는 보고를 듣고는 군사 행동을 멈추었다. 손권이 그만큼 빨랐던 것이다.

손권은 이릉대전에서 얻은 전리품을 모두 위 문제에게 보내면서 더 큰 충성을 맹세한다. 비록 이릉대전에서 이겼다고 하나 위나라 대군을

감당할 만한 힘이 없었기 때문에 위나라의 비위를 거스르지 말아야 했다. 손권은 이때 이미 촉나라와 다시 연합할 생각을 하고 있었다. 패전한 촉나라도 더 이상 고집을 부리지 못할 것으로 판단했다. 손권은 비밀리에 백제성으로 사신을 파견해 관계 개선을 탐색한다. 전승국인 오나라가 먼저 손을 내민 것이다. 유비도 오나라 정벌이 무리였음을 깨닫고 사태 수습을 모색하고 있었다.

손권은 위나라와의 관계에서 약소국의 슬픔을 똑똑히 맛보았다. 위나라는 강압 외교로 손권의 자존심을 건드렸던 것이다. 손권은 위나라에 굴종적으로 매달리기보다 촉나라와 연합해 위나라에 대항해야 한다는 결심을 굳힌다. 그래서 비밀 교섭을 서두른다. 이 과정이 새어나가 위나라에서 문책 사절이 오자 촉나라 사정을 잘 알고 싶어 정탐차 만난 것뿐이고 위나라에 대한 충성심은 변함이 없다고 거듭 다짐한다. 또 손권의 진심을 의심하는 촉나라엔 위나라와의 오랜 관계 때문에 그러는 것이라고 안심시킨다. 그래도 유비가 살아 있을 땐 큰 진전이 없었다. 적대관계는 해소되었지만 동맹관계의 수복은 어려웠다. 오나라에 대한 유비의 원한이 깊은 데다 오나라에서도 침략 당사자인 유비에 대해 감정이 안 좋았기 때문이다. 그러나 유비가 죽고 아들 유선이 즉위하자 촉·오 동맹 회복은 급물살을 탄다. 촉나라의 국정을 장악한 제갈공명이 위나라에 대항하기 위해선 촉·오 동맹 회복이 시급하다고 판단했기 때문이다.

31 손권, 다시 위나라와 싸우다
탁월한 용인술로 위군 격퇴, 즉위 29년 만에 황제 등극

손권은 촉나라와의 국교 재개를 서둘러 진전시킨다. 강력하고 오만한 위나라를 견제하기 위해 촉나라란 우군이 필요했다. 유선이 즉위해 2세 체제에 들어간 촉나라도 국내 안정과 숙원의 북벌을 추진하기 위해 오나라와 손을 잡아야 했다. 마침 촉나라 남부에서 일어난 반란을 진압하기 위해서도 오나라와의 우호관계가 시급했다. 승상 공명이 국교 재개를 주도한다.

전쟁을 한 뒤끝이라 약간의 논란이 있었지만 공명은 오랜 소신대로 밀고 나갔다. 먼저 심복인 등지鄧芝를 오나라에 보내면서 이번 일이 나라의 긴급 대사임을 신신당부한다. 등지가 손권을 만나 촉·오 전쟁에 대해 유감을 표하고 국교 재개에 대한 촉나라의 희망을 전한다. 손권은 "원칙적으로 동의하나 촉나라 2세 황제가 아직 연소한데 과연 믿고 일을 진전시킬 수 있겠느냐" 하고 의문을 나타낸다. 등지는 2세 황제는 영민하며 무엇보다 승상 공명이 잘 보좌하고 있다고 설명한다.

손권은 유선보다 공명을 더 믿었는지 모른다. 위나라의 강압적 요구에 자존심이 상해 있던 손권은 결심을 하고 장온張溫을 답례 사절로 촉나라에 파견한다. 장온은 성도에서 유선과 공명으로부터 극진한 대접을 받으며 2세 정권의 안정을 확인한다. 공명은 장온이 돌아갈 때 등지를 동행시켜 국교 정상화의 마무리를 지었다. 이때 촉나라 유선은 황제가 되어 있었고 손권은 오나라 왕이었기 때문에 두 정상의 의전 절차에 문제가 많았다. 그러나 손권은 형식과 절차에 구애받지 않고 실질적으로 문제를 풀었다. 평등한 조건으로 불가침 조약과 공수동맹을 맺은 것이다.

국교 재개 과정에서 손권은 촉나라의 사신 등지를 매우 좋아하게 되었다. 외교 감각이 뛰어난 손권은 등지가 매우 유능한 외교관임을 바로 알아보고 여러 가지로 시험해 보기도 했다. 손권이 등지에게 촉·오 두 나라가 힘을 합쳐 위나라를 멸망시킨 다음 천하를 나누어 다스리면 좋지 않겠느냐고 말했다. 그때 등지는 "하늘에 두 개의 태양이 없듯이 천하의 주인도 두 사람이 될 수 없으므로 그때는 촉나라와 오나라가 마지막 결전을 벌여 이긴 쪽이 천하의 주인이 될 수밖에 없습니다. 따라서 촉·오 두 나라의 군주가 부지런히 덕을 쌓아 천하의 인심을 얻고 신하들은 충성과 지혜를 다하여 최후의 결전을 준비해야 합니다"라고 답한다. 이 말을 듣고 손권은 웃으면서 "정말 솔직한 말을 해주었다"면서 더욱 등지를 신임했다 한다. 손권은 촉나라 공명에게 "흔히 사신들이 꿀 같은 언사로 외교를 하려 하는데 등지는 오직 진실과 성의로 대하니 정말 믿을 만한 인물이다"라는 서신을 보낸다. 그 뒤부터 등지는 촉·오 사이를 오가면서 외교적 난제를 잘 해결하곤 했다.

이렇듯 손권은 옳은 말을 할 수 있는 분위기를 잘 만들었다. 그래서 손권이 주재하는 회의에서는 자유분방하고 거침없는 토론이 이루어졌다 한다. 위나라는 조조 이래 강력한 카리스마가 지배하여 위에서 회의를 끌고 가는 식이었고 촉나라는 근엄한 성격의 제갈공명 때문에 회의가 다소 딱딱했다 한다. 그러나 손권은 신하들이 자유롭게 의견을 내고 토론하는 것을 가만히 듣고 있다가 마지막에 결론을 내는 방식을 취했다. CEO로서 매우 현명한 방법이다.

 CEO가 회의를 주도하려면 조조처럼 발군의 선견력과 안목을 가져야 한다. 그렇지도 못하면서 회의를 주도하면 회의는 지루하고 비생산적인 것이 된다. 아래로부터 좋은 의견이 올라오지 않게 된다. CEO의 식견이 낮을 땐 더욱 그렇게 된다. 공개된 회의에서 CEO가 자신만만하게 떠드는데 다른 의견을 내기는 무척 어렵다. 한 걸음 더 나아가 "정말 옳은 말씀입니다. 저희들이 생각지도 못한 것을 지적하십니다" 하고 아첨할 사람들은 얼마든지 있다. 그렇게 되면 기업은 동맥경화가 심화되어 쇠락의 길로 들어서는 것이다. 조직이 신선하고 활기에 넘칠수록 회의도 활발하다. 그야말로 계급을 떠나 자유롭게 의견을 개진하고 대안을 내놓는 분위기가 될수록 조직도 에너지가 넘친다.

 CEO의 장기 집권의 폐해는 회의에서 잘 나타난다. 경험도 많고 아는 것도 많기 때문에 밑의 의견이 시원치 않게 들리고 따라서 참고할 게 없다고 생각한다. 자기 생각대로 회의를 몰아가다 도중에 "내 말 맞지. 틀렸으면 솔직히 이야기해봐" 하는 경우도 있다. 그런 분위기에서 어떻게 다른 소리를 할 수 있는가. "그래, 아무도 다른 소리를 못하지 않나" 하면서 다시 장광설을 펼친다. 이쯤 되면 회의가 아니라 독연장獨演場이 되는 것이다.

 손권은 아랫사람의 의견을 주의 깊게 들었다. 이런 장점 때문에 오나라엔 충언을 하는 신하들이 많이 배출된다. 어릴 때부터 자유롭게

자란 손권은 욱하고 거침없는 성질이 있었다. 그것을 장소나 장굉 같은 원로가 잘 견제하며 모를 다듬었다. 손권도 속으로는 화를 많이 냈지만 오나라를 짊어진 자신의 위치를 잘 알아 애써 참고 너그러운 태도를 보였다.

손권은 신하들과 술을 먹을 때도 상하 없이 질탕하게 마시곤 했다. 한번은 궁중에서 신하들과 연회를 할 때였다. 손권이 돌아가며 술잔을 권하는데 한 신하가 술이 취한 체하고 엎드려 일어나지 않았다. 그 신하는 언행이 근엄하고 학문을 좋아해 연회와 사냥을 즐기는 손권에게 거침없는 충언을 하곤 했다. 그래서 평소 못마땅하게 생각하고 있었는데 손권이 그 앞을 떠나자 얼른 일어나 다른 사람과 술을 마시는 게 아닌가. 그 광경을 보게 된 손권은 순간적으로 화가 치솟아 그 신하에게 호통을 치며 칼을 빼들었다. 주위에 있던 신하들이 놀라 손권을 부여잡고는 "저 친구가 큰 잘못을 저질렀습니다. 그러나 주군이 술김에 고명한 학자를 죽였다는 소문이 나면 전하의 명성에 흠이 가지 않겠습니까" 하고 말렸다. 손권은 "조조도 유명한 공융을 죽였는데 난들 왜 못 하겠느냐"며 고함을 쳤다. 신하들은 "그래서 조조를 폭군暴君이라고 하는 것인데 주군이 그걸 닮으려 하십니까" 하니 손권은 칼을 놓으면서 "술 때문에 큰 실수를 할 뻔했다. 앞으로 내가 석 잔 이상 술을 마시고 내린 명령은 시행하지 말라"고 지시했다. 그 신하는 나중에 여몽이 관우를 속여 형주를 기습할 때 큰 공을 세우게 된다.

한번은 큰 배가 건조되어 손권이 시승을 하게 됐다. 손권이 배를 타고 출발한 지 얼마 안 되어 바람이 불고 파도가 일기 시작했다. 호기심 많은 손권은 배의 성능을 시험하기 위해 먼 항구로 가보자고 한다. 그러나 옆에 있던 측근은 위험하니 멀리 안 가는 게 좋겠다고 건의한다.

그러나 손권은 듣지 않고 선장에게 멀리 가자고 명령했다. 그러자 그 측근이 칼을 빼 선장을 겨누고 가까운 항구에 배를 대지 않으면 죽이겠다고 위협한다. 배를 대자마자 파도가 크게 일며 배가 요동을 쳤다. 손권 일행은 허둥지둥 배에서 내렸는데 그제야 그 측근은 손권 앞에 무릎을 꿇고 명령불복종에 대한 죄를 청했다. 손권은 "물이 그렇게도 무섭더냐"며 웃고 넘겼다.

손권이 촉나라와 손을 잡자 위 문제가 크게 화를 내면서 대규모 정벌군을 이끌고 직접 쳐내려 왔다. 이번엔 동부 전선으로 광릉廣陵, 즉 남경 바로 위를 노렸다. 오나라는 즉시 비상대책회의를 열었다. 이때 중론은 육손이 아니면 그 공세를 막기 어려우니 육손을 부르자는 것이었다. 그때 육손은 형주 방면에 주둔하면서 촉과 위를 동시에 견제하고 있었다. 워낙 중요한 자리라 육손을 함부로 빼낼 수 없었다. 손권은 깊이 생각한 끝에 서성徐盛을 발탁했다. 서성은 매우 자존심이 강하면서도 용감한 장군이었다. 과연 서성은 위 문제의 대군을 장강과 수군을 이용해 훌륭하게 막아냈다. 장강이라는 천험의 방어벽도 있었지만 서성을 발탁한 것이 결정적 승인이었다. 손권은 사람을 잘 볼 뿐 아니라 일단 발탁하면 그 사람은 마치 신들린 듯 뛰어난 실력을 발휘했다. 손권이 그렇게 하도록 만들었다.

손권은 서성을 전선으로 보낼 때 "장군이 이번 중책을 맡았으니 내가 무엇을 걱정하겠소"라고 하며 집안 조카인 손소孫韶를 부장으로 딸려 보냈다. 손씨 집안엔 유능하고 용감한 장군들이 많았다. 이들이 왕실의 울타리가 되어 주었는데 전혀 의지할 만한 근친들이 없었던 촉나라 유선에 비해 매우 행운이었다. 손소는 담력과 용기가 대단했다. 원래 유씨였는데 죽은 손책이 매우 사랑하여 손씨 성을 주고 양아들로 삼았다.

손소는 작전 계획을 둘러싸고 사령관 서성과 의견이 달랐다. 자기가 이곳 지리를 잘 아니 바로 기습공격하자는 것이고 서성은 준비를 한 다음 총공격을 하자고 말렸다. 처음엔 달래다가 계속 뻗대자 서성이 "이건 사령관의 명령"이라고 했다. 그래도 고집을 부리자 서성은 "내가 너를 제어하지 못하면 다른 장군들을 어떻게 다스리겠느냐"며 군법으로 손소를 처형토록 명령을 내렸다. 주위 장군들이 놀라 급히 손권에게 달려갔다. 손권이 허둥지둥 달려와 서성에게 "손소가 혈기만 믿고 큰 잘못을 범했으나 나를 봐서 한번만 용서해 줄 수 없느냐"고 청했다. 서성은 전쟁터에서 군법이 허술하면 어떻게 싸우느냐면서 처형으로 시범을 보여야 한다고 말했다. 손권은 "장군의 말이 백 번 옳으나 손소는 돌아가신 손책 형님이 특히 아끼던 아이라 그를 죽게 하면 다음에 지하에서 형님을 뵐 면목이 없어서 그런다"고 사정한다. 이쯤 되자 서성도 "주군의 체면을 보아 형 집행을 미루겠습니다" 하고 물러선다. 이렇듯 손권은 사령관의 면목을 살려 주면서 일을 처리해 나갔다. 그 뒤 서성은 높은 사기와 빈틈없는 전략으로 방위전을 승리로 이끌었고 손소도 적을 기습 공격하여 큰 공을 세웠다.

이때 손권은 촉나라와의 공수동맹 덕을 톡톡히 보았다. 조비가 대군을 거느리고 동부전선으로 쳐들어왔을 때 촉나라에 사신을 보내 한중 쪽에서 위나라를 공격하도록 부탁한 것이다. 촉나라가 한중 쪽에 군사를 내자 위나라는 매우 놀라 오나라에서 철수했다. 그 뒤부턴 촉나라가 한중 쪽에 위협을 받으면 오나라에서 합비合肥 쪽에 군사를 내 연계작전으로 강력한 위나라를 견제했다. 공명이 후주後主 유선에게 출사표出師表를 바치고 북벌을 감행할 때도 오나라는 공명의 부탁을 받고 합비 쪽에 군사를 내어 양동작전을 폈다. 조비는 몇 차례 오나라를 침공했으나 손권의 끈질긴 방어로 뜻을 이루지 못하고 40세의 젊은 나이로 낙양에서 병사하고 만다. 그 뒤를 아들 조예曹叡가 잇는데 바로 명제明帝다.

손권은 어린 명제가 취임하자 몇 차례 군사를 내어 위나라를 공격했으나 성공하지 못했다. 조조의 손자인 위 명제도 매우 총명한 데다가 위나라엔 역전의 용사들이 많았다. 노련한 육손은 이때 다시 전쟁을 벌이는 것을 반대했다. 세금을 줄이고 내치에 힘써야 한다고 주장했다. 그러나 위나라의 공세를 몇 차례나 잘 막아낸 손권은 자신이 붙은 데다 성급하게 공을 세우고 싶은 장군들이 자꾸 손권을 부추겼다. 그러나 오나라의 전력은 위나라를 공격해 영토 깊숙이 쳐들어갈 정도는 안 되었다. 그래서 손권도 전쟁을 당분간 접고 내치에 주력하는 방향으로 정책을 폈다.

오나라는 땅이 비옥하고 물이 많아 논농사가 잘되었다. 손권은 농업과 축산을 장려하여 식량 문제를 해결하고 조선·광산업에도 힘을 쏟았다. 조선은 장강 방위에 필요한 강력한 수군을 위한 것이기도 했지만 어업과 수송망 정비를 위해서도 꼭 필요했다. 광산을 개발해 무기와 일용품에 필요한 철과 금속을 만들었다. 당시는 매우 중요했던 소금 생산에도 힘을 쏟았다. 이렇게 오나라 상하가 합심해 노력하니 나라도 태평하고 국력이 충실해졌다.

마침 장강에 황룡이 나타나고 무창에 봉황이 깃드는 등 전국 각지에서 여러 길조가 나타나자 손권을 황제로 추대해야 한다는 소리가 높아졌다. 손권은 처음 몇 번은 사양했다. 그러나 신하들이 지금 천하를 삼분三分하고 있는 위·촉·오 세 나라 중 오나라만 왕으로 있는 것은 균형이 맞지 않다고 주장했다. 손권은 못 이기는 체 승낙하고 황제 자리

에 오른다. 손권이 오나라를 물려받아 군주 노릇을 한 지 29년 만이다.

손권의 황제 등극에 대해 적대국인 위나라는 뭐라 말할 입장이 아니었지만 동맹국인 촉나라에서는 말이 많았다. 한나라의 정통은 어디까지나 촉한인데 손권이 황제가 되면 대의명분에 맞지 않다는 것이다. 그래서 성급한 국교단절론까지 나왔다. 그러나 냉철한 공명은 국제 정세의 현실을 잘 파악하라면서 신하들을 달래 오나라에 축하 사절을 보낸다. 결국 한 시대에 세 사람의 황제가 공식적으로 등장하게 되는데 중국 역사상 처음 있는 일이었다. 이때가 손권의 나이 48세로서 촉나라 황제 유선보다 25세, 위나라 명제 조예보다 23세 위였다. 그동안 손권은 서두르지 않고 여건이 무르익기를 기다린 것이다. 이때가 손권의 절정기다.

손권이 황제가 되자 점을 잘 치는 신하를 불러 "내가 얼마나 황제 노릇을 하겠느냐"고 물었다. 그 신하는 여러 가지로 짚어보고는 "한고조 유방은 왕조를 창건하여 12년 재위했는데 폐하는 그 두 배를 할 것입니다" 하고 대답했다. 손권이 기뻐하며 "오나라는 얼마나 갈 것 같으냐"고 물었다. 그 신하는 한참 헤아려보고는 "다가오는 경자庚子년이 위험합니다"라고 대답했다. 그 경자년이 언제냐고 물은즉 지금부터 58년 뒤가 된다고 답했다. 손권은 "지금 문제만 해도 골치 아픈데 58년 뒤의 일을 걱정할 필요가 있느냐. 그것은 내 후손들이 걱정할 일이다"라면서 더 이상 묻지 않았다. 먼 훗날의 이야기이지만 그 예언은 그대로 적중했다.

32 손권의 절정기와 그늘
황제 된 뒤 오만과 과욕, 총명 흐려지고 신하들 의심

손권이 황제에 등극했을 때를 그의 절정기라 볼 수 있다. 48세의 한창 나이에 에너지도 충만했다. 공들여 키운 좋은 신하도 많았다. 모두 손권에게 심복하고 충성을 다했다. 오랫동안 오나라를 괴롭히던 소수 민족들의 반란도 어느 정도 수습되고 국내 정세도 안정을 유지했다. 북쪽 위나라의 위협은 여전했으나 촉나라와의 상호 방위조약이 건재했기 때문에 안보상의 문제는 없었다. 물려받은 오나라를 이 정도까지 끌어올린 손권이 자만할 만했다.

손권의 위신도 높아질 대로 높아지고 통치권도 확고했다. 손권은 촉나라와 교섭할 일이 있을 때 주로 승상 공명을 상대했다. 물론 촉나라 황제 유선이 있었으나 승상 공명에 의해 국정이 주도되는 것이 현실이었다. 두 사람은 상대방을 완전히 믿은 것은 아니었지만 지금 서로 손을 잡아야 한다는 생각은 같았다.

이때 오나라의 최고 실력자는 육손이었다. 이릉 전투에서 유비군을

완패시킨 데다 조비군의 침공 의도를 효율적으로 분쇄하여 한없이 위신이 높아져 있었다. 또 위신에 버금가는 실력과 내공을 갖추고 있었다. 주유·노숙·여몽에 이어지는 오나라의 대들보 역할을 하고 있었던 것이다. 손권은 일단 신임하는 사람에겐 전권을 주고 마음껏 역량을 발휘하게 한다. 이때 손권이 육손과 나눈 대화에서 육손에 대한 깊은 신임을 엿볼 수 있다.

손권은 주유·노숙·여몽 등에 대해 회고하면서 이렇게 말했다. "주유는 뛰어나게 통이 크고 대담했다. 특히 기상氣像이 뛰어나 다른 사람이 따라가기 어려우나 장군이 그걸 이어받았다. 노숙은 주유가 천거해 데리고 왔다. 노숙은 나에게 천하의 정세를 논하고 제왕이 되는 길에 대해 이야기했는데 매우 통쾌했다. 적벽대전 때 조조가 대군을 이끌고 쳐들어 오자 다른 여러 사람이 놀라 항복하자는 것을 단연코 반대해 주유와 함께 적을 물리쳤다. 그 뒤 형주를 유비에게 빌려주는 실수를 범했으나 앞의 두 가지 공로에 비하면 작은 것이다. 여몽은 젊었을 때는 용감한 장수로만 보았으나 그 뒤 학문을 익히고 시야를 넓혀 기발한 책략을 구사하는 명장이 되었다. 그러나 의논하여 재능을 발휘하는 점에서는 주유에 미치지 못한다." 손권은 육손을 면전에 두고 주유에 버금가는 인물이라고 칭찬을 해준 것이다. 이런 말을 듣고 감격하지 않을 사람은 없을 것이다.

손권은 황제로 취임한 그해 가을 도읍을 무창에서 건업으로 옮긴다. 무창은 유비의 침공에 대비한 임시 도읍의 성격이었기 때문에 국내외 정세가 안정되자 본거지인 건업으로 되돌아간 것이다. 손권은 건업으로 돌아가면서 황태자인 손등孫登을 무창에 남게 하고 육손을 보호자로 임명했다. 당시 21세였던 손등은 매우 총명하고 후덕하여 신하들의 신망

©권태균

석두성 손권이 수도를 오늘날의 남경 지역으로 옮기면서 방어를 위해 쌓았다고 하는 석두성. 성벽은 예전 그대로라 한다.

이 높았다. 손권도 매우 사랑하여 장래를 촉망하고 있었다.

 손권은 육손을 나라의 기둥으로 대접했다. 장군으로서 출중할 뿐 아니라 백성들을 다스리는 데도 뛰어난 문무겸전의 인재여서 국가 대사를 안심하고 맡길 수 있었던 것이다. 이때 오나라와 촉나라는 외교사절이 빈번히 왕래하였는데 모든 외교 문서는 무창에 주재하는 육손이 마지막 점검을 한 후 보내도록 했다. 아예 손권의 관인을 육손에게 하나 보관시켜 놓고 문서를 고칠 일이 있으면 바로 고쳐 그대로 손권의 도장을 찍어 보내도록 했다.

 육손은 황태자를 엄하게 교육시켰다. 손권도 손등 주변에 장래가 촉망되는 친구들을 두어 같이 지내게 했다. 대원로 장소와 중신 제갈근,

장군 진무의 아들, 승상 고옹의 손자 등 쟁쟁한 준재들이었다. 황태자 곁에는 손권의 둘째 아들 손려孫廬도 같이 있었는데 육손은 대권을 이어받을 황태자와는 다르게 대접하여 일찍부터 신분상 차이를 알게 했다. 손등은 효심이 깊고 신중했다. 또 아랫사람을 잘 보살펴 장차 좋은 황제가 될 것이란 칭찬을 받았다.

아우 손려도 매우 영리하고 신하들의 신망이 높았다. 그러나 20세의 젊은 나이로 병을 얻어 일찍 죽었다. 손권이 너무나 슬퍼한다는 소식을 듣고 큰아들 손등은 건업으로 달려가 아버지 곁을 지켜야 했다.

손권은 아들을 잃은 슬픔을 일로 달래는 듯 적극적으로 일을 벌였다. 종래까진 주로 방어하는 데 치중했으나 위나라에 어린 황제가 들어서자 오히려 공세를 취했다. 옛날엔 위·오·촉 세 나라 군주 중 손권이 가장 어렸으나 이젠 가장 나이도 많고 경험도 풍부했다. 그래서 자만심이 생겼는지 모른다. 육손은 내치에 힘쓰자는 입장이었으나 적극적인 손권의 방침에 따르지 않을 수 없었다. 황제가 되기 직전 손권은 육손과 주방周魴을 시켜 위나라 군사를 유인하여 큰 승리를 거두고 장강 이북의 넓은 땅을 얻었다. 손권의 빛나는 승리였다.

이때가 CEO로선 매우 위험한 시기다. 한번 성공하면 더 큰 성공을 위해 매진하게 된다. 특히 신하들의 반대를 무릅쓰고 성공을 거두면 CEO의 자신감은 더 높아진다. 더 큰 도박을 하게 되는 것이다. 이를 부추기는 세력도 있다. 따라서 CEO가 도전에 성공하여 위신이 절정에 달했을 때 위험이 시작된다고 말하는 사람도 있다. 손권이 황제가 되고 난 후부터 그런 조짐이 나타나기 시작한다.

황제가 된 다음 해 손권은 수천의 군사를 보내 전설로 전해 내려오는 이주夷州와 단주亶州를 찾게 했다. 진시황이 불로초를 캐기 위해 보낸 서복徐福의 자손들이 살고 있다고 알려진 미지의 섬이다. 육손이 이 원정 계획을 반대하는 상소를 올렸으나 손권은 듣지 않았다. 육손이 건의하면 거의 들었던 손권이 고집을 부리기 시작한 것이다. 손권은 자신의 노후에 대비해 불로초에 관심이 있었는지 모른다. 원정군은 오랫동안 바다를 헤매다가 돌아왔는데 책임자는 임무 태만을 이유로 처형당했다.

황제가 된 지 4년 후엔 더 결정적인 실수를 하게 된다. 멀리 요동의 공손연公孫淵이 사신을 보내 오나라에 귀속되고 싶다는 뜻을 전했다. 이제까지 요동은 위나라의 세력권 안에 있었다. 손권은 크게 기뻐하며 특사를 보내 공손연을 연왕燕王에 봉하려고 했다. 장소 이하 신하들의 반대가 많았다. 아직 믿을 게 못 되고 잘못하면 큰 망신을 당한다는 것이었다. 손권은 신하들의 반대를 무릅쓰고 연왕의 사령을 들려 특사를 보냈다. 손권으로선 멀리까지 찾아와 자신을 받드는 데 대해 기특한 생각이 들었을 것이다. 워낙 손권이 강하게 나오니 다른 신하들은 입을 다물었다.

차츰 손권은 아랫사람들의 쓴소리를 듣지 않으려 했다. 유연하던 손권이 차츰 변하고 있었던 것이다. 눈치 빠른 신하는 몸을 사리고 듣기 좋은 소리만 하게 된다. 이렇게 되면 조직의 동맥경화증이 시작된다. 그러나 대원로 장소만은 끝까지 연왕 책봉에 반대했다. 손권이 칼에 손을 대면서까지 장소를 위협한 것은 바로 이 무렵이다. 장소는 평소에도 워낙 반대를 많이 해 손권이 덜 심각하게 받아들였는지 모른다.

손권의 특사가 간 것을 가까운 강대국 위나라가 알고 공손연을 위협하자 공손연은 크게 놀라 특사의 목을 베어 위나라에 보내버리고 말았다. 오나라는 천하의 웃음거리가 됐다. 손권은 펄펄 뛰면서 군대를 거느리고 공손연을 직접 응징하러 가겠다고 고집을 부렸다. 그러나 될 일

이 아니었다. 신하들의 결사적인 만류로 출정은 막았지만 손권의 위신이 말이 아니게 떨어졌다.

손권의 총명은 점차 흐려지기 시작한다. 오랫동안 은인자중할 때는 나타나지 않았던 손권의 인간적 약점이 드러나기 시작한 것이다. 바로 의심과 시기심이다. 오랜 신하들을 의심하기 시작했지만 정도는 심하지 않았다. 그러나 비위에 거슬리면 가차없이 물을 먹였다. 또 오래된 잘못을 새삼 드러내어 책망하거나 벌을 주기도 했다. 장온은 촉나라와 수교 회복을 할 때 공이 큰 사람이었다. 교섭을 잘했다고 여러 번 칭찬도 받았다. 장온이 한번은 촉나라에 갔다 와서 공명이 정말 정치를 잘하고 있더라고 칭찬을 했다. 처음엔 그냥 넘겼으나 다시 공명 얘기를 꺼내자 손권은 안 좋은 기색을 보였다. 정치라면 자신이 최고로 잘하고 있는데 공명을 칭찬하니 화가 난 것이다. 공명에 대한 라이벌 의식이 작용했는지도 모른다. 장온은 평소 근엄하고 남을 잘 칭찬하지 않는 사람이었다. 그러나 그것만으로는 처벌할 수 없으니 참았다가 나중에 다른 사건으로 걸려들자 가차없이 추방하고 말았다. 이 소식을 듣고 공명이 매우 안타까워 했다고 한다.

세상이 어지러울 땐 다소 거칠더라도 특출한 재주만 있으면 살아남을 수 있으나 일단 세상이 안정되면 제거되기 쉽다. 그러나 재주꾼들은 그걸 잘 모르고 옛날같이 굴다가 큰 낭패를 당한다. 당시로선 절대군주가 의심을 하거나 괘씸하게 생각하면 끝장이었다. 특히 자신의 기밀을 누설하거나 고분고분하지 않다고 생각하면 용서하지 않는다. 승상 고옹은 손권과 이야기한 것을 절대 입 밖에 내지 않고 모든 공을 위에 돌렸기 때문에 평생 손권 밑에서 살아남을 수 있었다. 그러나 주군 앞에서 당당히 정론을 펼친 신하들은 뒤끝이 좋지 않았다.

신하들을 의심하기 시작한 손권은 감찰기관을 강화하고 그 책임자에 혹독한 여일呂壹을 임명한다. 여일이 중신을 사찰하고 약점을 보고하는 것을 손권은 은근히 즐겼다. 그러니 여일은 신이 날 수밖에 없었다. 여일은 닥치는 대로 중신을 사찰했다. 여일의 계급은 낮았지만 손권이 뒤에 버티고 있으니 권세가 막강했다. 조정 대신들도 두려워할 정도였다. 대장군 육손도 여일의 횡포를 알고 걱정했지만 어쩔 수 없었다 한다. 당시에도 털면 먼지 안 날 사람이 없었던 것일까. 그러면 여일 같은 사람이 횡포를 부리게 된다. 비교적 자유롭던 오나라는 공포 분위기가 됐다. 다른 사람들은 감히 말을 못하고 보다 못한 황태자가 조심스레 말을 꺼냈으나 손권은 한마디로 물리쳤다. 손권이 노해老害 상태에 들어갔던 것이다.

　여일의 권세는 날로 높아져 나중엔 승상 고옹이나 좌장군 주거朱據까지 조사하는 사태가 벌어졌다. 손권의 양해 없이는 불가능한 일이다. 드디어 강직한 반준潘濬이 나선다. 반준은 당초 관우가 형주를 다스릴 때 참모로서 형주 사람들에게 인망이 있었다. 형주가 오나라에 점령당한 후 반준은 집안에 칩거하고 나오지 않았다. 워낙 신망 있는 사람이라 손권이 특별히 수레를 보내 모셔와 간곡히 부탁하고 요직을 맡긴 사람이다. 손권을 섬기고 나서도 엄정하게 일을 처리하고 공을 많이 세워 손권도 한몫 놓아주던 사람이었다. 당시 형주에 주둔하고 있었다.

　반준은 여일의 횡포를 듣고 비상수단을 생각했다. 즉 손권에게 이야기해 없애는 것은 어려우니 건업으로 출장 온 김에 중신들을 모두 초대해 한자리 베풀고 여일을 그 자리에서 베어 죽인다는 것이다. 그리고 자신도 같이 죽겠다는 작정을 했다. 여일은 재수가 좋았는지 그 연회에 참석하지 않아 목숨은 건졌다. 그전부터 반준이 여일을 벼르고 있어 예

감이 안 좋았는지 모른다.

반준의 여일 참살 기도는 소문이 퍼져 손권도 알게 되었다. 손권도 반준 같은 중신이 자기 목숨을 걸고 여일을 없애려 할 정도라면 사태가 심각하다 생각하고 차츰 여일을 멀리하기 시작했다. 일단 손권의 총애가 식자 여일은 사방에서 규탄되어 얼마 안 가 처형되고 말았다. 여일을 제거하고 나서 손권은 여러 가지로 생각했다. 일이 이 지경이 되도록 사태의 심각성을 왜 몰랐을까. 왜 중신들이 입을 다물고 있었을까. 자신이 완전히 외톨이가 됐다고 생각했다. 그래서 중신들에게 편지를 보내 여일 건을 사과하면서 위에서 잘못하면 적극적으로 고쳐 주어야지 가만히 있는 것은 잘못이라고 책망했다.

비록 손권의 총명은 바래기 시작했지만 이때까지만 해도 절망적인 것은 아니었던 것이다. 그러나 곧 손권의 마지막 대실수 황태자 소동이 벌어진다. 이 소동으로 손권의 말년이 오욕으로 끝나게 되고 오나라도 명을 재촉하게 된다.

33 손권의 후계자 소동
후계자 선정에 혼선, 기강 문란해져 망국 초래

손권이 말년에 저지른 치명적 실수는 바로 황태자를 둘러싼 소동이다. 손권의 집안은 매우 번창하여 자식들이 많았다. 아버지 손견의 아우인 손정孫靜의 자손을 비롯해 형 손책의 자식도 많았고 손권의 아들은 일곱 명이나 됐다. 자식이 많으면 황실의 울타리가 될 수 있으나 잘못하면 집안 분란으로 번질 수 있다. 군주가 집안을 잘못 다스리거나 후계자 선정에서 실수하면 집안 분란으로 끝나지 않고 권력투쟁이 일어나 끝내 나라가 기우는 사태로 치닫게 된다.

기업의 경우도 마찬가지다. 창업주 오너가 후계자 선정을 애매하게 하여 소위 '왕자의 난'이 일어나고 그 때문에 사세가 급격히 기우는 사례를 많이 봤다. 기업 경영엔 매우 냉철했던 경영자도 승계 문제엔 그렇지 못한 경우가 많다. 비즈니스와는 달리 자신의 감정과 이해가 너무 민감하게 작용하여 합리적이고 이성적인 판단을 하기가 어려운 것 같다.

손권은 일찍부터 큰아들 손등에게 기대를 걸었다. 그러나 불행히도

손등은 황태자가 된 뒤 12년 후 33세의 젊은 나이로 병사하고 말았다. 손권의 슬픔은 이루 말할 수가 없었다. 손등은 죽기 전 손권에게 올리는 마지막 편지를 썼는데 먼저 이승을 하직하는 불효에 대해 용서를 빌면서 이것도 모두 운명인 것 같으니 이 못난 자식 일은 잊어버리고 식사를 드시면서 나랏일을 챙기셔야 저도 편히 눈을 감겠다고 썼다. 그러면서 세금을 가볍게 하고 형벌은 관대하게 하되 여러 신하의 의견을 잘 들어 줄 것을 간곡히 건의했다. 이 편지를 읽고 손권은 더욱 애통해 하며 손등 이야기가 나올 때마다 눈물을 흘렸다 한다. 손등은 아버지 손권이 점차 무리하는 것을 보았는지라 죽으면서 마지막 충간忠諫을 하는 심정으로 편지를 썼는지 모른다.

손등은 동생 손화孫和가 어질고 현명하니 황태자 노릇을 잘할 것이라고 덧붙였다. 손권은 셋째 아들 손화를 황태자로 삼았다. 손화는 어릴 때부터 학문을 좋아하고 재주도 있어 손권으로부터 사랑을 많이 받았다. 그러나 손권의 나이 이미 60이 넘어 약간 총명이 바랠 때였다. 그래서 자신을 둘러싼 여자들의 말에 많이 현혹되었다. 손권은 손화를 황태자로 세우면서 넷째인 손패孫覇를 노왕魯王으로 봉해 궁정에서 같이 살게 했다. 궁정에 두 아들이 사니 자연히 말이 많았다. 손패에 대한 손권의 사랑이 각별하자 은근히 손패를 떠받드는 세력이 생기게 됐다. 이때 손권이 분명한 태도를 밝혀야 했는데 연로해서 그랬는지 그걸 못했다.

그때 손권은 딸인 노반魯班공주를 매우 총애했다. 노반공주는 손화의 어머니인 왕부인과 몹시 사이가 나빠 기회 있을 때마다 왕부인과 손화를 모함했다. 처음엔 대수롭지 않게 여겼으나 그런 소리를 자주 들으니 손권도 의심하는 마음이 생기게 됐다.

황제와 황태자의 사이는 매우 묘한 법이다. 매우 가까운 것 같으면서도 조심스럽다. 황태자가 있으면 자연히 그쪽으로 붙는 세력이 생기게 마련이다. 그러면 황제는 서운함을 느끼고 의심을 하게 된다. 특히 황태자의 라이벌이 있어 같이 모함을 하게 되면 의심은 도를 넘어 혹시 역심을 품은 게 아닌가 하는 생각을 하게 된다. 이것은 기업에서도 흔히 일어나는 현상이다. 그래서 후계자는 매우 어려운 처지가 된다. 적극적으로 일을 하면 벌써 힘을 쓰려 한다는 말이 나오고, 그렇다고 조심하면 소극적이고 일을 안 한다는 말을 듣게 된다. 후계자는 매우 높고 고귀한 자리지만 마음고생도 그만큼 따르는 것이다.

그 즈음해서 손권은 병석에 자주 눕게 된다. 고령에다 긴장이 풀린 탓도 있을 것이다. 한번은 황태자 손화가 손권 대신 종묘에 제사를 올리러 갔다 돌아오는 길에 근처에 있는 처숙부의 집을 잠깐 방문했다. 그 사실을 알고 노반공주는 손권에게 황태자가 종묘에 간다는 핑계로 처가에 들러 빨리 황제가 되려는 음모를 꾸몄다고 참소한다. 그런 말이 늙고 병든 손권에겐 실제 먹혀 들어갔다. 손권은 매우 진노하여 황태자를 본격적으로 의심하기 시작한다. 그러면서 차츰 넷째인 노왕 손패에게 더 관심을 보인다. 손권이 손패를 좋아한다고 생각하자 그쪽으로 사람이 몰리기 시작한다. 손권이 계속 황태자를 차갑게 대하니 손패를 지지하는 세력이 늘어났다. 손권의 뜻대로 황태자를 바꾸어야 한다는 주장까지 나왔다. 오나라 조정은 두 패로 갈려 암투가 시작됐.

대장군 육손을 비롯한 중신들은 적통嫡統대로 황태자를 지지했다. 원소나 유표의 경우와 같이 장자를 제치고 순서를 뒤집으면 망국으로 갈 수도 있다는 이유 때문이다. 그러나 손권은 이상한 행동을 한다. 황태자를 지지하는 중신들을 박해하기 시작한 것이다. 신하들이 손권에게 간언을 하면 처음엔 짜증을 냈다가 나중엔 가차 없이 처벌했다. 궁중

에 불러다 매를 때리기도 하고 귀양도 보내며 나중엔 일가를 반역죄로 몰아 처형하기도 했다. 오나라 전역에 음산한 바람이 불었다. 그럴수록 손패 지지파가 힘을 얻었다. 총명했던 손권이 말년에 왜 그렇게 변했는지 알 수 없는 수수께끼다. 그러나 자신의 권력과 관련된 일엔 평소의 총명이나 이성은 가려지는 모양이다. 나이가 들수록 자신의 권력에 가장 가깝다고 생각되는 황태자를 견제하는 심리가 강해지는 것이다. 그래서 황태자를 편드는 모든 사람을 의심하여 잔인하게 처벌한다.

20세기의 위대한 기업인인 헨리 포드도 비슷했다. 헨리 포드는 외아들인 에드셀 포드가 25세가 되었을 때 사장 자리를 물려 주었다. 그러나 실권은 놓지 않았다. 아들을 사랑하면서도 아들이 일을 하려 하면 은근히 견제했다. 아들이 결정하고 해놓은 일을 뒤집기 일쑤였다. 한번은 에드셀이 마음먹고 아버지께 바른 말을 하다가 크게 야단을 맞기도 했다. 에드셀은 스트레스로 무척 고생하다 결국 암으로 병사하고 말았다. 헨리 포드도 큰 충격을 받았지만 아들이 왜 그렇게 괴로워 했는지 알지 못했다. 아들이 죽고 난 뒤 포드는 다시 사장 자리에 앉았다. 포드가 80세 때의 일이다.

이렇게 권력을 내놓기 싫어하는 것은 동서고금東西古今이 마찬가지인 모양이다. 우리나라에서도 창업자 오너들은 대개 죽을 때까지 경영권을 내놓지 않았다. 권력욕이라기보다 자신이 이룬 기업을 끝까지 돌봐야 한다는 생각, 또 후대를 못 미더워 하는 생각들이 겹친 것이지만 모두 결과가 좋지 않았다. 나이 많은 창업주들이 지나간 성공신화에서 벗어나지 못하고 옛날 생각과 방식을 고집하다 기업을 벼랑으로 몰고 간 경우가 많다. 헨리 포드도 T형 자동차의 신화를 고집하다 슬론 사장의 제너럴 모터스GM에 시장을 다 뺏긴 전례가 있다. 슬론 사장은 자서전에서 만약 포드의 실수가 없었으면 GM이 결코 포드를 이길 수 없었을 것이라고 말했다. 또 21세기의 위대한 경영자로 기대되고 있는 빌 게이츠는 위대한 기업가가 어떻게 잘못될 수 있는지를 교훈으로 삼기 위해 헨리 포드의 사진을 사무실에 걸어 놓는다고 말한 적이 있다.

오나라 손권의 횡포가 극에 달하자 나라의 원로 대장군인 육손은 손권에게 간곡한 편지를 썼다. 원소와 유표의 예를 들면서 장자인 황태자를 중심으로 질서를 세워야 한다고 건의했다. 이 편지를 받고 손권은 오히려 진노했다. 어떻게 외지에 나가 있는 육손 장군이 궁정 내의 일을 자세히 알게 되었느냐면서 진상 조사를 명했다. 손권은 육손조차 의심스러웠는지 모른다. 육손은 나라에 큰 공을 세웠을 뿐 아니라 인망도 높았다. 많은 사람이 육손을 좋아하고 존경했다. 더욱이 육손은 죽은 손책의 사위인 데다 명문 집안 출신이고 세력도 대단했다.

조사 끝에 육손에게 편지를 보낸 태자관서의 책임자는 처형됐다. 또 관련자들도 줄줄이 처벌받거나 목숨을 잃었다. 그중엔 전 승상 고옹의 손자도 있었다. 손권은 육손이 괘씸했지만 나라의 기둥인 그를 함부로 다룰 수는 없었다. 육손이 몇 번이나 직접 만나 해명할 기회를 청하였으나 그때마다 거절했다. 그 대신 손권은 잇달아 문책 사절을 보내 죄를 추궁했다. 육손은 너무나 답답한 나머지 가슴앓이를 하다가 병석에 눕게 되고 그 길로 세상을 떠나고 말았다. 그때 나이 63세. 집안엔 남은 재산이 거의 없었다고 한다.

나라의 기둥인 육손이 죽자 손권은 약간 후회스런 생각이 들었다. 육손의 인망이 높았던 터라 그를 추모하는 사람이 많았다. 그러나 시의심이 남다른 손권은 육손에 대한 의심을 풀지 않았다. 그래서 육손의 아들 육항陸抗을 불러 손패 파가 제기한 육손에 대한 20개조의 의혹

사항에 대해 설명을 요구했다. 아들은 그 하나하나를 명쾌하게 해명했다. 그제야 손권은 마음이 다소 누그러졌다 한다. 아들이 육손의 작위를 이어받고 또 육손이 거느리던 병사 5,000명도 물려받았다. 손권이 육손에게 진심으로 사과한 것은 그로부터 6년이나 지나서였다. 육손의 아들인 육항이 병이 들어 건업에 올라왔는데 그때 손권이 눈물을 흘리면서 "지난날 나는 다른 사람의 참소를 믿고 그대 부친에게 정말 못할 짓을 했다. 진심으로 미안하게 생각한다. 내가 몇 번이나 육손 장군에게 보냈던 문책 문서는 모두 태워 다른 사람이 못 보게 하라"며 사과했다 한다.

그 뒤로도 손권은 황태자 손화에 대해선 여전히 차갑게 대했다. 승상 육손이 죽고 나서 손패 지지파 인물이 승상을 이어받았다. 처음엔 황태자를 바꿀 생각으로 먼저 황태자 지지파부터 조정에서 쫓아냈으나 막상 죄 없는 황태자를 축출하기도 쉽지 않았다. 손권의 태도가 엉거주춤하니 나라꼴이 말이 아니었다. 신하들이 두 파로 갈려 서로 시샘하고 심지어는 형제를 각기 다른 진영에 보내 위험을 분산시키는 사람도 있었다.

사태가 심각해지자 손권도 걱정을 한다. 어느 측근에게 "아들들이 화목하지 못하고 신하들은 파벌로 갈려 있다. 잘못하면 원소의 일족과 같은 말로를 맞아 천하의 웃음거리가 되겠다. 지금 같으면 두 사람 중 누가 되어도 큰 분란이 나겠다"면서 두 사람 다 바꿀 생각을 한다. 손권이 늦게나마 제 정신이 들었으나 자기 스스로 만든 일인 줄은 잘 몰랐던 것이다. 그래서 황태자 손화는 유폐되었다가 남양왕南陽王으로 강등되어 장사로 쫓겨나고 노왕 손패는 스스로 목숨을 끊게 했다. 후임 황태자는 8세짜리 손량孫亮을 세웠다. 손권이 62세에 얻은 아들이다. 손권이 모처럼 결단을 내렸지만 너무 늦었다. 후계자를 둘러싼 소동의 후유증 때문에 오나라엔 충신이 사라지고 기강이 문란해져 망국의 씨앗이 커졌던 것이다. 그로부터 2년 후 손권은 71세의 나이로 숨을 거두었다.

정사『삼국지』저자 진수는 "손권은 몸을 낮추어 굴욕을 참고 재능 있는 자에게 일을 맡겨 큰일을 이루어 낸 걸출한 인물이다. 강남을 차지해 삼국정립의 한 축이 된 오나라의 기초를 닦았다. 그러나 의심과 시기심이 많아 말년엔 신하들을 많이 죽였다. 후계자 문제를 깨끗이 처리하지 못하여 후손과 나라의 안전을 튼튼히 하는 덴 실패했다. 오나라가 얼마 안 가 멸망한 것과 관련이 없다고 할 수 없다"고 평했다.

에필로그
삼국의 마지막 이야기
후손들의 싸움과 천하재통일

    손권을 마지막으로『삼국지』의 위대한 세 CEO, 즉 조조·유비·손권은 모두 세상을 떠나고 그 후계자들이 천하를 다투게 된다. 위대한 CEO는 생전에 후계구도를 잘 마련해야 한다. 누구를 후계자로 할 것이냐에서부터 그 울타리와 통치 시스템을 준비해야 하는 것이다. 따라서 누가 더 위대한 경영자인가를 평가할 때 후계 세대까지 감안해야 한다. 또 승계 시기를 잘 잡아야 한다. 아무리 기업을 잘 키워 놓아도 승계 준비가 부실하여 기업이 계속 발전하지 못하면 위대한 기업가라 하기 어렵다. 위대한 경영자는 단기적인 성과보다도 기업이 영원히 발전할 수 있는 씨를 뿌리고 좋은 시스템과 기업문화를 만들어야 하기 때문이다. 오랜 역사를 지니면서 계속 발전하고 있는 기업을 보면 대개 승계 작업이 훌륭했다. 반대의 경우는 고전하고 있다.

    21세기 초 일본의 도요타 자동차가 100년 전통의 자동차 명문 미국의 GM과 포드를 제치고 세계정상에 올라선 것은 놀랄 만한 기록이다.

경영사적으로는 적벽대전에 못지않은 이변異變이라 할 수 있다. 이런 도요타의 경이적인 발전은 지난 70년간의 순조로운 승계과정과 무관하지 않을 것이다. 창업주 일가와 전문경영인들이 번갈아가며 이상적인 승계가 이루어져 왔다.

세계적 우량기업 GE도 전문경영자끼리 승계가 잘 이루어진 경우다. 같은 전문경영자 체제지만 혼다는 쾌속질주하고 있는 대신 소니는 다소 고전하고 있다. 시스템이 문제가 아니라 사람이 문제인 것이다. 같은 시스템이라도 시일이 지날수록 참신함과 활력이 떨어지기 때문이다. 그래서 나라나 기업이나 끊임없는 개혁이 필요한 것이다.

조조·유비·손권은 각자 방식대로 후계 구도를 마련했다. 조조는 아들들을 경쟁시킨 끝에 장남 조비를 후계자로 정해 엄격한 경영 수업을 받게 했다. 울타리도 미리 마련하고 풍부한 인재 풀과 선진 시스템, 또 좋은 문화를 남겨 주었다. 물려주는 시기도 적절했다. 조조는 죽기 3년 전에 조비를 태자로 임명하고 준비를 시켰는데 66세로 운명했을 때 조비는 34세였다. 충분히 후계자 자리를 감당할 수 있는 나이였다. 유비의 아들 유선이 17세, 손권의 아들 손량이 10세에 황제 자리를 물려받은 것과 비교할 때 훨씬 유리했다. 난세엔 어린 후계자는 아무래도 불리하다. 조비는 황제가 된 지 7년 만에 죽어 아들 조예가 물려 받았는데 그때 이미 조예도 22세 청년이 되어 있었다. 위나라 조조 후손들의 행운이라 할 수 있다. 3대째인 조예는 35세의 나이로 일찍 죽었는데 그 뒤를 이은 조방曹芳은 불과 9세였다. 위나라가 조방 시대에 크게 기울어 결국 사마의 일족에게 나라를 뺏긴 것은 어린 황제 탓도 있을 것이다.

위나라는 승계 시기도 좋았지만 무엇보다 사람을 잘 골랐다. 조조는

성실한 장남 조비와 감성이 뛰어난 3남 조식을 두고 고민을 하다 상식과 순리대로 장남에게 물려 주었다. 뛰어난 시인이었던 조조는 천재 시인인 조식의 재능을 많이 아껴 한때 마음이 기울었으나 사적 감정을 버리고 대국적 판단으로 조비를 골랐다. 현명한 선택이었다. 조비나 그 아들 조예나 위대한 CEO 조조의 뛰어난 자질을 이어받아 고비 고비마다 훌륭한 판단을 내린다. 전쟁터에 가서도 높은 전략적 안목과 침착성을 보이고 나라를 다스리는 데도 노련하여 유능한 신하들을 잘 부렸다. 어느 모로 보아도 조조의 후계자들이 유비나 손권의 후계자보다 한 수 위라고 볼 수 있다. 위나라는 3대에 걸쳐 출중한 CEO가 있었기에 최후의 승리자가 될 수 있었을 것이다.

유비는 장남 유선을 택할 수밖에 없었다. 다른 아들들은 너무 어렸다. 또 인재 풀과 시스템도 미비했다. 그러나 뛰어난 전문경영인인 제갈공명과 공동 경영을 하도록 해 아들이 40년이나 황제 노릇을 할 수 있는 틀을 만들었다. 통 큰 CEO 유비의 통 큰 후계 설계다. 촉나라는 2대로 망했지만 국력과 후계자 유선의 역량을 감안할 때 그래도 선전했다고 할 수 있다.

위대한 CEO의 2세가 1세의 자질을 그대로 닮는 것은 아니다. 2대에 걸쳐 모두 위대한 CEO가 되는 경우도 있지만 예외에 속한다. 큰 나무 밑에선 나무가 잘 자라지 못하는 것처럼 위대한 CEO의 2세는 늘 1세와 비교되면서 시들시들하다 꽃을 못 피우고 사라지는 경우가 많다. 강렬한 1세의 기세에 눌려 자신감과 개성을 못 키우는지 모른다. 다국적 기업 IBM의 기초를 세운 토머스 왓슨 2세도 젊었을 땐 아버지의 기세에 눌려 지냈다. 아버지와 비교할 때 자신이 경영자가 될 수 있을까 늘 고민했다 한다. 그러다가 2차대전 때 군대에 가서 상관으로부터 능력을 인정받고 자신감을 회복했고 제대 후 IBM을 맡아 빛나는 성공을 거두었다. 창업주 1세는 능력도 출중하고 눈도 높기 때문에 여간해선 후계자에 만족해하지 않는다. 특히 나이 차이가 적은 장남들이 고생하는 경우가 많다.

『삼국지』의 세 CEO 중 손권의 후계 구도에 가장 문제가 많았다. 무엇보다도 손권이 너무 오래 집권하면서 승계 준비를 덜 했다. 말년엔 총명이 흐려져 스스로 혼란을 부채질하기도 했다. 손권은 죽기 2년 전에야 왕자의 난에 결단을 내려 8세의 손량을 태자로 세운다. 아들이 어릴 땐 듬직한 후견인을 세워 뒷일을 부탁하게 된다. 조비는 죽을 때 친족인 대장군 조진曹眞과 전략가 사마의, 또 유능한 행정가 진군陳群에게 아들 조예를 부탁했는데 잘된 포석이었다. 손권은 어린 아들을 제갈근의 아들 제갈각諸葛恪에게 부탁하고 갔다. 너무 늦은 결정과 잘못된 선택이었다.

손권이 말년에 망령을 부릴 때 뜻있는 신하들이 걱정을 많이 했지만 묘안이 없었다. 오늘날 기업에서도 강력한 CEO가 횡포를 부리면 뾰족한 방법이 없는데 생사여탈권生死與奪權을 지닌 황제의 경우는 말할 것도 없다. 이땐 황제의 시의심과 노여움이 극에 달해 있어 자칫 비위를 거스르면 더 억지를 부리고 큰 참극을 일으킨다. 또 능력과 권력 있는 신하를 그대로 두면 어린 후계자에게 부담이 되지 않을까 하는 노파심도 있다. 그래서 말년에 권신權臣을 많이 죽인다.

가장 대표적인 예가 명나라를 세운 명明 태조 주원장朱元璋인데 말년에 개국공신들을 대거 죽였다. 숙청극肅淸劇이 한번 벌어지면 가족은 물론 연루자를 모두 죽였기 때문에 희생자가 보통 1만 명에서 많으면 3만 명에 달하기도 했다. 아무리 개국공신이라도 소용이 없었다. 그땐 관리들

이 오늘의 목숨을 장담할 수가 없어 아침에 등청할 땐 집에서 간단한 환송연을 하고 저녁에 무사히 돌아오면 큰 환영연을 했다 한다.

잇따른 참살극을 어린 태자가 보다 못해 이제 그만했으면 하고 조심스럽게 말씀드렸다. 그러자 명 태조는 몽둥이를 하나 던지면서 집어보라고 했다. 몽둥이엔 가시가 촘촘히 박혀 있어 집어 들기가 힘들었다. 그러자 명 태조는 지금 권신들을 죽이는 것은 태자가 황제가 되었을 때 권력을 잡기 쉽도록 가시를 빼주는 일이라고 타일렀다 한다. 그래서 CEO의 말년이 되면 부하들은 숨을 죽이고 눈치를 보게 된다. 잘못하면 다치기 때문이다.

제갈각은 머리가 뛰어나 어릴 때부터 두각을 나타냈다. 무엇보다도 손권이 신임한 근엄한 제갈근의 아들이며 위대한 촉나라 승상 제갈공명의 조카였다. 한번은 손권이 "자네의 아버지와 삼촌 중 누가 더 훌륭한가" 하고 짓궂게 물었다. 아버지 제갈근도 훌륭한 사람이지만 삼촌인 제갈공명은 천하가 알아주는 기재였다. 대답하기 어려운 문제인데 제갈각은 즉각 "아버님이 더 훌륭하십니다" 하고 대답했다. 이유를 묻자 "아버님은 훌륭한 주인이 누구인지를 알고 계시지만 삼촌은 모르기 때문입니다"라고 대답하여 손권이 매우 기뻐했다 한다.

제갈각은 재주가 많은 대신 겸손함과 남에 대한 배려가 부족했다. 부친인 제갈근은 "저 아이가 우리 집안을 크게 일으킬 수도 있고 큰 화를 가져올 수도 있을 것이다"라며 걱정을 했다 한다. 그래서 아들에게 늘 몸을 낮추고 겸손토록 간곡히 타일렀다. 제갈공명도 조카를 걱정했다. 어느 해 제갈각이 오나라 군대의 군수책임자 자리를 맡자 공명은 가까운 육손에게 편지를 보내 조카가 재주는 있으나 성격이 치밀하지 못해 적임이 아니므로 손권에게 이야기하여 자리를 면해 달라고 청을 넣기도 했다. 새 황제가 어리니 오나라의 국정은 자연히 제갈각이 좌지우지하게 되었다. 공명은 오랫동안 촉나라의 국정을 총괄했는데 이번엔 조카가 오나라에서 같은 역할을 하게 된 것이다.

당시의 국제 정세를 보면 위나라는 조조의 증손인 조방이 4대 황제가 되어 있었으나 실제 권력은 사마의의 아들인 사마사司馬師가 쥐고 있었다. 여기에도 많은 사연이 있다. 조조가 살아 있을 때만 해도 사마의는 지략은 출중했으나 군 서열은 높지 않고 견제를 많이 받았다. 핵심 요직은 조조의 측근 친척들이 쥐고 있었다. 조조의 아들인 조비 때에 이르러 사마의는 비중이 크게 높아졌다. 조비와 일찍부터 가까웠고 전과를 많이 올렸기 때문이다. 3대째인 조예, 즉 명제 때는 촉한의 제갈공명과 호적수를 이루면서 사마의는 확고부동한 위치를 확보한다. 조조의 후손들은 사마의를 다소 의심하면서도 워낙 역량이 출중하니 계속 중용하지 않을 수 없었다. 만약 공명의 위협이 없었다면 사마의는 위나라에서 일찍 제거됐을지도 모른다.

명제는 죽을 무렵 친족인 조상曹爽과 사마의를 불러 뒷일을 부탁한다. 조상은 과거 사마의와 군 동료였던 조진의 아들로 나이나 경력이 한참 아래였다. 4대째인 조방은 9세에 불과해 국정은 조상과 사마의의 공동 경영체제였다. 그러나 얼마 안 돼 황제 일족인 조상이 사마의를 실권 없는 태부太傅로 올리고 혼자 국정을 장악한다. 권력을 뺏긴 사마의는 3년여 동안 은인자중하면서 기회를 노린다. 조상은 재승박덕才勝薄德하여 노회한 사마의의 적수가 되지 못했다. 조상이 교만해져 인심을 잃고 긴장을 풀자 사마의는 전광석화같이 쿠데타를 일으켜 조상을 제거하고 권력을 장악한다. 이때부터 황제는 허울뿐이고 모든 권력은 사마 일족이 쥐게 된다. 다시 권력을 잡은 지 3년 만에 사마의가 죽고 그 아들 사

마사와 사마소司馬昭가 차례로 후계자가 된다. 유능한 사마의 일족은 조조가 남겨 놓은 국정 시스템을 잘 운용해갔다.

촉나라에서는 제갈공명 서거 후 공명의 유언대로 실권은 장완蔣琬을 거쳐 비의費禕에게 넘어가 있었다. 군대는 젊은 강유姜維가 맡았다. 세 사람 다 제갈공명이 발탁하고 키운 복심腹心들이었다. 장완은 성질이 호탕하여 젊은 시절 술을 먹고 실수한 것을 마침 순시 나온 유비에게 들켜 처형될 뻔했다. 그때 공명이 장차 나라를 위해 쓸 유용한 인재라고 간곡히 말하여 구제된 적이 있다. 그 후 공명은 장완을 다듬고 키워 나라의 동량棟梁으로 만들고 죽을 땐 후계자로 지목했다. 공명이 죽은 후에도 촉나라는 공명 인맥이 여전히 다스리고 있었던 것이다.

오나라는 촉나라와 제휴하여 강력한 위나라에 대항한다는 구도엔 변함이 없었다. 제갈각은 취임 초기엔 그런대로 잘했으나 나중엔 교만해져 어린 황제까지도 얕보게 된다. 그래서 황족인 손준孫峻이 황제의 허락을 받아 연회 자리에서 제갈각을 참살하고 그 일족을 모두 죽인다. 아버지 제갈근의 걱정대로 제갈각으로 인해 집안이 쑥대밭이 된 것이다. 손준이 너무 권력을 휘두르자 황제 손량이 그를 죽이려 했으나 도리어 쫓겨나고 손휴孫休를 거쳐 젊은 손호孫皓가 즉위한다. 이렇게 권력쟁탈이 심하니 나라가 제대로 될 턱이 없다. 손호는 포악한 데다 사치가 심해 망국의 길을 재촉하고 있었다.

이때 이미 촉나라는 2대로 망하고 유선은 낙양에 잡혀가 있었다. 제갈공명과 그 후계자인 장완, 비의 때만 해도 촉나라는 그럭저럭 버텼으나 그들이 죽자 국정이 문란해졌다. 2세 황제 유선은 사람은 좋았으나 정치에 관심이 없었다. 황제가 시원찮으면 간신들이 발호하게 된다. 환관 황호黃皓가 세력을 부리기 시작해 심지어 대장군 강유조차도 전선으로 피한다. 그 틈을 타 위나라가 대규모 정벌군을 보내 순식간에 점령하고 만다. 아무리 천험의 장벽이 있다 한들 안에서 먼저 무너지는 데야 손쓸 방도가 없었다. 나라고 기업이고 외부 침략보다 내부 붕괴로 망하는 경우가 많다. 유선은 무능한 데다가 투지도 없었다. 유선의 아들 유심劉諶이 망국의 치욕을 참을 수 없다 하여 유비의 묘 앞에서 가족들과 자결해 한 가닥 체면을 세웠다. 제갈공명의 자손들도 용감하게 싸우다 죽었을 뿐 위대한 선조처럼 나라를 지킬 지략은 없었다.

촉나라를 정복한 후 위나라 사마소의 아들 사마염司馬炎은 드디어 조씨 황제를 내쫓는다. 과거 조비가 한나라 유씨 황제를 내쫓고 위나라를 세웠는데 이번엔 조씨 후손들이 사마씨에게 그대로 당한 것이다. 사마염은 황제가 되면서 위나라를 없애고 진晉나라를 세운다. 위기가 눈앞에 닥쳤는데 오나라 황제 손호는 폭정을 거듭한다. 유능한 신하들이 진나라로 망명한다. 드디어 진나라는 대규모 정벌군을 오나라에 보낸다. 폭정에 시달린 오나라에 버틸 힘이 남아 있을 리 없었다. 오나라는 맥없이 무너지고 손호는 낙양에 잡혀간다. 한말 황건적의 난 이래 100여 년 동안 나뉘어 어지러웠던 천하가 진나라로 통일된 것이다.

그동안 무수한 영웅호걸과 인물들이 등장하고 사라졌다. 큰 그릇은 큰 나라를 세우고 작은 그릇은 작은 나라를 세웠는데 능력과 운에 따라 명멸明滅을 거듭했다. CEO가 뛰어나고 긴장을 늦추지 않을 땐 번성하고 모자라거나 안일에 빠지면 무너졌다. 창업자는 통 크고 능력 있는 사람이 되지만 그 사업을 이어받는 승계자가 꼭 유능한 것은 아니다. 핏줄에 의해 승계될 때는 더욱 그렇다. 나라고 기업이고 3대만 훌륭한 CEO로 이어지면 기초가 잡힌다는 말이 있다. 그러나 그것은 행운에 속하는 일이다. 후계 CEO가 어떤 사람이 되는가는 어찌 보면 운이라

할 수 있기 때문에 나라나 기업의 흥망성쇠가 끝없이 이어지는 것이다.
  유능한 CEO는 한마디로 말해 인재들을 거느릴 수 있는 사람이다. 나라를 끌고 가는 것은 결국 인재들이며 그들은 민심의 강물을 볼 줄 안다. 그 강물은 CEO란 배를 띄우기도 하지만 전복시킬 수도 있다. 눈 밝은 CEO만 인재를 고를 줄 알고 통 큰 마음이어야 그들을 부릴 수 있다. 그것도 한결같이 겸손하고 긴장된 마음이어야 한다. 그렇게 하기가 매우 어렵기 때문에 나라를 융성케 하는 길은 좁고 망국의 길은 넓은 것이다. 기업도 마찬가지다.

삼국시대 세 CEO의 약사略史

155년 소조, 패국 초현(현 박주)에서 출생.

161년 유비, 탁군 탁현에서 출생.

182년 손권, 오군 수춘에서 출생.

184년 황건적의 난.

    유비, 고향에서 황건적 진압군에 가담.

189년 십상시의 난과 동탁 집권. 동탁은 소제를 폐하고 진류왕을 황제(헌제)로 옹립함.

    조조, 동탁에게서 도망쳐 진류 땅에서 의병을 일으킴.

190년 동탁 토벌을 위해 각지의 제후들이 원소를 맹주로 하여 연합군을 결성.

191년 손견, 형주에서 유표의 부하 황조와 싸우다 전사(37세).

192년 여포, 동탁을 죽였으나 동탁의 잔당들이 다시 득세함.

194년 유비, 서주목이 됨.

　　　　손책, 원술에게서 독립하여 강동을 토벌하고 기반을 닦기 시작.
196년 조조, 한나라 황제 헌제를 허창에 모심.
　　　　유비, 여포에게 습격받아 조조에게 도망감.
198년 조조와 유비, 여포 사로잡아 처형.
200년 손책, 자객의 공격을 받고 사망(26세). 손권이 19세의 나이로 뒤를 이음.
　　　　유비, 조조로부터 탈출하여 대항하다 참패하고 원소에게 도망감.
　　　　〔관도대전〕 조조가 관도에서 원소의 대군을 격파함.
201년 유비, 원소를 떠남.
　　　　조조에게 공격받고 형주의 유표에게 의탁.
202년 원소 병사.
207년 유비, 제갈공명을 세 번 찾아가 초빙하는 데 성공.
208년 조조, 유표 죽은 후 형주 무혈점령.
　　　　제갈공명, 오나라 손권에게 가서 동맹을 맺음.
　　　　〔적벽대전〕 손권·유비 연합군이 적벽에서 조조군을 격파.
209년 유비, 형주 남부 차지. 손권의 여동생과 혼인함.
210년 유비, 경구(현 진강)에 가서 손권을 만나 남군(강릉)을 빌림.
211년 유비, 익주목 유장의 요청으로 익주에 들어감.
213년 조조, 위공이 됨.
214년 유비, 익주목이 됨.
215년 조조, 한중의 장로에게 항복받음.
216년 조조, 위왕이 됨.
219년 유비, 한중을 점령하고 한중왕이 됨.
　　　　손권, 조조와 손잡고 촉나라 형주를 공격하여 점령.

형주사령관 관우, 아들 관평과 함께 오나라군에 잡혀 참수당함.
220년 조조 사망(66세).
장남 조비 위나라 황제 문제文帝로 등극, 한나라 멸망.
221년 유비, 황제가 됨. 오나라 정벌군 발진.
장비 암살됨.
222년 (이릉대전) 오나라 대장군 육손, 정벌 온 유비를 불로 공격해 대승.
223년 유비, 백제성에서 세상을 떠남(63세). 유선 2대 황제 즉위(17세).
손권, 위와 동맹 끊고 다시 촉과 손잡음.
225년 제갈공명, 남방 평정.
226년 위나라 문제 조비 40세로 사망. 명제明帝 조예 즉위(22세).
227년 제갈공명, 출사표를 올리고 1차 북벌에 나섬.
229년 손권, 황제가 됨.
234년 제갈공명, 5차 북벌길에 오장원에서 위나라 사마의와 대치하다가 세상을 떠남(54세).
252년 오나라 손권 사망(71세).
263년 유선, 위나라에 항복. 촉한 멸망.
265년 사마의의 손자 사마염, 위나라 황제 조환을 내쫓고 진晉나라 건국.
280년 사마염, 오나라를 멸망시키고 중국을 통일.

집필후기

『삼국지 경영학』은 월간 『포브스 코리아』에 2004년 3월호부터 2007년 2월호까지 3년 동안 연재한 것을 수정·보완한 것이다. 당초 경영전문지에 우리에게 친근한 삼국지를 경영적 측면에서 한번 써보자고 하여 시작한 것인데 연재를 거듭할수록 삼국지의 무궁무진한 깊이와 재미에 놀랐다. 삼국지의 세 주인공, 즉 조조·유비·손권을 각기 위대한 CEO로 보고 이들이 어떻게 기업起業하고 경영했는지의 관점에서 풀어보고 싶었다. 삼국지를 기업 경영과 비교하면서 조직의 흥망성쇠와 인간관계, CEO의 역할과 본질을 찾아보려 했다.

어릴 때부터 삼국지를 즐겨 읽어 여러 삼국지를 갖고 있지만 체계적으로 공부한 것은 아니었다. 그래서 일단 자료를 다시 모았다. 삼국지에 관해서는 많은 책들이 나와 있었다. 소설도 여러 가지이고 인물론이나 평론집, 해설서, 만화책도 많았다. 한국에도 많이 나와 있지만 일본엔 더 많았다. 일본에 갈 때마다 서점에 들르면 늘 새로운 것이 나와 있었다. 중국에서 출판된 것도 많이 번역되어 있었다. 한글과 일본어로 된 삼국지 관련 책들을 보는 대로 구해다 다시 읽어보았다. 큰 줄거리는 비슷하지만 세부적인 것은 많이 달랐다. 새로운 해석이나 반론, 유추, 고증도 많아 무척 흥미로웠다.

진수陳壽의 『정사 삼국지』는 충실한 기록이어서 『삼국지연의』를 이해하는 데 많은 도움이 됐다. 『삼국지연의』는 역사적 사실을 바탕에 깔고 매우 흥미롭게 이야기를 풀어나가 그 뛰어난 소설적 기법에 새삼 감탄했다.

삼국지 유적의 현지답사도 두 번이나 다녀왔다. 한번은 중경(옛 강주)에서 장강을 따라 내려가면서 백제성白帝城을 멀리서 보고 의창宜昌에 상륙하여 당양當陽, 장판파長坂坡, 형주성荊州城을 둘러보았다. 옛 양양과 번성은 지금 합쳐져 양번시襄樊市가 되어 있었는데, 부근의 남양南陽과 제갈공명의 은거지 고융중古隆中을 거쳐 적벽赤壁 고전장으로 갔다. 그다음 무한에서 남경까지 기차로 가 손권의 석두성石頭城과 진강鎭江의 감로사甘露寺를 보았다. 두 번째는 성도成都로부터 제갈공명의 북벌 루트를 따라 갔다. 성도 무후사武侯祠를 시작으로 강유江由, 검각劍閣, 광원廣元, 정군산定軍山, 한중漢中, 보계寶鷄를 거쳐 마침 가을바람 부는 오장원五丈原 언덕에 서보기도 했다. 멀리 위나라 사마의司馬懿의 진영 터가 보였다.

그다음 조조와 인연이 깊은 서안(옛 장안), 낙양洛陽, 허창許昌, 박주亳州, 관도官渡를 한바퀴 돌았다. 현지답사를 해보니 책에서와는 다른 감흥을 느낄 수 있었고 한없이 넓은 중국 땅을 실감했다. 시간과 공간개념이 무척 유장悠長했다. 삼국지 유적들은 1,800년의 세월이 지나는 동안 유실되고 달라져 지금 있는 것은 청나라 때 만든 것이 많다. 그것도 1960년대 문화대혁명 때 많이 부서졌다 한다. 삼국지 당시와 비교할 때 황

하黃河나 장강長江의 강줄기도 달라지고 지명도 많이 바뀌었다. 중국에서도 최근 TV 연속극 등으로 삼국지가 방영되면서 일반의 관심이 높아져 여러 곳에서 삼국지 유적의 보수가 한창이었다.

이렇게 각종 서적에서 읽은 것과 현지답사한 것을 바탕으로『삼국지 경영학』을 썼는데 역사적 사실들과 그 흐름을 어떻게 해석하느냐에 가장 비중을 두었다. 위대한 CEO들의 통치방식이나 용인술用人術, 또 인간관계에 흥미를 갖고 살펴본 것이다. 그 대신 상세한 고증은 크게 신경 쓰지 않고 상식적으로 납득되는 선에서 썼다. 『삼국지 경영학』은『삼국지연의』를 중심으로 하되『정사 삼국지』와 다른 역사적 기록도 참고로 하여 사실과 픽션이 적당히 섞여 있다.

『삼국지연의』에서는 촉나라 유비를 높이 받들고 위나라 조조를 좋지 않게 썼는데『삼국지 경영학』에선 CEO로서의 역량과 업적을 바탕으로 조조에게 후한 점수를 주었다. 또 소설에선 오나라 손권 편이 간략하게 쓰여 있어『정사 삼국지』를 근거로 수성守成의 명인 손권과 그 유능한 신하들을 대폭 보강했다.

책을 쓰는 데 많이 참고한 것은 진수의『정사 삼국지』(일본어판은 裵松之注, ちくま 學藝文庫, 전 8권 ; 한글판은 김원중 번역)와 소설『삼국지』세 종류다. 인기작가 이문열李文烈 판(민음사)은 저자의 독특한 해석과 유려한 문장이 좋았고, 언론인 정소문鄭少文 판(도서출판 원경)은 정확한 번역과 정성들인 고증이 큰 도움이 됐다. 최근에 발견한 것이 중국 동포작가 이동혁李東赫 판(금토)이다. 번역과 고증, 각종 지도와 도표 등이 친절하여 많이 참고했다.

『삼국지 경영학』은 학술서적이 아니라 생각하여 일일이 각주를 달지 않고 참고자료를 한꺼번에 뒤에 실었다. 너무 느슨하게 처리된 감이 있어 다음에 채워 넣을 생각이다. 국내외 기업과 기업인 이야기는 직접 체험한 것, 간접으로 들은 것, 또 책으로 본 것들이 섞여 있다. 삼국지를 국내외 기업 경영에 적용하는 데 있어서 다소 비약과 무리가 있을 것으로 생각된다. 그러나 이 책이 소설도 아니고 그렇다고 학술서적도 아닌 일종의 에세이라고 너그럽게 생각해 주었으면 좋겠다.

막상 책으로 만들고 보니 미흡하고 아쉬운 점이 많다. 세 사람의 CEO, 즉 조조·유비·손권에 초점을 맞추다 보니 제갈공명諸葛孔明이나 법정法正, 순욱荀彧, 사마의司馬懿, 노숙魯肅, 육손陸遜 같은 유능한 전문경영인들이 다소 소홀하게 다루어진 감이 있다. 또 한 권의 책이 될 정도로 흥미롭고 내용도 풍부하다. 그것은 후일을 기약하기로 하고 CEO들만 일단 책으로 묶었다. 한 아마추어의 무모한 시도에 삼국지 전문가들이나 애독자들의 지적과 질책을 받아 계속 고치고 보완해갈 생각이다.

이 책을 내는 데 여러 사람의 도움을 받았다. 특히「삼국지 경영학」을 3년 동안이나 연재해 준 포브스코리아의 손병수孫炳洙 전 대표, 두 번의 답사여행 때 같이 가 좋은 현장사진을 찍어준 중앙일보 시사미디어 사진부의 권태균權泰鈞 부장, 또 자료 검색과 원고 수정에 수고해준 유다영柳多榮 씨에게 감사를 전한다. 몇 번이나 원고를 꼼꼼히 읽고 좋은 의견을 내준 표정훈表晶勳씨와 이 책의 발간을 맡아 번거로운 저자의 주문을 잘 참고 반듯하게 책을 만들어 준 을유문화사의 편집진에게도 감사한다.

2007년 4월
서소문 사무실에서 저자 씀

참고문헌

공학유,『삼국지역사기행』, 이목, 1995.

김우일,『문어는 왜 죽었는가』上·下, 대우M&B, 2005.

김운회,『김운회 교수의 삼국지 바로 읽기』1·2, 삼인, 2004.

김재웅,『나관중도 몰랐던 삼국지 이야기』, 청년사, 2000.

나관중, 김구용 옮김,『삼국지연의』1~10, 솔, 2003.

나관중, 유현민 평역,『삼국지유적 답사와 함께 읽는 삼국지』1~3, 예문당, 2005.

나관중, 이문열 평역,『삼국지』1~10, 민음사, 1988.

나관중 원저, 정소문 역주,『古本完譯 삼국지』1~10, 원경, 2000.

남덕현,『삼국지문화답사기』, 미래M&B, 2001.

럭키금성,『한번 믿으면 모두 맡겨라-럭키금성 창업회장 구인회의 삶』, 2001.

리동혁,『삼국지가 울고 있네』, 금토, 2003.

리동혁 완역,『本 삼국지』1~11, 금토, 2005.

박정웅,『이봐 해봤어-시련을 사랑한 정주영』, FKI미디어, 2002.

박한제,『영웅시대의 빛과 그늘』, 사계절, 2003.

사마광, 신동준 역주, 『資治通鑑 - 삼국지』 상·하, 살림, 2004.
사마열인, 홍윤기 옮김, 『조조의 면경』, 넥서스BOOKS, 2004.
서전무, 정원기·최계량 옮김, 『우리가 정말 알아야 할 삼국지 상식 백가지』, 현암사, 2005.
신동준, 『삼국지통치학』, 인간사랑, 2004.
신동준, 『조조통치론』, 인간사랑, 2005.
심백준, 정원기 옮김, 『다르게 읽는 삼국지 이야기』, 책이 있는 마을, 2001.
심백준·담량소, 정원기 옮김, 『삼국지사전』, 범우사, 2000.
H.W. 브랜즈, 여현덕 옮김, 『꿈을 경영하는 CEO』, 지식넷, 2002.
우베 장 호이저 외, 이온화 옮김, 『신화가 된 기업가들』, 지식의 숲, 2005.
이병철, 『호암자전』, 중앙일보사, 1986.
임용순, 『삼국지 그 안의 국제정치』, 나무와숲, 2004.
임용순, 『삼국지 그 안의 정치』, 나무와숲, 2005.
임중혁, 『스무날 동안의 황토기행』 I·II, 소나무, 2001.
장정일·김운회·서동훈, 『삼국지 해제』, 김영사, 2003.
정원기, 『매니아를 위한 삼국지』, 청양, 2000.
정음사 편, 『삼국지』 上·中·下, 정음사, 1984.
정주영, 『이 땅에 태어나서』, 솔, 1998.
조동성 외, 『한국자본주의의 개척자들』, 조선일보사, 2004.
존 네이트, 『50년 세계전자 시장을 지배한 SONY 4人의 CEO』, 시사영어사, 2001.
竹田晃, 정병탁 역, 『曹操評傳』, 制五文化, 1978.
진수, 김원중 옮김, 『삼국지』 1~7, 신원문화사, 1994.
진순신·오자키 호츠키 편, 『영웅의 역사 4 - 삼국지의 영웅(제갈공명, 유비)』, 솔, 2000.

진순신 · 오자키 호츠키 편, 『영웅의 역사 5-난세 영웅(조조, 손권)』, 솔, 2000.
최명, 『삼국지 속의 삼국지』 1 · 2, 인간사랑, 2003.
헨리 포드, 『헨리 포드-고객을 발명한 사람』, 21세기북스, 2006.
홍용선, 『삼국지를 따라가는 홍용선 중국문화기행』, 청어, 2004.
홍하상, 『이건희』, 한국경제신문, 2003.
홍하상, 『이병철 경영대전』, 바다출판사, 2004.

「기업의 세계 100년 특집」, 『포춘』, 1999. 11. 22.
「전설의 자동차왕 헨리 포드」, 『리더스 다이제스트』, 동아출판사, 1987. 5.

加來耕三, 『人物 諸葛孔明』, 潮出版社, 1993.
高島俊男, 『三國志きらめく群像』, ちくま文庫, 2000.
『群雄三國志』(歷史群像シリーズ 28), 學習研究社, 1992.
『群雄三國志』(歷史群像シリーズ 29), 學習研究社, 1992.
堀敏一, 『曹操―三國志の真の主人公』, 刀水書房, 2001.
金文京, 『三國志の世界』(中國の歷史 04), 講談社, 2005.
今泉恂之介, 『關羽傳』, 新潮選書, 2000.
大澤良貴, 『~活劇!三國志正史~ 眞實の『三國志』』, 宝島社新書, 2000.
島崎普, 『らくらく讀める三國志』, 廣濟堂出版, 2005.
渡邊義浩, 『圖解雜學 三國志』, ナツメ社, 2004.
渡邊義浩 · 田中靖彦, 『三國志の舞臺』, 山川出版社, 2004.
渡邊精一, 『全論 諸葛孔明』, 講談社, 2004.
桐野作人, 『目からウロコの三國志』, PHP, 2001.
武光 誠, 『歷史地圖で讀み解く三國志』, 青春出版社, 2003.
本田宗一郎, 『夢を力に―私の履歷書』, 日經ビジネス文庫, 2001.

寺尾善雄,『諸葛孔明の生涯』,三笠書房, 1989.

山口久和,『「三國志」の迷宮』,文春新書, 1999.

『三國志』上・下卷(歷史群像シリーズ 17・18),學習研究社, 1990.

三浦治明,來村多加史 監修,『圖解 三國志』,學習研究社, 2005.

三好徹,『三國志傑物傳』,光文社, 2006.

三好徹,『三國志外傳』,光文社, 2003.

松本一男,『「三國志」の覇者 司馬仲達』,PHP文庫, 1993.

松下幸之助,『夢を育てる』,日經ビジネス文庫, 2001.

狩野直禎,『「三國志」の世界◎公明と仲達』,清水新院, 1984.

狩野直禎,『「三國志」の智惠』,講談社現代新書, 1985.

狩野直禎,『諸葛孔明』,PHP文庫, 2003.

守屋 洋,『三國志―勝機をつかむ人間學』,ビジネス社, 2003.

守屋 洋,『三國志―英雄たちの戰い』,PHP文庫, 1992.

守屋 洋,『中國宰相列傳』,教養文庫, 1976.

植村清二,『諸葛孔明』,中公文庫, 1985.

神保龍太,阿部行夫 監修,『面白いほどよくわかる 三國志』,日本文藝社, 2001.

『實錄 創業者列傳』I(歷史群像シリーズ 75),學習研究社, 2004.

『實錄 創業者列傳』II(歷史群像シリーズ 77),學習研究社, 2005.

『演義三國志』(歷史群像シリーズ 83),學習研究社, 2006.

原 遙平,『早わかり三國志』,日本實業出版社, 2003.

李殿元・李紹先,和田武司 譯,『三國志 考證學』,講談社, 1996.

日本經濟新聞社 編,『20世紀日本の經濟人』,日經ビジネス文庫, 2000.

日本經濟新聞社 編,『20世紀日本の經濟人 II』,日經ビジネス文庫, 2001.

日本工業新聞社 編,『決斷力』上・中・下,日本工業新聞社, 2001.

林田愼之助, 『諸葛孔明』, 集英社文庫, 1991.

立間祥介 著, 『諸葛孔明―三國志の英雄たち』, 岩波新書, 1990.

柘植久慶, 『「三國志」合戰事典』, PHP文庫, 2005.

雜喉潤, 『三國志の大地』, 竹內書店新社, 2001.

井波律子, 『三國志名言集』, 岩波新書, 2005.

井波律子, 『三國志演義』, 岩波新書, 1994.

井波律子, 『『三國志』を讀む』, 岩波新書, 2004.

井波律子 譯, 『三國志演義』 1~7, ちくま文庫, 2002.

佐藤正明, 『ザ・ハウス・オブ・トヨタ』, 文藝春秋, 2005.

竹田 晃, 『三國志の英傑』, 講談社現代新書, 1990.

竹田 晃, 『三國志・歷史をつくつた男たち』, 明治書院, 2005.

中村 愿, 『三國志 曹操傳』, 新人物往來社, 2007.

『眞 三國志 三』(歷史群像シリーズ), 學習硏究社, 2000.

陳寿, 裵松之 注, 『正史 三國志』 1~8, ちくま學藝文庫, 1992.

坂口和澄, 『正史 三國志 群雄銘銘傳』, 光人社, 2005.

豊田英二, 『決斷―私の履歷書』, 日經文庫, 2000.

會田雄次 外, 『劉備』, プレジデント社, 1990.

會田雄次 外, 『諸葛孔明』, プレジデント社, 1989.